웨이트 타로카드 독학하기

규선의 초보를 위한 타로카드 강좌

규선 지음

HadA

초판 1쇄 발행   2016년 2월 5일
　　2쇄 발행   2018년 7월 11일

지은이 규선
펴낸곳 하다
펴낸이 전미정
편집 남명임 최효준
디자인 남지현 정진영
출판등록 2009년 12월 3일 제 301-2009-230호
주소 서울 중구 퇴계로 182 가락회관 6층
전화 070-7090-1177
팩스 02-2275-5327
이메일 go5326@naver.com
홈페이지 www.npplus.co.kr
ISBN 978-89-97170-28-9 03180
정가 16,000원

웨이트 타로카드 독학하기

점 쟁 이

가끔 저의 직업에 대해서 생각할 때가 많습니다. 저와 가까운 분들은 저의 직업이 점을 보는 사람 '점쟁이'라는 것을 아시겠지만 직업 특성상 어려운 분들, 상황이 절박하신 분들, 외로우신 분들을 많이 만나게 됩니다. 행복해서 오신 분들은 거의 보기 어렵습니다.

언젠가 제가 레드 선생님께 '힘들고 어려운 분들이 오셔서 상담하기가 부담스럽고 힘들다'고 어리석은 말을 했더니 이런 말씀을 주셨어요.

잘 먹고 잘사는 사람들이 무엇 하러 점을 보러 오겠냐고, 삶이 힘들고 마음이 아프니깐 점으로 정보를 얻고 삶의 방향성을 찾으려고 오는 거라고 이야기하셨습니다.

그때 그 말을 듣고 머리에 쇠망치를 맞은 느낌이 들었습니다. 그 후론 마음가짐을 조심해야겠다고 생각했습니다.

그리고 많은 분들을 만나게 되었는데 찾아온 손님들이 해 주신 이야기에 많은 생각을 하게 되었습니다. 그분들의 이야기를 들으면 종종 미래를 본다는 미명 아래 찾아온 분들에게 점술에 의존하게 하는 분들을 볼 때가 있습니다. 계산하듯 이익이 있는 것만 골라서 이야기하고, 노력 없이 얻어지는 우연한 이득만 찾아서 이야기하고, 자신의 이익을 위해 타인의 손실을 보지 않고 이야기하는 경우가 있습니다. 내담자의 불안함을 크게 부풀려서 어두운 미래만 그리게 합니다.

힘들어서 방법을 찾으려는 분들에게 돈을 우선으로 하는 관점에서 낙태를 권하고, 큰 투자의 기회를 잡으라며 무리하게 대출을 권하고, 쉽게 사는 인생이 있다며 유흥업소를 추천하는 경우가 있습니다. 제가 만난 분들은 이런 피해를 본 후에야 저에게 오신 경우가 있었습니다.

제가 배운 가르침에 점술은 타인의 삶에 '이래라 저래라' 개입하는 것이 아니라고 했습니다. 저의 개인적인 생각도 그렇습니다. 점술은 단지 자신의 능력에 맞는 길을 찾아주는 '안내자'일 뿐입니다.

미래를 본다는 것을 무기로 삼아 남을 통제하려고 하면 안 된다고 생각합니다. 맞추는 것에만 목적을 두어서는 안 된다고 생각합니다. 희망이 없는 점술은 차라리 보지 않는 것이 나으며 내담자가 문제의 원인을 이해하는 것에 도움을 주지 않고 그에 해당하는 해결 방법을 제시하지 못하는 점술은 오히려 독이 된다고 생각합니다.

그것보다 가장 최우선은 '사람(생명)'을 존중하는 마음입니다. '사는 게 원래 그렇지'라고 대수롭지 않고 타성에 젖어서 하는 말들, 그리고 단지 자신의 지식을 자랑하듯 점을 맞고 틀리는 것에 집중하는 것, 이런 관점에서는 사람의 더 나은 밝은 미래가 보이지 않습니다.

미래라는 것은 적당한 선에서 보는 것이 오히려 이롭습니다. 인간의 욕구에 의해 늘 변동(변수)이 생기고 짧은 시각과 왜곡된 판단의 기준으로 눈앞이 가려져 명료하게 보기 어려워집니다. 이런 것들을 생각하지 못했을 때 엉뚱한 대가를 불러오게 됩니다.

점을 본다는 직업은 미래의 가능성과 아직 보지 못한 희망을 알게 해주는 일이며 스스로에게는 타인을 통해 삶을 배우며 자신의 부족함을 알고 채워가는 일입니다. 타인의 아픔을 공감하지 못하고 상처 주는 말들을 경계해야 하는 어려운 직업이기도 합니다.

혹시 점을 배워서 직업으로 삼으시려는 분들, 점을 보시려는 분들, 어디에 기준을 둘 것인지 생각해 보셨으면 합니다.

II
Intuition

타 로 카 드 를 처 음 배 우 는 분 들 을 위 한 TIP

I

1 타로카드를 배우는 초심자들의 고민

가끔 제게 쪽지나 이메일을 통해서 문의를 주시는 분들이 있습니다. 타로 공부를 어떻게 해야 하는지, 오래 배웠는데 더 이상 늘지 않는다고 자신은 재능이 없는 건지 물으시는 분들이 계십니다.

초반에는 타로카드를 다루다 보면 신기할 정도로 점이 잘 맞게 됩니다. 타로카드가 가지는 그림의 상징성을 우선으로 캐치하면 처음 배울 때에는 선입견이 별로 없기 때문에 그 그림에 대한 이해만 할 줄 알면 어느 정도 점이 잘 맞습니다.

재능이 없어요

그러나 이 초심자 단계를 넘어가면서 좌절을 겪습니다. 자신의 재능이 부족하다고 느껴서 포기하시는 분도 더러 있으신데 타로카드는 재능의 여부보다 타로카드에 대한 기초적인 원리 이해와 많은 경험을 통해서 더 자유자재로 다룰 수 있게 되는 것입니다.

키워드를 외우기 힘들어요

특히 키워드를 달달 외우는 것에 중점을 두면 재미를 느끼기 전에 포기하게 됩니다.

키워드는 공통적인 해석에 대한 기본 틀입니다. 그 제공된 키워드 범주 안에서 그림 이미지가 다양하게 변화를 가지게 되는 것입니다. 외우는 것보다 그 타로카드의 키워드를 이해하세요. 그러면 좀 더 쉽게 리딩이 됩니다. 맨 먼저 카드의 그림을 중점으로 두고 보고 다음에 키워드를 넓혀서 해석하는 것이 좋습니다. 다양하게 해석되는 키워드는 많은 경험을 통해 확장이 됩니다. 그렇기 때문에 초반에는 조바심내지 않고 기본기를 착실히 이해하고 그 기본을 바탕으로 많은 경험을 쌓는 것이 중요합니다.

처음에 잘 맞는데 자꾸 점이 틀려요

그리고 어느 정도 타로카드를 다루다 보면 주변의 칭찬과 기대감에 자만에 빠지게 되거나 자신이 접하는 손님의 유형에 선입견을 가지게 되는 경우가 생깁니다. 이럴 경우 상대방이 주는 멘탈 정보를 제대로 받아들이지 못하게 되므로 점이 맞지 않거나 볼 수 없게 되는 것입니다.

가끔 지인의 점이나, 자신의 점은 잘 안 맞는다고 하는 경우도 그 예 중의 하나입니다. 결과에 마음이 흔들려서 자꾸 좋게만 해석하려고 하기 때문에 리딩의 오류가 일어납니다. 그래서 늘 스스로의 감정을 배제하고 중심을 잡는 법도 초심자 단계일 때 같이 습득을 해야 합니다. 다루는 원리를 이해하고 선입견과 감정 이입을 배제하고 시점이 흔들리지 않도록 리딩하는 것을 이해하시면 누구나 쉽게 다룰 수 있는 것이 타로카드입니다. 초심자 단계일 때 기초가 정확히 습득이 되면 사용하면 할수록 실력이 향상되는 것을 느낄 수 있습니다. 타로카드를 배우고 싶다면, 그리고 좋아한다면 타로카드 배우는 것을 포기하지 마세요. 당신은 충분히 잘 하실 수 있습니다.

11

2 타로카드의 그림부터 이해하기

타 로 공 부 어 떻 게 하 시 나 요 ?

타로 공부를 어떻게 해야 하는지, 키워드 위주로 하는
지 그림 위주로 해야 하는지 물으시는 분들이 있으신
데 어렵지 않습니다. 타로카드는 어느 것 위주로 하는
것이 아니라, 기본 키워드를 암기가 아닌 이해를 하
고 그림을 리딩하시는 게 좋습니다. 카드의 그림이 왜
이 키워드인지 이해하시면, 어떤 질문이든 자유자재
로 리딩이 쉬워집니다. 그리고 타로카드는 그림을 세
심하게 보는 것이 좋습니다. 그림을 보고 많은 상상을
해보세요!

카드 각각의 그림마다 '이 그림은 어떤 상황에 해당이
될까?' 이런 생각을 하면서 보는 것이 도움이 됩니다.

웨이트 타로카드 독학하기

좌측의 'Two of Cups' 경우에 두 인물 사이에 무슨 이야기를 할지, 어떤 상황일지, 일이라면? 연애에서라면? 금전 문제에서는 어떻게 적용이 될지 그림을 보며 상상을 하는 겁니다. 또는 드라마나 영화를 보면서 그 장면에 해당하는 타로카드 그림을 연상해 보는 것도 좋습니다.

이런 식으로 상상을 하다 보면 그림을 세세하게 보는 눈이 생기고 풍부한 스토리텔링이 가능해집니다. 그렇기 때문에 카드의 기본 키워드 범위 안에서 더 다양한 내용들을 말할 수 있게 됩니다. 단순히 '된다, 안 된다, 좋아요, 나빠요'의 대답에서 그치지 않고 주어진 질문에 이야기가 있는 리딩을 하실 수 있으실 겁니다.

3 연애에 관련한 점을 보시려는 분들께

타로 상담이든 사주 상담이든 연애 상담이 대부분 많습니다. 저마다의 사연으로 찾아오시는 분들 중에 답답하고 불안함 때문에 다른 곳에서 여러 번 상담을 하신 분들의 경우 여기저기서 들은 말들 때문에 고민에 또 다른 고민을 이중 삼중으로 떠안고 사시는 분들도 종종 있으십니다.

자신이 사랑하는 이가 정말 자신을 사랑하는지 아닌지를 내가 사랑하는 이의 입을 통해 확인하는 것이 아니라 점으로만 확인하려다 보니 마음에 들지 않는 얘기에 또 불안해져서 안심이 될 때까지 점을 보게 됩니다. 자기 자신도 '나는 이런 사람이다'라고 명확히 규정짓기 어려운데 하물며 내가 아닌 다른 이를 얼마나 속속들이 알 수 있을까요?

연애는 상대방과 나의 소통과 조율입니다. 여러 가닥의 실이 조화를 이루며 하나의 매듭을 완성해나가는 것과 같이 끊임없이 주고받는 조율을 통해 이어나가는 인연입니다.

웨이트 타로카드 독학하기

**Nine of Swords
Nightmare**

〈The Red Tarot 중 Nightmare〉

내 연인에게 다른 이성이 있다는 말

그래서

내 연인이 만나는 다른 이성이 어떤 사람인지

그래서...

그 둘은 결혼했을까요? 헤어졌을까요?

그래서...

저보다 더 행복할까요? 아니 불행할까요?

그래서

다시 저에게 올까요?

상처받을까 두려워 스스로 확인하지 않고 확신이 들 때까지 관계의 성장을 망설인다면 차라리 드라마의 주인공을 사랑하는 것이 나으실 겁니다.

자꾸 피어나는 다른 의문들은 결국 자신을 또 다른 불행에 밀어 넣는 것이 됩니다. 불안한 생각들은 그러한 결과를 끌어오게 됩니다. 행동 없이 생각에 갇혀서 점에 의존하지 마세요. 상대방을 통해 직접 확인하세요. 사랑할 때 진심을 다해서 사랑하세요. 서로의 관계가 함께 성장할 수 있도록 이야기를 나누고 자신과 연인에 대해 탐구하세요.

4 상담가에게 제일 필요한 것

상담가에게 제일 필요한 것은 아니, 점을 직업으로 삼은 사람들이 갖춰야 할 가장 중요한 것은 해박한 지식, 화려한 화술, 점술의 정확도보다 사람들이 점에 의존하지 않도록 방향을 잡아주는 것입니다.

누구나 자기 스스로 문제를 해결할 수 있는 능력이 있기 때문입니다. 다만 그 상황에서 인식을 못하고 헤매고 방황할 수 있으므로 찾아온 이들과 대화를 나누면서 필요한 방향을 알려주고 그럴 시기가 또 다가오더라도 스스로 해결할 수 있는 능력을 사용할 수 있도록 하는 것이 제일 중요합니다.

'정말 그렇게 됐어요.'

잘 맞춘다고 몇 번을 다시 찾아온다고 해도 결국은 '점술 의존증'이라는 또 다른 문제를 야기하게 될 수도 있기 때문입니다. 대부분은 한두 가지 해결되면 스스로 갈 길을 잘 헤쳐가시지만 몇 번의 점이 잘 들어맞으면 문제가 생길 때마다 점에 의지하기를 반복하

XX
Spirit Guide

〈The Red Tarot 중 Spirit Guide〉

게 됩니다.

그렇게 반복을 하다가 보면, 점을 보지 않고서는 자신에게 큰 불행이 닥칠 것 같은 불안감이 생기게 되고 지금 이 방법이 옳은 것인지 스스로 판단을 못하게 됩니다. 점쟁이의 입술만 바라보고 살게 되는 경우도 있습니다.

사람은 누구나 해결 능력을 갖고 있습니다. 그 능력을 사용하고자 한다면 말이죠. 상담가는 단지 그럴 시기에 방황하는 사람들에게 약간의 팁과 대화를 통해 '스스로 해결 할 수 있음'을 알게 해드리는 것뿐입니다.

5 타로카드는 그림으로 기억하세요

간혹 타로카드를 배우시는 분들이 '몇 번 카드는 어떻게 해석해야 하나요?'라고 질문을 하시는 경우가 있습니다. 타로카드를 숫자로 인지하고 있으신 분들께 어떤 그림이었는지 물으면 바로 대답을 못하시고 한참을 '무슨 그림이었더라?' 하시면서 기억나지 않는 상황에 당황해하십니다. 수비학을 사용하는 타로카드가 아니라면 타로카드를 숫자로 먼저 인지하게 되었을 경우 이미지 리딩이 잘 일어나지 않게 됩니다.

숫자로 기억하는 타로는 숫자가 먼저 떠오르고 전체적인 그림의 모습은 흐릿하게 떠오르게 됩니다. 타로 리더는 그림의 세부적인 모습을 항상 머릿속에서 뚜렷하게 떠올릴 수 있어야 그 질문에 해당하는 이미지 리딩이 바로 가능해집니다. 타로카드의 그림을 떠올려본다는 것은 맨 먼저 타로카드의 그림, 그리고 묘사된 그림의 배경, 그 다음이 카드 네임 순입니다. 그리고 가능하다면 질문에 따라 카드의 그림이 움직이는 모습도 같이 떠올릴 수 있으면 더욱 좋습니다.

Five of Wands
Dispute

타로카드 그림을 먼저 인식한다는 것은 예를 든다면, 당구의 재미에 빠진 사람이라면 잠자리에 누워서 천정을 바라볼 때 당구대가 떠오르고 움직이는 당구공이 떠오르게 되는 것과 같습니다. 좋아하는 가수에 빠져 있다면 그 연예인의 사진 한 장만 보고도 웃는 모습, 노래하는 모습이 연상되실 겁니다.

이런 식으로 타로카드로 그림의 이미지를 머릿속에서 떠 올리는 것이 좋습니다. 타로에 빠져서 타로카드의 재미가 무엇인지 탐구하는 것과 같답니다.

그런데 숫자로 타로카드를 받아들이면 그림의 이미지는 뒤늦게 떠오르기 때문에 리딩력이 잘 늘지 않습니다.

자유로운 상상 에너지를 활용하세요. 타로카드의 그림을 즐기세요. 그랬을 때 타로카드를 자유자재로 다룰 수 있게 된답니다. 타로카드는 카드 그림을 호기심 날 때마다 궁금할 때마다 자주 들여다보고 자유롭게

상상하도록 두세요. 그리고 소소한 질문에도 자주 사용해 보세요. 여태까지 느끼지 못했던 타로카드의 매력을 느낄 수 있게 되실 겁니다.

6 웨이트 타로카드의 역방향 해석

웨이트 타로카드를 쓰면서 역방향을 해석해야하는지 아니면 정방향만 해석해야하는지 물어오시는 분들이 있습니다. 웨이트 타로카드를 살펴보면 카드의 뒷면은 위아래 구분을 할 수 없게 제작이 되었습니다. 그러나 어떤 카드들은 카드 뒷면을 보면 위아래 구분을 할 수 있도록 되어있습니다. 이렇게 카드 뒷면이 구분이 가는 것과 가지 않는 것으로 제작이 된 것은 구분이 가는 것은 정방향만 해석을 하고 그렇지 않은 카드는 정방향과 역방향 해석을 다 하도록 고안이 된 것입니다.

물론, 그 기능대로 사용하느냐 마느냐는 타로 리더의 선택일 수 있지요. 그러나 정방향과 역방향을 다 보도록 고안이 된 경우에 질문에 대한 정확한 답을 구하는데 애로사항이 생길 수 있습니다.

예를 든다면, '호감가는 이성이 있는데 그 사람이 나에게 호감이 있을까요?' 질문에서 Ace of Cups 카드가 나왔다면

웨이트 타로카드 독학하기

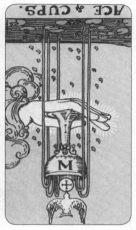

1) 정방향일 경우 '나에게 호감이 있다'고 해석할 수 있습니다.

2) 역방향일 경우 '상대가 나에 대한 호감이 없다'고 해석할 수 있습니다.

그러나 정방향과 역방향을 모두 해석하는 경우에는 같은 질문에 두 가지의 경우의 수로 대답을 하게 되지만 정방향만 보는 경우 카드가 역방향으로 나와도 정방향으로 놓고 해석을 하게 됩니다. 그럴 경우 전달되는 해석은 전혀 달라지겠지요?

타로카드는 종이로 만들어진 도구입니다. 그래서 그 도구의 쓰임을 정확히 이해하고 다루는 것이 타로 실력을 향상 시키는 방법 중의 하나이기도 합니다.

라 이 더 웨 이 트 키 워 드 와 해 석 하 는 방 법

II

1

메 이 져 카 드

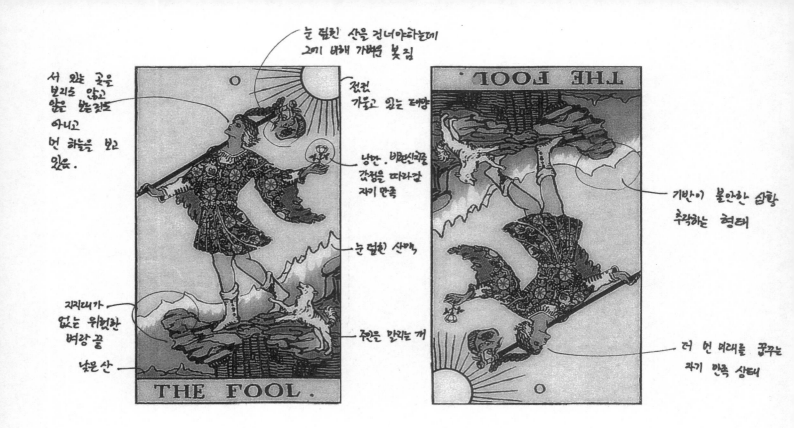

눈 덮친 산을 건너야하는데
그에 비해 가벼운 봇짐

서 있는 곳은
보리스 않고
앞도 보는것도
아니고
먼 하늘을 보고
있음.

점점
가물고 있는 태양

낭만 . 비현신적인
감정을 따라갈
자기 만족

눈 덮힌 산맥

기반이 불안한 상황
추락하는 형태

자리띠가
없는 위험한
벼랑 끝

낮은 산

주변은 말리는 개

더 먼 미래를 꿈꾸는
자기 만족 상태

THE FOOL .

26

정 방향 경솔한, 어리석은, 자기만족, 무계획, 엉뚱한

역 방향 무관심, 망설임, 우유부단함, 태만한 행동, 방황

The Fool

카드의 그림을 보면 한 남자가 가벼운 봇짐을 지고 먼 길을 떠나는 모습이 그려져 있습니다. 재미있는 것은 이 카드의 하단에 'The Fool'이라고 네임이 적혀있습니다. 왜? 바보라고 이름이 붙여졌을까요? 남자가 서 있는 곳을 살펴보면 아슬아슬한 낭떠러지 위에 서 있는 것을 볼 수 있습니다. 그리고 시선은 위를 바라보며 한 손에 꽃을 든 채 자기만의 세상에 도취되어 있는 모습입니다. 남자의 표정을 보면 자신이 위태로운 곳에 서 있는 것을 모르고 있다는 것을 알 수 있습니다. 한 발만 잘못 디디면 떨어질 수 있는 위험천만한 상황인데도 말입니다. 게다가 그 옆에는 흰 개가 짖으면서 위험을 경고하고 있지만 그 경고도 귀담아 듣지 않고 있는 것을 볼 수 있습니다. 그림의 배경을 자세히 살펴보면 이 남자가 서 있는 멀리 저 편에는 눈이 쌓여 있는 산맥이 그려져 있는 것을 볼 수 있습니다. 이것은 이 남자가 지나가는 길의 여정에 저 멀리 있는 눈이 덮인 산맥이 있다는 것을 암시합니다. 그러나 그림 속의 남자는 그것도 파악하지 못하고 있다고 볼 수 있습니다. 만약에 자신이 눈 쌓인 산을 지나가야 한다는 것을 알았다면 두꺼운 옷과 잠잘 곳부터 서둘러 대비했을 겁니다. 알고 있다면 그런 사항에 대비하지 않았다는 것 자체도 어리석은 모습으로 볼 수 있습니다. 그래서 위험한 절벽 위에서의 위태로운 상황을 모르는 것과, 앞으로의 여정에 험준한 산을 지나야 하는 힘들어질 현실을 인지하지 못하고 있고, 옆에서 위험을 알리는 개의 경고에도 아랑곳없이 꽃 한 송이를 들고 자기만의 세상에 도취되어 있는 천진난만한 모습에서 어리석다, 바보같다와 같은 키워드를 갖는 것을 알 수 있습니다.

금 전 에 관 련 한 질 문

충동구매, 계획 없는 투자, 꿈을 위해 지출하는 것 등으로 볼 수 있습니다. 역방향에서는 투기성 지출, 경솔한 투자로 인한 손해, 자금관리의 실패로 인한 손해 등으로 볼 수 있습니다.

직 장 에 관 련 한 질 문

불안정한 업무, 계획이 없는 일의 진행, 자신의 분야가 아닌 생소한 분야 등으로 볼 수 있습니다. 역방향이라면 근무태만, 게으름, 어리석은 결정으로 인한 업무 과실, 우유부단함으로 인한 일의 차질 등으로 볼 수 있습니다.

연 애 에 관 련 한 질 문

현실을 외면한 연애, 즉흥적인 감정에 빠지는 연애 등으로 볼 수 있습니다. 역방향이라면 엉뚱한 대시, 경솔한 행동으로 인한 트러블, 연애의 후회, 콩깍지가 벗겨지는 연애 등을 볼 수 있습니다.

상 담 사 례

이 카드가 남녀 관계에서 보는 경우에 상대방 남자는 양다리를 걸치는 걸 보여주는 상황에서 남자가 상대방 여자를 어떻게 생각하는지 해당하는 카드에 이 'The Fool' 카드가 나온 경우가 있었습니다. 이런 경우에 상대방 남자분이 여자를 어떻게 생각하는 걸로 해석하면 좋을까요? 바로 어리석은 여자입니다. 눈앞의 사랑에 빠져서 남자가 다른 여자를 만나면서 자신을 만나는 것을 모르는 어수룩한 철부지로 보고 있다고 해석이 됩니다. 유부남인 줄 모르고 만나는 연애, 순수한 사랑인 줄 알았지만 상대는 속셈이 있어 만나는 연애였을 경우에 이 카드가 잘 나옵니다. 그리고 상대가 자신을 사랑하고 있다고 착각한 연애, 앞의 미래 계획은 생각하지 않고 진행하는 연애에서도 잘 나오는 카드입니다.

이 카드의 타로카드 해석이 어렵다고 느껴질 때도 있으실 겁니다. 특히 역방향일 때 더 그렇습니다. 정방향일 때 어리석음, 무지, 계획이 없음, 천진난만함으로 해석이 되지만 역방향일 때 어리석음에서 벗어남, 위험한 상황을 알게 되는 것, 또는 더 위험한 상황에 빠지는, 게을러지는 것 등으로 해석이 됩니다.

왜 같은 카드가 같은 방향으로 나오는데 해석이 다르게 될까요? 그 이유는 질문자가 어떤 상황에서 어떤 질문을 하느냐에 따라서 해석의 기준이 달라지기 때문입니다. 자신의 상황을 알고 있는지 아닌지의 조건에 따라 해석이 다르게 됩니다. 질문자가 자신의 현재 상황의 문제점을 인식하고 질문을 했을 때 역방향인 경우와 모르고 질문을 했을 때 역방향인 경우 두 가지로 해석할 수 있는데, A. 위험에 처한 것을 모를 경우 The Fool 카드가 역방향이라면 위험에 처한 것을 더욱 모르고 빠져들게 된다, 더 바보가 된다, 더욱더 속는 것으로 해석하게 됩니다. B. 위험이 있는 걸 알았을 경우 The Fool 카드가 역방향이라면 자신이 바보 같았음을 알고 벗어나려고 한다, 그 상황에서 벗어나는 중이다, 위험한 상황을 인지하고 있다고 봅니다. 그래서 똑같은 역방향인데도 질문자가 상황을 인지했는지 아닌지에 따라 이렇게 해석이 달라질 수 있습니다.

실제로 상담 받았던 분의 사례인데 이 분은 이제 막 연애를 시작한 지 얼마 안돼서 오셨는데 연애의 문제점은 없는지 살펴보는 카드에 The Fool 카드가 역방향으로 나왔습니다. 그래서 상대방을 만나면서 다 믿지 말고 자신의 상황을 좀 더 객관적으로 살펴보는 게 좋겠다고 얘기했습니다. 그리고 한 달쯤 지나서 다시 찾아오셔서 타로카드를 보게 되었는데 이번에는 남자친구와 헤어지는 것이 좋은지를 물었습니다. 그런데 이번에는 그분의 현재 모습에 해당하는 카드가 The Fool 카드 역방향으로 나왔습니다. 알고 보니 상대방 남자분이 거짓말 한 것을 알게 되었다고 하시더군요. 이와 같은 사례에서 해석이 되는 차이를 보면, 첫 번째에서는 문제가 있음을 모르는 상황에서 질문을 주었기 때문에 역방향의 해석이 '더욱더 속게 된다'로 봅니다. 두 번째에서는 현재 모습을 나타내는 카드에 역방향으로 나왔는데 이때의 해석은 '현재 상황에서 벗어나려고 한다. 바보 같은 모습을 인지했다'라고 해석이 됩니다. 이 때 이 분은 남자친구가 거짓말을 한 걸 알았기 때문에 헤어질까 고민하는 상황에서 타로카드를 본 것이기 때문에 현실적 문제점을 인지하고 있으므로 위와 같은 해석이 적용됩니다. 그래서 현재 상황의 문제점을 인식하고 질문을 했을 때 와 아닐 때의 경우 이렇게 다르게 해석하게 됩니다.

이제 처음 타로카드에 적응하시는 분들은 헷갈릴 수도 있습니다. 처음에는 메이져카드로만 정방향과 역방향을 사용하세요. 해석이 안 되면 체크를 해두시고 자꾸 보시다 보면 똑같이 역방향으로 나와도 해석이 다르게 되는 경우를 보게 되실 겁니다. 지금 이해가 안 된다고 좌절하거나 어렵다고 생각하지 않으셔도 됩니다. 꾸준히 하시다 보면 차츰차츰 나아지게 됩니다.

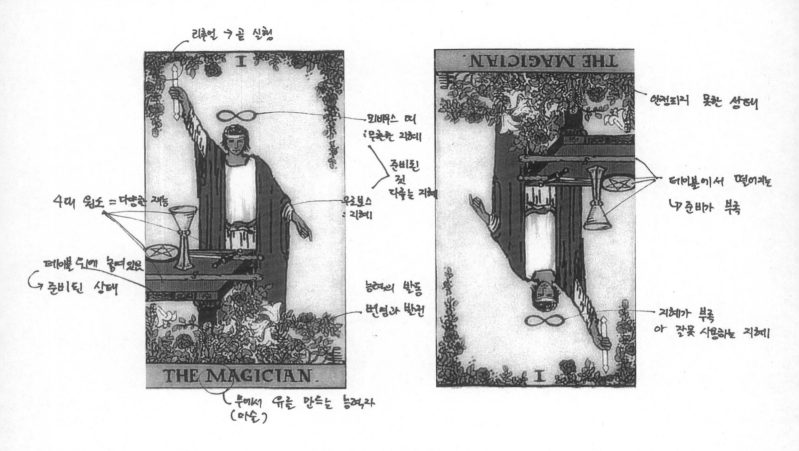

리추얼 → 곧 신행

외뱌우스 띠
「무한한 지혜

준비된
것
다루는 지혜

우로보스
지혜

4대 원소 = 다양한 재능

테이블 뒤에 놓여있음
→ 준비된 상태

무에서 유를 만드는 능력과
(마술)

THE MAGICIAN.

안전되지 못한 상태

테이블에서 떨어지는
↳ 준비가 부족

능력의 반동
변명과 반전

지혜가 부족
아 잘못 사용하는 지혜

정 방향 지혜, 재능, 창조, 독창적, 손재주   **역 방향** 불안정, 준비가 부족한 시작, 과용, 실수, 속임수

The Magician

The Magician 카드의 그림 속 남자의 자세와 탁자 위를 보면 Cup, Sword, Pentacles, Wand Minor Arcana가 놓여있습니다. 탁자 위에 놓여있는 슈트는 위 4가지 원소를 능수능란하게 다룰 수 있는 지혜와 재능이 있음을 나타냅니다. 이것은 여러 가지 일을 할 수 있는 것으로 볼 수 있습니다. 그리고 테이블 위에 올려져 있는 것이 이 사람이 가지고 있는 자원과 재능을 나타내기도 하지만 그만큼의 준비가 되어있는 것도 나타냅니다. 그림 속의 남자가 한 손을 올려 이제 ritual을 취하고 있는 자세는 준비된 원소로 만물을 변화시키는 의식을 하는 것을 표현합니다. 이것은 이제 자신의 재능을 펼칠 준비가 되었다는 것을 의미하고 있습니다. 그리고 남자의 머리 위의 뫼비우스 띠는 이런 자원과 재능을 다룰 수 있는 무한한 능력과 가능성을 암시합니다. 남자의 복장을 보면 뱀으로 허리를 둘렀는데 이것은 지혜의 뱀을 의미합니다. 따라서 이 남자는 여러 가지 다양한 것을 다룰 수 있는 지혜를 갖췄음을 나타내고 있습니다. 그러므로 이 카드가 나오면 다양한 일 또는 많은 일을 할 수 있는 재능을 갖췄다. 그런 준비가 되었다고 볼 수 있습니다.

금전에 관련한 질문

여기저기 투자의 기회, 여러 곳에서 들어오는 돈, 수입과 지출이 많은, 자금융통이 원활해지는 것 등으로 볼 수 있습니다. 역방향이라면 사기투자, 여기저기 투자했지만 수익은 없는 것, 투자의 준비가 미흡한 것으로 볼 수 있습니다.

직장에 관련한 질문

여러 가지 업무 진행을 잘 하는 것, 그동안 준비했던 일을 진행하는 것, 거래처 관리에 능숙한, 업무의 성과 등을 볼 수 있습니다. 역방향이라면 여러 가지 일에 허둥대는, 사기취업, 게으름으로 인한 일의 중단, 많은 일처리를 감당하기 어려운 것, 우왕좌왕한 것 등으로 볼 수 있습니다.

연애에 관련한 질문

연인과 다양한 이벤트를 즐기는 것, 독창적인 데이트, 이성을 만날 기회가 많아지는 것, 외모와 능력을 겸비한 이성 등으로 볼 수 있습니다. 역방향이라면 연인의 속임수, 사랑을 빙자한 바람둥이, 꽃뱀과 제비, 우유부단해서 삼각관계에 놓이는 것, 겉과 속마음이 다른 연애, 아는 이성은 많지만 내 연인은 없는 것 등으로 볼 수 있습니다.

상담사례

리딩의 예를 들면 '이번 달에 시험을 보았는데 합격할까요?' 질문에 The Magician 카드가 정방향으로 나온다면 성적도 우수하게 잘 나오고 합격의 가능성이 있다고 볼 수 있습니다. '동업하기로 한 친구가 있는데 이 친구와 같이 사업을 하면 좋을까요?'라는 질문에 상대방 동료의 상황카드로 The Magician 카드가 역방향으로 나왔습니다. 정방향의 반대의 키워드로 보면 '능력이 없다, 속임수, 상대가 다른 마음을 품고 있는 것'으로 봅니다. 그러므로 동료가 말했던 것보다 경력이나 능력이 부족할 가능성이 있고 상대방을 이용하여 이익을 취할 수 있다고 볼 수 있습니다.

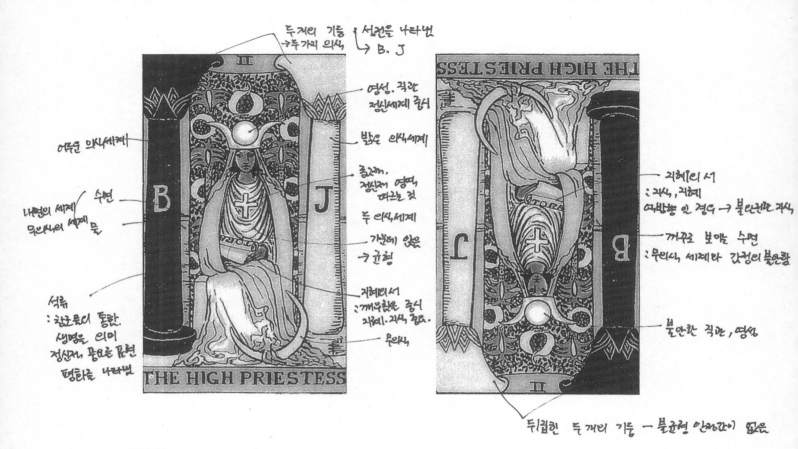

두 개의 기둥
→두 가지 의식

서견을 나타냄
→ B. J

영성, 직관
정신세계 물상

밝은 의식세계

종교적,
정신적 영역,
따르는 것

두 의식세계

가운데 있는
→균형

지혜의 서
: 깨우침으로 증가
지혜, 지식, 롬드,

무의식

어두운 의식세계

수면

내면의 세계
무의식의 세계 문

석류
: 창조물다 통함.
생명을 의미
정신과, 풍요로운 묘현
평타를 나타냄

THE HIGH PRIESTESS

THE HIGH PRIESTESS

지혜의 서
: 지식, 지혜
역방향 인 경우 → 불안전한 지식

꺼꾸로 보이는 수면
: 무의식, 세제타 감정의 불안함

불안한 직관, 영성

뒤집힌 두 개의 기둥 — 불균형 안정간이 없음

정 방향 정신적인 관계, 현명한, 선견지명,
직관, 자존심, 지혜, 영적통찰력

역 방향 무지, 이기주의, 타락한, 육제적인 열정, 타락한

웨이트 타로카드 독학하기

The High Priestess

그림 속 여사제의 뒤에 검은색 기둥과 하얀색 기둥이 있습니다. 검은 기둥은 탐욕과 탐닉, 이기주의 면과 욕망, 유혹을 나타내고 하얀 기둥은 공정하고 현명하고, 허구를 꿰뚫는 현실적인 사고와 절제를 나타냅니다. 그래서 여사제 뒤에 검은 기둥과 흰 기둥이 세워져 있는 것은 High Priestess가 두 가지 영성적인, 의식의 균형을 잘 잡고 절제하고 있는 것을 표현합니다. 또한, 그림에 보면 발아래 있는 초승달은 여성적인 면과 더 깊은 내면의 힘을 암시합니다. 손 안에 든 '지혜의 서'와 머리에 있는 둥그런 원, 파란색의 옷은 지성과 평화, 존재의 근저를 이루는 창조적인 힘을 나타내고 있습니다. 베일에 있는 석류는 창조물의 통합, 번식, 생명을 의미합니다. 가려진 베일 뒤로는 고요하게 있는 물이 흐르는데 이것은 무의식의 세계를 표현합니다. 그러므로 이 카드는 무의식의 세계, 정신적인 에너지를 다루는 지혜, 현명함 그리고 종교적 그리고 정신적인 경건함을 나타냅니다.

금전에 관련한 질문

윗사람의 조언이 이로운 것, 체면치레로 인한 지출, 배우는 것, 미래를 위한 지출, 정확한 투자에 대한 판단, 정신적으로 만족하는 금전 등으로 볼 수 있습니다. 역방향에서는 이기적인 돈의 사용, 돈에 대해서 쓸데없이 예민해지는 것, 정확한 지식 없이 투자한 것으로 인한 손실 등으로 볼 수 있습니다.

직 장 에 관 련 한 질 문

상사의 도움, 자신의 평가가 올라감, 업무 판단력이 좋아짐, 자신의 업무를 잘 처리하는 것, 직장 내에서 명예가 오르는 것 등으로 볼 수 있습니다. 역방향이라면 자만으로 인한 과오, 불공평한 대우로 인한 스트레스, 업무 실적에 예민해지는 것, 불안정한 업무 등으로 볼 수 있습니다.

연 애 에 관 련 한 질 문

정신적인 유대감이 깊어지는 연애, 영화나 뮤지컬, 콘서트 등 문화 데이트를 즐기는 연애, 서로의 마음이 잘 통하는 연애로 볼 수 있습니다. 역방향이라면 이기적인 연애, 정신적 연애에서 스킨십이 많아지는 연애, 자존심으로 인한 트러블과 연애에 대한 짜증과 예민함으로 등으로 볼 수 있습니다.

상 담 사 례

연애질문에 지금 만나는 이성을 나타내는 카드에 'The High Priestess' 카드가 나오면 사귀는 이성이 자존심도 높고 학력도 높으며 정신적인 유대관계를 더 중시하는 성향에 속하는 상황에 자주 나오는 카드입니다. 또는 자신이 원하는 스타일에 이 카드가 나오면 마찬가지로 정신적인 교감과 유대감을 중시하고 가벼운 연애보다 오래 지켜보며 대화가 통하고 지적인 상대를 선호하는 것으로 볼 수 있습니다. 그래서 자신이 좋아하는 이성에 'The High Priestess' 카드가 나오면 무리하게 스킨십을 시도하는 것보다 공통관심사를 갖고, 많은 대화를 나누면서 문화 데이트를 즐기는 것이 상대방과 가까워지는 데 유리합니다. 즉 두 사람만의 유대감을 먼저 만드는 것이 중요해집니다.

타로카드로 내 주변의 인관관계 조율에 참 용이하게 사용할 수도 있습니다. '내 직장상사는? 내 남자친구는? 내 베스트프렌드는?' 관계성을 알아보는 카드 배열로 살펴보면 상대방을 더 잘 이해하고 관계유지에 도움이 된답니다. 한 카드에 다양하게 사용되는 해석 때문에 어렵다고 생각하실 수도 있습니다. 이 카드가 연애에서 이렇게 해석이 되지만 직장에서 어떻게 해석을 하는지, 돈을 물었는데 이 카드가 나오면 어쩌라는 건지 막막할 수도 있습니다. 카드의 키워드를 이해하고, 그림을 이해하면 다양하게 해석을 할 수 있게 됩니다. 낙담하지 마세요. 꾸준히 하시면 오랫동안 즐겁게 사용하시게 될 겁니다.

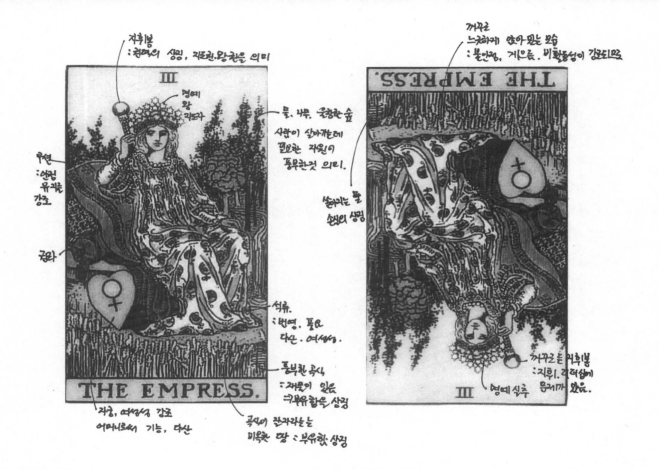

지휘봉
: 권력의 상징, 지도력, 왕권을 의미

명예
왕
의료자

물, 나무, 운창한 숲
사람이 살아가는데
필요한 자원이
풍부한것 의미.

위션
: 연령 유희를
강조

권좌

살아있는 물
순환의 상징

석류.
: 번영, 풍요
다산, 여성성.

풍부한 곡식
: 재물이 있은
그 부유함을 상징

자랑, 여성성 강조
어머니로서 기능, 다산

곡식의 잔가락는
미옥한 땅 : 부유함 상징

거꾸로
느슨하게 앉아 있는 모습
: 불안감, 게으름, 비활동성이 강조되므로

거꾸로는 지휘봉
: 지휘, 리더십에
문제가 있음.

명예 실추

정 방향 비옥한, 여성적인 성향, 풍요, 성취, 어머니, 모성애   **역 방향** 게으름, 우유부단, 허영, 낭비, 행동이 없는

웨이트 타로카드 독학하기

The Empress

화려한 왕관을 쓴 여왕이 한가운데 현란하게 장식이 된 의자에 앉아 있습니다. 그 뒤로 나무가 울창한 숲과 흐르는 물이 있고 여왕의 앞쪽 발아래에는 비옥한 곡식들이 가득합니다. 안락해 보이는 의자에 비스듬히 기대있는 여자의 모습은 보기에도 만사태평한 모습입니다. 여러분은 이 그림의 이미지에서 무엇이 느껴지나요? 편안하고, 안락하고, 부유한 이미지로 보인다면 이 카드가 보여주는 이미지를 잘 보신 겁니다. The Empress 카드는 단어 그대로 '여왕'입니다. 풍요와 다산과 모든 것을 누리고 있는 권력과 풍족함을 나타내며 그런 풍요와 번영을 주관하고 지키는 존재라는 것을 나타냅니다. 그리고 쿠션과 의자에 있는 기호는 자궁, 여성성을 의미하는데 어머니로서의 모성애를 표현합니다. 그래서 이 카드는 결혼과 임신을 물어볼 때에도 잘 나오는 카드입니다.

금전에 관련한 질문

여유 있는 금전, 보유하고 있는 자금이 안정적인 것, 큰돈이 들어옴, 돈의 쓰임이 커지는 것, 투자의 성공 등을 나타냅니다. 역방향이면 체면 유지로 인한 사치,

허영심으로 인한 과다 지출, 지출관리를 못 하는 것 등을 나타냅니다.

직장에 관련한 질문

승진, 거래처와의 협조가 유리한 것, 윗사람의 원조, 원활한 업무 진행, 사업의 수완이 좋은 것, 여성적 리더십, 승진 등으로 볼 수 있습니다.

역방향이면 근무태만, 집중력 결여, 직책의 과용으로 인한 체면을 잃는 것, 인맥과 자금의 부족으로 인한 사업 부진, 게으름 부리다 기회를 놓치는 것 등으로 볼 수 있습니다.

연애에 관련한 질문

연인의 배려, 프러포즈의 기회, 안정적인 연애, 화합이 잘 연애, 당당한 연애 등으로 볼 수 있습니다. 역방향이라면 자존심 상하는 일, 연인에게 망신당하는 것, 약속을 어기게 되는 것으로 인한 싸움, 배려와 양보

없이 고집부리는 것 등으로 볼 수 있습니다.

상담사례

자, 그럼 The Empress 카드가 실제 상담사례에서 어떻게 적용되었는지 살펴보겠습니다. 어떤 분이 직장 두 곳을 놓고 어디로 갈 지 고민하고 있었는데 타로카드로 직장 상황을 먼저 알아보았습니다.

A 사

B 사

⟨The Fool⟩　　　⟨The Empress⟩

어떤 회사가 더 안정적으로 보이시나요? 'The Fool' 카드는 회사 운영도 방만하게 하고 있고, 자금관리가 잘 안되어 있다고 볼 수 있고 'The Empress' 카드는 회사규모도 크고 회사자금이 안정적이며 운영도 잘 되고 있는 것으로 볼 수 있습니다. 그럼 어떤 회사에 지원하는 것이 유리할까요? 월급을 제 때 받을 수 있는 회사는 당연 B사이겠죠. 어때요? 해석이 별로 어렵지 않으시죠?

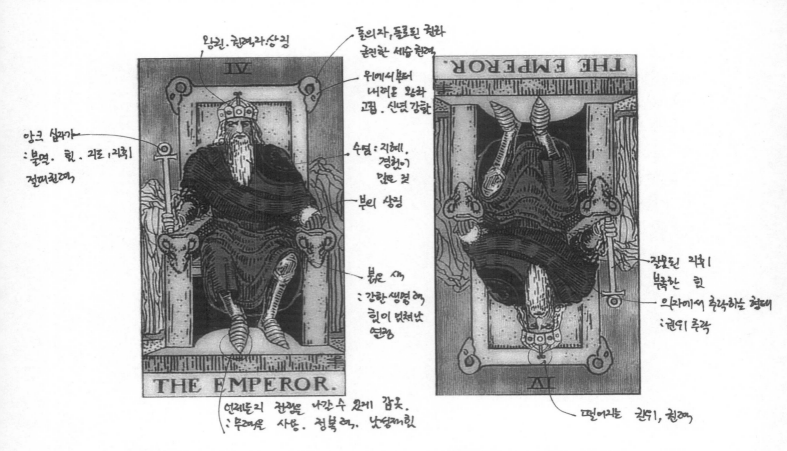

왕권, 권력과상징

둘의자, 돌로된 천하
굳건한 세습권력

위에서부터
내려온 완화
고집. 신념 강함

앙크 실파가
: 불멸. 힘. 각도,각척
절대천력

수염: 지혜,
경험이
많은 것

부의 상징

붉은 색
: 강한 생명력
힘이 넘쳐난
연경

일레튼지 권력을 나갈수 왼게 갑옷.
: 무려운 사람. 정복력. 낯성격헌

잘못된 각위
부족한 힘

의자에서 추락하는 형태
: 권위 추락

떨어지는 권위, 권력

정 방향 권력, 남성적 권위, 부성애, 권위,
호전성, 정복, 가부장적

역 방향 무능력, 고집불통, 허세, 권위의 추락,
역량이 부족한, 타협하지 않는

44

The Emperor

The Emperor 카드는 그림을 보면 강한 남성적 이미지를 느낄 수 있습니다. 다부진 표정과 하얀 수염의 고독해 보이는 남자가 있습니다. 단단하고 거대하고 묵직해 보이는 돌 의자는 굳건한 왕위를 상징하며 선조부터 내려온 권력의 승계를 나타내기도 합니다. 번쩍이는 갑옷과 숫양 장식 등은 강력한 카리스마와 강력한 권력을 갖고 있음을 표현하고 있습니다.

그리고 손에 든 앙크 십자가와 황금구슬은 지배력과 명예 그리고 강한 통찰력이 있다는 것을 상징합니다.

얼굴의 흰 수염과 정면을 바라보는 모습에서 당당함과 권력자의 자존심과 지혜를 바탕으로 한 통치자인 것을 표현하며 그리고 세월 속에 쌓은 노련함을 나타냅니다. 뒤로 보이는 험한 산들과 가늘게 흐르는 물은 The Empress 카드에서 나온 풍부하게 흐르는 물과 비교가 됩니다. 이것은 감성적인 것보다 이성적인 통치를 의미합니다. 험준한 산은 부와 권력이 투쟁 끝에 쟁취한 것임을 나타내며 오랜 기간을 유지되고 쌓아온 것이라는 것을 암시합니다. 왕좌에 앉은 왕의 복장을 살펴보면 옷 안에 입고 있는 갑옷이 보입니다. 이

45

것은 무력을 사용할 수 있는 것을 나타내고 자신에게 맞서는 사람이 있다면 강경하게 처리할 수 있다는 것을 표현합니다. 따라서 뒤에 앉아서 명령만 내리는 것이 아니라 문제가 생기면 바로 무력을 행사하는 절대 권력을 뜻합니다. 그래서 이 카드는 강력한 지도력과 냉철한 리더십, 지혜를 모두 갖춘 절대 권력을 의미합니다.

금 전 에 관 련 한 질 문

큰 이익의 성취, 투자의 성공, 막강한 자금력, 큰돈의 유입, 투자에 대한 냉철한 판단력 등으로 볼 수 있습니다. 역방향이라면 투자의 실패, 큰돈의 지출, 비싼 물건의 구매로 인한 지출, 감정 조절의 실패로 인한 손실 등으로 볼 수 있습니다.

직 장 에 관 련 한 질 문

주도권을 쥔 거래성사, 프로젝트의 성공, 빈틈없는 업무처리, 큰 거래의 계약, 리더십을 잘 발휘하는 것, 사업의 성공, 승진 등으로 볼 수 있습니다. 역방향이라면 자존심을 너무 내세워 명예가 실추되는 것, 손해보는 거래, 주변의 조언을 무시한 일의 진행, 독단적인 일 처리, 고집부리다가 일을 그르치는 것 등으로 볼 수 있습니다.

연 애 에 관 련 한 질 문

고백의 성공, 리더십 있는 연애, 연인의 주장이 강해지는 것, 아버지와 같은 연인, 결혼, 연애의 성사, 보수적인 연애 등으로 볼 수 있습니다. 역방향이라면 연인에게 자존심 상하는 것, 주도권 싸움, 연애를 주도하지 못하고 우유부단해 지는 것 등으로 볼 수 있습니다.

상 담 사 례

이 카드는 한 가족을 책임지는 가부장적 아버지로 나올 때도 있고, 가장 역할을 하는 사람에게도 잘 나옵니다. 일에 관련해서는 지시하고 진두지휘하는 오너, 나이 많은 상사 그리고 권위주의적 직장상사로 나오기도 합니다. 어느 여자 분이 오셔서 내일 선보러 가는데 마음에 드는 이성이 나올지 궁금해 하셨습니다. '내일 나가는 소개팅에 어떤 사람이 나올까요?'라는 질문에 The Emperor 카드가 나왔습니다. 책임감 강하고 권위주의적이고, 고집이 강하고, 나이 차이가 많거나 또는 얼굴이 노안인 경우로 볼 수 있습니다. 그 후에 다시 오셔서 소개팅 한 남자분과 잘 만나고 있다고 하시면서 정말 나이가 많은 사람이었고 고집이 쎄서 걱정이라면서 웃으셨습니다. 안 싸우고 연애 잘할 수 있는지 다시 타로로 살펴보시고 가셨습니다.

신성, 재물, 명예의 권위 상징

가르침 지시하고 다른 연결을 정신적인 법령 가르침.

붉은 색 : 생명, 신성성

사제의 의복 종교적인 법을 중하고 권하는 표시

언약의 궤 율법, 종교적 상징, 지혜로 다스림을 상징, 종교적인 가르침

언약의 궤에 불안정하게 있는 상황 (:종교인) 규범. 가르침 지혜가 불완전하다.

명예의 추락 명예가 손상 됨. 종교를 앞세운 거짓 가르침.

정 방향 자비, 친절, 체면중시, 명예, 관대함, 동정심, 지혜, 정신적 지주, 종교적인

역 방향 타락한 명예, 관행에 치우친 집착, 상처 받기 쉬움, 민감한, 사이비

The Hierophant

The Hierophant 카드를 보면 무엇이 떠오르시나요? 단어 그대로 바로 신비주의 사제, 정신적인 지도자, 정신적 지주를 나타냅니다. 그림 속의 사람을 살펴보면 머리에는 정신적 권위와 명예를 강조하는 높은 왕관을 쓰고 한 손에는 십자가를 들고 붉은색 의대를 입고 의자에 앉아 있습니다. 십자가 문양이 있는 영대를 착용한 종교적 복장과 아래에 예를 표시하는 사람들의 모습에서 이 사람이 사람들의 정신의 왕, 영적 지도자임을 표현하고 있습니다.

그리고 장미와 백합은 왕족에게 자주 쓰이는 문양으로 그에 합당한 존엄성, 고귀한 품위, 순수한 열정, 명예가 있다는 것을 표현합니다. 그래서 이 사람이 그런 종교적 권위와 명예가 높다는 것을 알 수 있습니다. 앞에 따르는 사람들을 두고 설교를 하는 모습에서 지혜와 지식이 있는 사람으로 볼 수 있으며 남에게 조언을 해주거나 지식을 가지고 가르침을 주는 사람이라는 것을 알 수 있습니다.

종교는 특성상 제약과 규율이 강합니다. 보수적이고

사회적인 윤리와 규범을 강조하고 친절과 자비로움을 중시하는 면이 이 카드에서 그림으로 표현되고 있습니다. 그런 의미에서 The Hierophant 카드는 종교적인 자비와 친절, 관행 그리고 보수와 윤리적인 면을 나타내는 카드라는 것을 알 수 있습니다.

실제 해석의 일부 예를 든다면 나에게 카운슬링 해주는 사람, 정신적으로 의지가 되는 사람 그리고 행위로 볼 때 내가 남에게 카운슬링 해주거나 조언을 주는 행동으로 적용해서 볼 수 있습니다.

금전에 관련한 질문

체면치레로 인한 금전 지출, 동정심으로 인한 지출, 부조금, 경조사비 지출, 만족할 만큼의 금전 등으로 볼 수 있습니다. 역방향이라면 금전 약속을 지키지 못하는, 돈 문제로 자존심 상하는 것, 빌린 돈을 받을 수 없는 것, 지나친 체면치레로 인한 지출, 돈에 민감한 것 등으로 볼 수 있습니다.

직업에 관련한 질문

진행하는 일로 인정을 받는 것, 명예가 올라간다, 인지도가 올라가는 것, 거래처와의 교섭 유리, 남에게 조언할 일이 많은 것, 윗사람의 조력을 받는 것 등으로 볼 수 있습니다. 역방향에서는 동업이 깨지거나, 동료와의 다툼, 자존심 상하는 것, 일로 인한 스트레스가 심해지는 것, 참견, 직장 상사의 질책, 신뢰가 깨지는 것 등으로 볼 수 있습니다.

연애에 관련한 질문

연인에게 의지하는 연애, 정신적인 만족감이 큰 연애, 마음의 위안이 되어주는 연애, 교감이 깊은 연애 등으로 볼 수 있습니다. 역방향이라면 연인 사이에 자존심 상할 일이 생기는 것, 연인에게 인색한 것, 지키지 못할 말로 신뢰가 깨지는 것, 마음의 상처를 받는 것, 속좁은 연인, 잔소리 많은 상대 등으로 볼 수 있습니다.

상 담 사 례

The Hierophant가 직업적인 관점에서 보면 주로 가르 치는 직업을 가진 사람들이 여기에 속합니다. 말로 가 르치는 교사, 강사와 법조계, 종교인, 교육계통에서 많이 나옵니다. 그럼 이 카드가 역방향으로 나오면 어 떨까요? 정신적 지주를 가장한 사기꾼, 불법적인 일에 종사하는 세일즈맨 등으로도 볼 수 있습니다. 성향으 로 보면 어떨까요? The Hierophant 카드가 정방향이 면 긍정적인 멘토의 역할을 합니다. 이로운 조언을 해 주는 사람, 남에게 베풀어주고 싶은 성향과 고지식하 고 체면을 중시하는 가진 사람으로 볼 수 있습니다.

자, 이제 타로카드를 부지런히 익혀서 남에게 타로 운세를 봐준다면 당신이 올바른 정보를 제공하는 멘 토, 'The Hierophant'가 되는 겁니다.

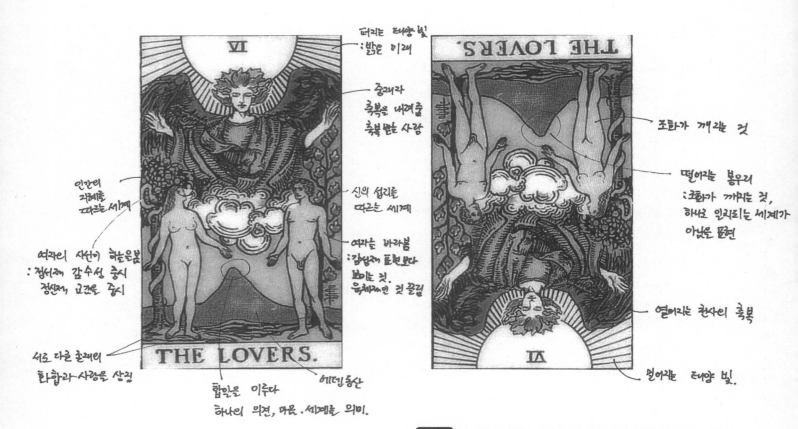

떨어지는 태양 빛
: 밝은 미래

중래라
축복을 내려줄
축복 뿐는 사람

신의 섭리를
따르는 세계

여자를 바라봄
: 감성적 표현보다
보이는 것
육체적인 것 끌림

인간의
규제를
따르는 세계

여자의 시선이 하늘을 봄
: 정서적 감수성 중시
정선과 교견른 중시

서로 다른 줄래리
화합과 사랑을 상직

THE LOVERS.

합인을 이룬다
하나의 의견, 마음 .세계를 의미.

에덴동산

THE LOVERS.

조화가 깨지는 것

떨어지는 봉우리
: 조화가 깨지는 것,
하나로 인지되는 세계가
아닌운 표현

열어지는 천사의 축복

멀어지는 태양 빛.

역 방향 신뢰할 수 없음, 헤어짐, 연애의 좌절, 불행, 불륜,
낭만 없는, 조화가 깨지는

정 방향 사랑, 조화, 아름다움, 믿음, 연인, 로맨스, 낭만

The Lovers

이 카드는 타로카드에 대한 지식이 전혀 없으신 분들이 보아도 무엇을 의미하는지 잘 알 수 있는 카드입니다. 그만큼 그림으로 전달하는 의미가 뚜렷한 카드입니다. 그림 속의 벌거벗은 남녀와 가운데 있는 천사의 모습에서 우리는 에덴동산을 떠올릴 수 있습니다. 그림 속의 남녀가 옷을 벗고 있다는 것을 두고 '순수하다'라고 생각하는 것에 이해를 하시지만 옷을 벗고 있는 것이 정신적인 사랑, 순수한 사랑이라고 보는지 물으시면 선뜻 대답하지 못하시는 경우도 있었습니다. 만약 이 두 남녀가 옷을 입고 생각해 봅시다. 비싸고 좋은 옷을 입고 브랜드 옷을 입으면 부자이거나 경제적 여유가 있는 것으로 보겠죠? 이렇게 옷은 사회적 지위와 부를 나타내기 때문에 옷을 입지 않은 것으로 그렸다는 것은 그런 것을 우선시해서 좋아하는 것이 아니라 상대방의 있는 모습 그대로를 사랑하는 순수하고 정신적인 교감을 중시하는 사랑이라는 것을 의미합니다.

그림 속의 천사는 중재자, 축복을 내려주는 존재임을 알 수 있습니다. 그래서 이 관계가 축복을 받고 있는 관계인 것을 의미합니다. 마찬가지로 강렬하게 비추고 있는 태양도 두 사람의 밝은 미래와 축복받는 사랑을 표현합니다. 남자와 여자의 뒤에는 각각 나무가 그려져 있는데 이 나무에는 열매가 열려 있습니다. 하나는 성경에 나오는 만나가 열려있는 나무이고 다른 나무는 생명의 열매가 열린 나무입니다. 이것은 신의 섭리를 따르는 신성을 중시하는 세계와 인간의 지혜를 따르는 이성을 중시하는 세계를 나타냅니다.

그래서 이 카드는 각기 다른 세계의 조화로움을 표현하고 있습니다. 성경에 나오는 에덴동산의 식물과 동물과 사람이 서로 조화를 이루며 평화롭게 공존하는 것처럼 이 카드에서도 서로 화합하고 사랑하는 것을 의미합니다. 그림 속의 남자와 여자처럼 서로 다른 존재의 조화와 정신적인 사랑을 표현하는 것입니다. 그러므로 이 카드는 서로 다른 존재와의 화합과 평화로운 교감을 중시하는 사랑을 의미하는 카드입니다.

금전에 관련한 질문

이성교제로 인한 지출, 금전의 도움을 받을 수 있는 것, 인맥으로 인한 이득, 편안한 금전 운, 투자를 받는 것이 순조로운 것 등으로 볼 수 있습니다. 역방향이면 돈으로 인해 인간관계가 깨지는 것, 중재자와의 불화, 이성으로 인한 손실 등으로 볼 수 있습니다.

직장에 관련한 질문

교섭이 수월하게 진행이 되는 것, 거래처와의 신뢰관계가 두터워지는 것, 동료 간의 화합, 업무와 관련된 미팅과 모임에서 성과가 있는 것, 영업 세일즈 등에 성과가 있는 것, 즐겁게 일하는 것 등으로 볼 수 있습니다. 역방향이라면 직장에서 트러블, 거래처와 협력이 틀어지는 것, 계약이 파기되는 것, 동업이 깨지는 것 등으로 볼 수 있습니다.

연애에 관련한 질문

최고의 연애, 연인과 마음의 깊어지는 연애, 진실한 연애, 결혼, 프러포즈의 성공, 마음에 드는 이성을 만날 수 있는 것, 소개로 인한 연애의 성공 등으로 볼 수 있습니다. 역방향이라면 제삼자로 인한 트러블, 신뢰관계가 깨지는 것, 마음이 멀어지는 연애, 가식적인 연애 등으로 볼 수 있습니다.

상담사례

처음에 타로카드 공부할 때 이 카드를 남녀의 사랑에만 초점을 둔다면 직장에 관련한 질문이나 돈에 관련한 질문에 나오면 머릿속이 하얘지게 됩니다. 직장을 물었는데 이 카드가 나왔다고 '뭐지? 직장을 사랑해?' 그리고 금전문제를 물었는데 이 카드가 나오면 '어라? 돈을 사랑한다는 건가?'라며 당황해 할 수 있습니다. 그러나 서로 다른 세계의 조화와 화합으로 이해하면 이 카드는 나와 대상의 조화로 해석하게 됩니다. 즉 직장은 나에게 맞는 직장으로 해석되고 돈은 원활한 교섭으로 인한 이익을 보는 것으로 해석할 수 있게 되는 것입니다. 그리고 The Lovers 카드는 The Devil 카드와 비교해 보면서 해석해 보시면 이해가 더 잘되고 다양한 표현의 재미를 느낄 수 있으실 겁니다.

별로 만들어진
왕관
→ 많은 별빛은
움직임을 알리는
신호·확신을
보여줌

마차가 아닌
전차 ♥
↳ 전차를 누비는
전차가 묘사됨
: 능동적인 행동력
긴축적인 행동

거꾸러 매달려 있는 모습
: 움직이기 어려움은 상황

전차가 뒤집혀 있음
: 이동이 어렵다

두가의 방향성
또는 균형값을
갖고 움직임을
강조하는 것

인간의 존재라 삶의 미스테리를 닿을 하는 것처럼 중요한 출발은 의미
말 머신 앉아 있는 스핑크스 ☞

정 방향 이사, 이동, 새로운 출발, 여행,
두 가지 일, 진취적인 행동력

역 방향 출발할 준비가 안 된 것, 이동의 실패, 장애물, 포기

56

The Chariot

이 카드의 그림을 보면 재미있는 것이 있습니다. 무엇인지 찾으셨나요? 바로 전차를 끌려고 대기 중인 것이 말이 아니라 스핑크스라는 점과 마차가 아닌 전차라는 점입니다. 전차는 전쟁 시 신속하게 움직이며 전투력을 올려주는 기동성을 살린 병기의 일종이었습니다. 그러므로 전차는 강력한 전투의 상징을 나타냅니다. 즉 그만큼의 강한 움직임을 의미합니다. 그래서 마차가 아닌 전차로 표현된 것은 강하고 능동적인 행동과 역경을 이겨내는 진취적인 행동을 상징합니다. 그리고 스핑크스는 고대에 왕권의 상징이면서 인간 존재의 수수께끼와 지혜를 상징합니다. 그래서 이 'The Chariot' 카드는 단순한 여행과 출발이 아닌 계획을 세운 목표와 새로운 것을 시작하는 것과 그리고 먼 미래에까지 영향을 끼치는 전환점이 되는 출발과 결정을 내리는 것을 이야기 합니다. 또한 타로카드 그림에서 더 흥미로운 것은 한 쪽에는 흰색의 스핑크스와 다른 쪽에는 검은색의 두 마리의 스핑크스입니다. 이것은 두 가지 길의 선택이 있다는 것도 의미합니다. 또는 두 가지의 일의 진행과 검은색 스핑크스와 흰색 스핑크스의 두 마리가 균형을 잡아야 잘 달릴 수 있는 것처럼 두 가지 사이의 균형을 잡는 것을 이야기 합니다. 그래서 질문자가 결정을 내린 상태에서 질문을 했다면 균형을 맞추어 가는 것과 새롭게 출발하는 것으로 해석이 되고, 결정을 내리지 않고 질문을 했다면 당신에게 두 가지의 길이 있으니 이제 선택을 하라는 것으로 해석이 됩니다. 그렇기 때문에 어떤 선택을 내리고 움직이느냐에 따라 결과는 달라집니다. 그리고 이 카드는 한 문제에 두 가지 사안을 갖고 있는 경우에도 잘 나오는 카드이므로 그럴 경우 더 세세히 볼 필요가 있습니다.

금전에 관련한 질문

돈에 대해서 결정할 일이 생기는 것, 두 가지의 수익, 어려웠다면 그 상황에서 벗어나는 것 등으로 볼 수 있습니다. 역방향이라면 지름신으로 인한 지출과다, 많은 수입은 지연되는 것, 이득은 없고 여비로 인한 지출, 수입과 지출의 균형이 어긋난 것 등으로 볼 수 있습니다.

직장에 관련한 질문

이직, 출장, 외근이 많은 것, 부서이동, 전근, 새로운 프로젝트의 진행 등으로 볼 수 있습니다. 역방향에서는 이럴까 저럴까 망설이다가 실패, 불리한 상황에 지레 포기하는 일, 이직이 어려워지는 것 등을 볼 수 있습니다.

연애에 관련한 질문

두 사람이 함께 여행가는 것, 이벤트, 연인 사이에 결정할 일이 생기는 것, 끌어왔던 연애가 이루어지는 것, 상대에게 대시하는 것 등으로 볼 수 있습니다. 역방향에서는 연인으로 관계 진전이 안 되는 것, 고백의 실패, 미련이 남는 연애 등으로 볼 수 있습니다.

상담 사례

실제 상담에서 사례를 들면 어느 분이 지금 다니는 직장에서 인턴으로 근무하고 있는데 외국계 회사라서 미팅을 잘 통과하면 정규직 직원이 될 수 있는데 이번 테스트 잘 통과할 수 있는지 물으러 오셨습니다. 타로 카드로 살펴보니 정방향으로 나왔습니다. 그러므로 테스트를 통과하고 정규직 사원으로 채용될 수 있다고 해석하게 됩니다. 또 어떤 분은 남자 분이 자신을 좋아하는지 잘 모르겠다며 물으셨는데 상대방 속마음에 이 카드가 나왔습니다. 상대의 속마음에 이 카드가 나왔다면 의지의 적극성으로 보기 때문에 상대방과의 관계를 적극적으로 진행하려는 것으로도 볼 수 있습니다.

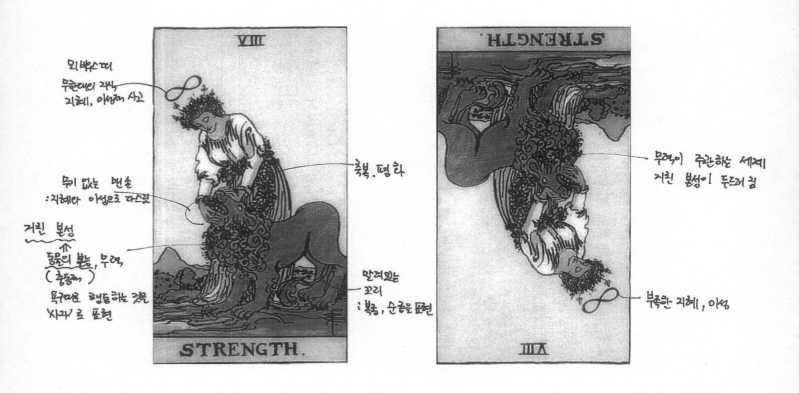

무한성의
무한대의 지식,
지혜, 이성적 사고

머리 위의 ∞

축복, 떨어짐

무기 없는 맨손
: 지혜와 이성으로 다스림

거친 본성
↑
동물의 본능, 무력,
(충동적)
무의식으로 행동하는 것을
사자 로 표현

말려있는
꼬리
: 복종, 순종을 표현

무력이 주관하는 세계
거친 본성이 두드러짐

부족한 지혜, 이성

정 방향 힘, 지혜, 조절하다, 용기, 열정   **역 방향** 힘의 남용, 미숙한, 조절 능력이 없는, 무기력함

Strength

카드의 그림을 보면 사자를 맨손으로 만지는 여인의 모습을 볼 수 있습니다. 맹수인 사자는 꼬리를 아래로 내리고 여인의 손에 자신을 내맡기고 있습니다. 이 여인은 아무런 무기도 없이 맨손으로 사자의 가장 위험한 입을 어루만지고 있습니다. 무엇이 이 사자를 복종하게 만들었을까요? 바로 무력이 아닌 부드러움과 지혜로 사자를 제압하고 있는 것입니다. 그런 면을 강조하기 위해서 남성이 아닌 여성으로 표현을 하였고 무기가 없는 맨손으로 부드럽게 쓰다듬고 있는 모습으로 그려져 있습니다. 사자를 제압하는 여인의 힘의 원천은 머리 위에 있는 뫼비우스의 띠로 표현하고 있습니다. 뫼비우스의 띠는 끊임없이 이어지는 무한대의 힘과 지혜를 상징합니다. 그래서 무력이 아닌 이성과 지혜로 대화를 나누고 부드럽게 상대를 움직이고 다루는 힘이 있음을 나타냅니다. 그렇기에 자신보다 강한 상대일지라도 제압하고 다룰 수 있는 것이지요. 그렇기 때문에 지혜로 상황을 조율하고 협상하는 조절 능력을 상징하는 것입니다. 그리고 사자는 난폭함, 거친 본성, 잔인함, 무력을 상징하는데 이 사자는 외부의 상황을 나타내기도 하고 순화되지 않은 본성과 본능을 의미하기도 합니다.

가령 예를 들어서 이야기해 본다면 '이번 다이어트에 목표로 하는 체중만큼 감량할 수 있을까요?'라고 질문을 하고 결과 카드에 이 카드가 나왔다면 '폭식하고 싶고, 콜라 마시고 싶고, 운동 안하고 눕고 싶고 하는 본능과 충동을 자제하고 초코 케이크를 먹으면 다이어트에 망한다는 것을 잘 알고 조절을 하면 다이어트에 성공한다'로 리딩할 수 있습니다.

그렇기 때문에 'Strength' 카드는 힘든 일이나 어려운 상황과 문제를 컨트롤할 수 있는 용기와 능력과 무한한 지혜를 의미합니다.

금 전 에 관 련 한 질 문

충분한 자금력, 돈을 돌려받는 것과 돈을 빌려주는 것에 유리한 것 등을 볼 수 있습니다. 역방향의 경우 불필요한 곳에 지출하는 돈, 유흥비, 사채 사용으로 인한 독촉, 과신으로 인한 낭비 등으로 볼 수 있습니다.

직 장 에 관 련 한 질 문

업무 추진력 상승, 일에 대한 열정이 강해지는 것, 유연하게 대처하는 조절능력 등으로 볼 수 있습니다. 역방향에서는 업무의 집중력이 떨어지는 것, 업무에 나태해지는 것, 과도한 열정으로 무리하게 진행하는 것, 일에 지치는 것, 여기저기 벌린 일로 인해 감당하기 힘들어지는 것 등으로 볼 수 있습니다.

연 애 에 관 련 한 질 문

연인을 잘 리드할 수 있는 것, 관심 있는 이성에게 도전, 트러블이 있어도 잘 해결해 나가는 것, 연인 사이의 관계가 좋아지는 것 등으로 볼 수 있습니다. 역방향이라면 오버센스로 인한 망신, 의욕을 앞세우다가 다투는 것, 연인에게 관심이 가지 않는 것, 연애가 귀찮아지는 것 등으로 볼 수 있습니다.

간단하게 예를 들면 내일 친구 소개로 소개팅을 하는
데 어떤 사람을 만날지 궁금해서 찾아오신 분이 있
으셨습니다. 그 분의 질문에 이 Strength 카드가 나왔
었는데 지혜로운 이성 그리고 겉으론 온유해 보이지
만 강단이 있는 사람 그리고 나의 무모함을 잘 조절
해주는 사람이라고 볼 수 있습니다. 아무리 고집 부리
는 사람도 연인에게는 '이상하게 꼼짝 못하겠네' 그
러면서 연인에게는 고분고분히 말 잘 듣는 연애를 하
게 됩니다. '프로젝트 진행하는데 결과가 좋을까요?'
라는 질문에 역방향이면 현실적인 어려움을 타협하지
않고 너무 무모하게 밀고 나간다고 봅니다. 당연히 결
과도 어렵겠죠. '이번에 좋은 성적을 받을 수 있을까
요?' 라는 질문에 이 카드가 정 방향으로 나오면 놀고
싶고 자고 싶고 게으름 부리고 싶은 욕망을 잘 조절해
서 공부에 집중하니 좋은 성적을 얻게 된다고 해석하
게 됩니다.

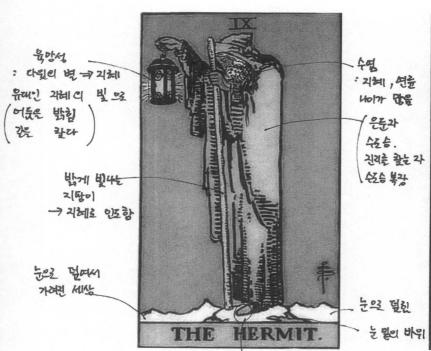

육망성
: 다윗의 별 ← 지혜
유대인 각혜의 빛 으로
(어둠을 밝힘
같은 칼다)

밝게 빛나는
지팡이
→ 지혜로 인도함

눈으로 덮여서
가려진 세상

THE HERMIT.

제자리에 서 있음
: 진중하고 신중한 태도

수염
: 지혜, 연륜
나이가 많음

은둔과
수준음.
진리를 쫓는 자
수준음 북감

눈으로 덮힌
눈 밑의 바위

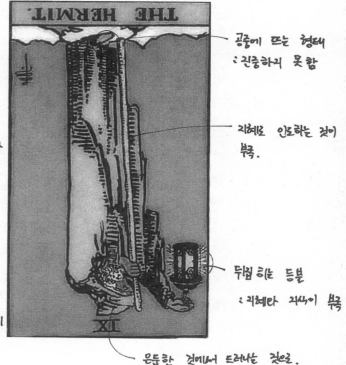

공중에 뜨는 형태
: 진중하지 못함

지혜로 인도하는 것이
부족.

두렵 하는 등불
: 지혜와 각씨이 부족

은둔한 것에서 드러나는 것으로.

정 방향 신중함, 용의주도, 비밀스러움, 지식,
분별력, 걱정, 나이가 많은, 은둔자

역 방향 경솔함, 비밀이 드러남, 신중하지 못하고 경박한,
지나친 신중함, 지식이 부족함

웨이트 타로카드 독학하기

The Hermit

The Hermit 카드의 그림에서 제일 눈에 뜨이는 것은 무엇일까요? 옷차림? 길고 하얀 수염? 긴 망토를 두른 남자가 들고 있는 별빛이 빛나는 등불 등 여러 가지가 보입니다. 그 중에서 빛나는 등불을 주시해 봅시다. 빛나는 등불 안에 있는 것은 육망성입니다. 육망성은 유대의 지식을 상징합니다. 이런 등불을 들고 아래를 비추고 있습니다. 카드의 그림 속에 있는 남자의 발끝을 보면 눈이 덮여 있는 것을 알 수 있습니다. 발을 디디고 있는 곳은 조금 볼록 올라온 바위나 돌 위인 것을 알 수 있고 다른 것도 온통 하얗게 눈으로 덮혀 있습니다.

생각해 봅시다. 우리가 보통 눈 내리고 난 후 눈이 소복이 쌓인 거리를 보면 어디가 길이고 들판인지 구별하기 어렵습니다. 그렇듯이 구별하기 어려운 상황에서 '지혜의 등불로 비추어서 길을 찾는다'라는 것을 나타냅니다. 무엇이 진짜이고 무엇이 가짜인지 판별하고 구별해내는 것을 의미합니다. 속담에 나온 말처럼 돌다리도 두들겨보고 건너듯이 신중하게 지식으로 판단을 내리는 것을 의미합니다. 그리고 그림을 자

65

세히 보면 지팡이의 색깔이 등불의 색과 같은 것을 볼 수 있습니다. 이것은 그 알 수 없는 세상을 지혜로 밝혀서 이끌어주고 인도하는 것을 표현하고 있습니다. 그래서 지혜를 탐구하는 것 그리고 깨달음을 찾는 것을 의미합니다. 등불을 들고 있는 수염 긴 남자의 복장을 보면 중세시대 수도승의 모습과 세상을 등지고 고행하는 수도자의 모습입니다. 그래서 깨달음을 통해 바른 길로 인도하는 의미도 알 수 있습니다. 한 발 한 발 내딛으면서 신중하게 행동하는 수도자의 모습을 통해 고민하며 어둠을 밝히듯, 비밀의 지식을 밝히는 사람이라는 것을 표현하고 있습니다. 그래서 이 카드는 숨겨진 진실과 지혜를 탐구하고 타인의 어둠도 그 지혜로 밝혀주는 사람을 나타냅니다. 지팡이를 짚고 있는 모습은 진리 탐구에 대한 신념과 지식에 의존하여 움직이는 신중함을 뜻합니다.

그래서 이 카드는 실제로 은둔 생활을 하는 사람에게도 잘 나오고 고시공부, 학업에 매진하는 사람 또는 상담하는 사람, 수행하는 사람, 전문분야의 일을 하는 분들에게 잘 나오는 카드이기도 합니다.

금전에 관련한 질문

전문분야에 투자, 신중한 투자, 금전의 사용을 절제하는 것으로 볼 수 있습니다. 역방향이라면 신중하지 못한 처신으로 인한 손실, 불확실한 정보에 투자해서 손해, 투자의 시기를 놓치는 것 등으로 볼 수 있습니다.

직장에 관련한 질문

신중한 업무 처리, 은밀하게 진행하는 일, 동료의 비밀, 거래처의 비밀을 유지하는 것으로 볼 수 있습니다. 역방향이라면 구설수, 업무상 비리가 드러남, 너무 신중해서 업무 처리가 늦어지는 것 등으로 볼 수 있습니다.

연애에 관련한 질문

연인에게 비밀이 생기는 것 또는 내가 연인에게 감추

는 것이 생기는 것, 드러내지 않는 비밀스런 연애, 짝사랑, 신중한 연애 등으로 볼 수 있습니다. 역방향이라면 연인의 비밀을 알게 되는 것, 양다리가 들통 나는 것, 비밀스런 연애 관계가 드러나는 것 등으로 볼 수 있습니다.

상 담 사 례

실제 상담에서 두 명을 만나는 양다리 연애를 하는 분에게 이 카드가 나와서 해당 기간 중에 양다리를 들키게 될 수 있으니 조심하라고 알려 드렸는데 나중에 다시 오셨는데 'A양과 자주 갔던 식당에 B양과 가다가 A양을 만나게 되었다'면서 난감해했던 상황도 있었습니다. 그리고 동호회나 회사 내에서 조용히 지내는 연애는 The Hermit 카드 정방향에 해당하고 그 연애가 사람들에게 알려지는 것은 역방향으로 보시면 됩니다. 또 어떤 분은 너무 신중한 나머지 상대를 못 믿고 거리를 두다보니 연애가 안 이루어졌는데 그 분의 연애의 방해요인에 해당하는 위치에 이 카드가 나왔

습니다. 즉 너무 신중하고 조심스럽다 보니 진행이 되지 않는 것 그리고 상대방을 믿지 못하는 것으로 인한 것이 방해가 된다고 해석할 수 있습니다.

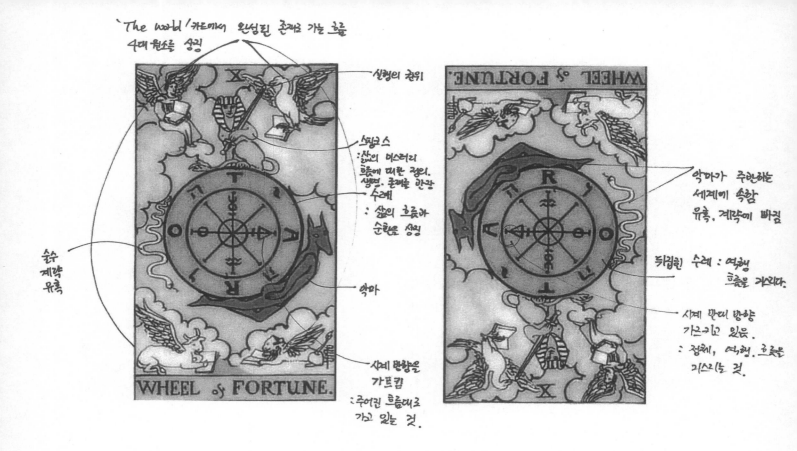

`The World`/카드에서 완성된 존재로 가는 흐름
4대 원소를 상징

신행의 권위

스핑크스
: 삶의 미스터리
흐름에 따른 정의.
생명, 존재를 만끽

수레
: 삶의 흐름과
순환을 상징

악마

순수
계약
유혹

시계 반향을 가프캄
: 주어진 흐름대로
가고 있는 것.

악마가 주관하는
세계에 속함
유혹, 계약에 빠짐

뒤집힌 수레 : 여행
흐름을 거리다.

시계 반대 방향
가르키고 있음.
: 정체, 여행. 흐름을
기스리는 것.

WHEEL of FORTUNE.

WHEEL of FORTUNE.

정 방향 순리대로 가는 흐름, 결과, 필연성,
흐름대로 가고 있다, 운명

역 방향 흐름의 방해, 나쁜 영향, 해온 것의 나쁜 결과,
순리를 거스리는 것

68

웨이트 타로카드 독학하기

Wheel of Fortune

Wheel of Fortune 카드는 그림 이미지가 참 독특합니다. 메이져 아르카나 카드들을 자세히 살펴보면 다 사람이 등장합니다. 아이에서, 소년, 여자, 남자, 노인, 찡그린 얼굴 등 사람이 표현되어 있지만 이 카드에서는 사람이 등장하지 않습니다. 왜 그럴까요? 바로 '사람의 삶에 영향을 미치는 운'을 나타내기 때문입니다. 자신이 선택한 여러 가지 일들의 대한 운명의 흐름을 이야기하고 그 결과에 대해 '이럴 것이다' 또는 '저렇다' 하는 미래를 의미하는 것입니다. 그래서 이 카드에서 인간이 통제할 수 없는 운명을 나타내므로

4대 만물의 상징이 등장하는 것입니다. 카드의 네 귀퉁이에 각각 4대 상징인 상상의 동물, 천사가 배치되어 있고 가운데 위치한 수레는 삶의 흐름과 그 흐름의 순환을 의미합니다. 그리고 이 그림에서 여러 상징을 합친 스핑크스가 검을 들고 있습니다. 이것은 주어진 흐름에 대한 정의와 존재의 미스터리 그리고 실행의 권위를 갖고 있는 것을 의미합니다. 이 카드가 역방향이 되면 수레바퀴 맨 위로 빨간 악마가 자리하게 됩니다. 그 옆에 유혹하는 뱀이 따라오고 있습니다. 그래서 역방향으로 된 것은 악마가 주관하는 흐름에 속해

있는 것을 의미합니다.

'Wheel of Fortune' 카드는 'The World' 카드와 비교해서 보시면 좋습니다. 상상의 동물이나 천사로 묘사되던 4대 상징이 The World 카드에서 현실의 동물로 표현되었습니다. 그것은 시작된 것의 실현되는 것 즉 결과를 얻고 완성이 되었다는 것을 의미합니다. 그러므로 이 Wheel of Fortune은 주어진 흐름대로 가고 있는 것을 나타내는 카드입니다.

금 전 에 관 련 한 질 문

들어올 돈은 들어오는 것, 해 놓은 것만큼의 수익, 수확할 것이 있는 사람은 수익이 들어오고 수확할 것이 없는 지출 등을 볼 수 있습니다. 역방향이라면 수입보다 많은 지출, 투자의 방해, 들어올 돈이 미뤄지는 것 등으로 볼 수 있습니다.

직 장 에 관 련 한 질 문

자신에게 맞는 일, 진행해오던 일의 결과를 얻는 것, 오랫동안 다닌 일자리 퇴직 등으로 볼 수 있습니다. 역방향이라면 예기치 않은 방해, 계약 조건의 변경, 경쟁으로 인한 문제 등으로 볼 수 있습니다.

연 애 에 관 련 한 질 문

오래 사귀게 될 인연을 만나는 것, 순조로운 커플은 약혼, 결혼을 진행하는 연애 등으로 볼 수 있습니다. 역방향에서는 오기로 한 연인이 늦어짐, 새로운 변화가 없는 연애, 여행 계획이나 약속은 취소되는 것, 연애로 인한 불운, 연인과 헤어질 위기, 흐름을 거슬리는 인연 등으로 볼 수 있습니다.

상 담 사 례

실제 상담에서 어떤 여자 분이 찾아오셨는데 힘들게 헤어진 남자가 얼마 전에 연락이 왔는데 다시 사귀자

웨이트 타로카드 독학하기

고 해서 고민이라고 하셨습니다. 그래서 다시 사귀어도 괜찮을지 타로카드로 살펴보았습니다. '헤어진 애인과 연락이 되었는데 다시 만나도 좋을까요?'라는 질문에 Wheel of Fortune 카드가 정방향으로 나왔습니다. 그 해석은 '운명의 흐름대로 다시 이어지는 인연이다'라고 할 수 있습니다. 역방향이었다면 이미 끊어진 인연을 억지로 붙잡는 것이며 그로 인해 헤어진 애인과 힘들고 쓰라렸던 과거의 고통을 다시 경험하게 되는 것이라고 해석하게 됩니다.

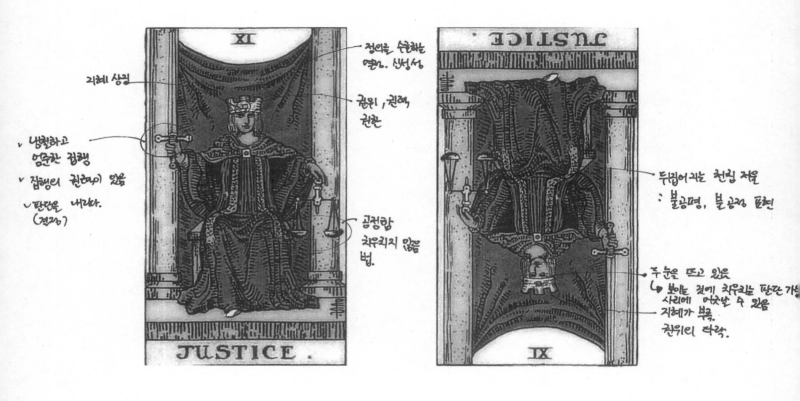

정의를 수호하는
여신. 신성성

권위, 권력
권한

지혜 상징

냉혈하고
엄묵한 집행
집행의 권력이 없음
판단을 내리다.
(경고?)

공정함
차우치지 않음
법.

두 눈은 뜨고 있음
보이는 것에 치우치는 판단 가능
사리에 어긋날 수 있음
지혜가 부족
권위의 타락.

뒤집어지는 천칭 저울
: 불공평, 불공정 표현

정 방향 심판, 공정한 심판, 공평한, 사리에 맞는, 정의

역 방향 부정한 심판, 오판, 실수, 불공평한

Justice

'Justice' 카드는 단어 뜻 그대로 정의와 진리 그리고 질서를 상징하고 공정한 분배와 판단을 의미합니다. 이 카드를 보면 정의의 여신인 Maat, Dike 등을 떠올려 볼 수 있습니다. 신화에 나오는 정의의 여신처럼 이 카드의 여인도 공정한 심판과 판결을 내리는 사람입니다. 이 Justice 카드의 그림을 보면 머리에 왕관을 쓰고 여인이 의자에 앉아있습니다. 한 손에는 공평함을 측정하는 저울을 들고 다른 한 손에는 냉철하고 엄준한 집행을 상징하는 칼을 들고 있습니다. 머리에 왕관을 쓰고 있는 것은 권위와 권력

을 가지고 있는 것을 의미하고 공명정대하게 치우치지 않는 판단을 의미합니다. 칼은 정의 실현에 대한 권력과 엄격한 실행력을 강조하고 있습니다. 그래서 'Justice' 카드가 정방향으로 나오면 공정한 판단을 나타냅니다. 그러나 역방향으로 나오면 불공정한 판단이 되므로 부정한 판단으로 봅니다. 예를 들면 스포츠 경기에서 불공정한 판정에 대한 시비의 경우가 바로 오심, 오판인 경우에는 이 'Justice' 카드가 역방향에 해당하는 경우인 것입니다. 딱 뇌물 먹은 심판, 부정한 판정으로 보는 겁니다. 공정하지 못하고 팔이 안으

로 굽는 판정인 것입니다.

그런데 정방향인 경우 해석할 때 생각하셔야 할 것이 있습니다. 정방향이라고 무조건 좋게 해석이 되는 건 아니라는 겁니다. 바로 질문자의 상황 때문에 그렇습니다. 어떤 상황에서 어떤 질문을 했느냐에 따라 적용되는 것이 다릅니다. 좋은 상황에서 이 카드가 정방향이면 그 대가에 대한 옳은 결정, 공평한 분배를 의미하지만 안 좋은 상황에서 정방향이면 안 좋은 상황에 대한 공정한 대가, 결과를 의미합니다. 만약 시험 기간 동안 열심히 공부한 사람이 이 카드를 얻으면 공부한 만큼 좋은 성적을 받는 것으로 보겠지만 시험공부를 안했던 사람이라면 이 카드가 정방향일 때 안 좋은 성적을 받게 된다고 볼 수 있습니다. 노력한 것이 없는 만큼 좋은 성적을 받을 수 없다는 것입니다. 그래서 이 카드는 공정한 판단, 사리에 맞는 공평한 결과를 나타냅니다.

금전에 관련한 질문

수입과 지출이 안정, 필요한 곳에 지출하는 것, 투자에 대한 올바른 결정 등을 볼 수 있습니다. 역방향이라면 판단미스로 인한 손실, 고집부린 투자, 이익분배가 공정하지 못한 것 등으로 볼 수 있습니다.

직장에 관련한 질문

기다리던 일에서 결정이 나는 것, 기다리던 거래의 성사, 정확한 판단으로 업무 진행 등을 볼 수 있습니다. 역방향이라면 잘못된 판단으로 인한 실책, 결정을 내리지 못해서 시기를 놓치는 것, 게으름으로 인한 실패 등으로 볼 수 있습니다.

연애에 관련한 질문

신뢰가 깊은 연애, 연애에 대한 결정을 내리는 것, 사이가 갈등이 있던 관계라면 이별 통보 등으로 볼 수 있습니다. 역방향이라면 고집을 부리는 것으로 인한 불화, 이기적인 태도로 인한 갈등, 결정을 내리지 못하는 것, 오해로 트러블, 옹졸한 판단 등으로 볼 수 있습니다.

상 담 사 례

연애에서 1년간 잘 사귀어 온 남자친구와 트러블이 생겨서 고민이라고 찾아온 분이 있었습니다. 두 사람의 연애의 문제점이 무엇인지 알아보기로 하였습니다. 그 때 남자친구의 문제로 나온 카드가 'Justice 역방향'이 나왔습니다. 잘못된 판단을 한다, 자기에게만 유리한 판단을 하는 것으로 즉 상대방의 속 좁은 고집불통의 성격과 아전인수의 판단이 연애의 방해요인으로 해석할 수 있습니다. 40대 남성분의 금전 운에서 이 카드가 역방향으로 나왔는데 교통법칙금이나 과태료 등의 법칙 금으로 해석이 된 사례도 있었습니다. 그 분의 경우에 금액의 액수가 큰 금액이어서 골치 아프다고 하셨던 상황이었습니다.

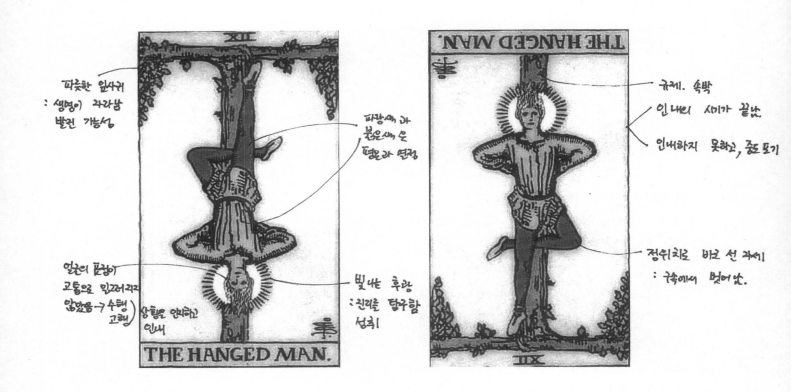

따뜻한 잎사귀
: 생명이 자라남
발현 가능성

얼굴의 표정이
고통으로 일그러짐
암담함 →수행의
고행

상황을 연화하고
인내

파랑새 과
붉은색이 온
평안과 연결

빛나는 후광
:진리를 탐구함
섬외

규제. 속박

인내의 시기가 끝났.

인내하지 못하고, 중도 포기

정위치로 바로 선 자세
: 구속에서 벗어났.

정 방향 희생, 후회, 인내, 고행, 시기를 기다리는,
참고 기다리는 것

역 방향 희생이 부족한, 쓸모없는 희생,
고행에서 풀려남, 인내력 부족

웨이트 타로카드 독학하기

The Hanged Man

'The Hanged Man' 카드는 한 남자가 나무에 거꾸로 매달려있습니다. 거꾸로 매달려있지만 남자의 표정으로 볼 때 이 남자가 그렇게 괴로워하지 않는 것을 볼 수 있습니다. 그리고 남자의 머리에 보면 동그란 후광이 있어서 황금색으로 빛나고 있습니다. 이것은 진리를 탐구하는 것을 나타내고 깨달음을 위해서 매달려 고행하고 있는 것을 표현하고 있습니다. 그래서 남자가 매달려 있는 나무를 자세히 살펴보면 잎사귀가 파릇하게 자라있는 것을 볼 수 있는데 이것은 생명이 자라나는 에너지를 나타내고 있습니다. 선명하게 대비

되는 파란색과 붉은색은 평온과 강한 열정, 에너지가 가득한 것을 상징합니다. 그렇기 때문에 이 사람이 거꾸로 매달려 있는 것은 더 나은 결과를 위한 수행과 고행을 하는 것으로 볼 수 있습니다. 그리고 그 고행 끝에 성취를 얻을 수 있음을 내포하고 있습니다. 결과에서 이 카드가 나왔다면 머리 뒤의 후광처럼 긍정적 변화를 위한 시련을 겪는 것을 의미합니다. '좋은 결과를 얻기 위한 인내의 시기'라는 것입니다. 고3 수험생처럼 수험생의 시기에 대학의 합격이라는 결과를 얻기 위해 참고 공부하는 고난의 시기라고 볼 수 있습

77

니다.

그래서 이 카드는 지금은 굉장히 힘들지만 이 시기만 지나면 좋은 결과를 얻을 수 있으며 상황을 나타낼 때에는 참을 수밖에 없는 상황에서 벗어나게 된다고 이야기할 수 있습니다. 'The Hanged Man' 카드는 스스로가 참는 것도 있지만 어쩔 수 없는 상황 때문에 인내하고 시기를 기다리는 것도 의미합니다. 역방향이라면 인내의 시기가 끝난 것 또는 참지 못하고 스스로 포기하는 것으로도 볼 수 있습니다.

금전에 관련한 질문

묶여 있는 돈, 들어올 돈이 지연되는, 가지고 있지만 쓸 수 없는 것, 자금 금전 거래가 제약이 있는 것 등으로 볼 수 있습니다. 역방향이라면 들어올 돈이 들어오게 된다, 어쩔 수 없는 지출, 묶여 있던 자금이 풀리는 것 등으로 볼 수 있습니다.

직장에 관련한 질문

진행하는 일이 지연되는 것, 업무의 스트레스가 많아짐, 일에 방해가 많은 것, 상대에게 달려있는 거래, 규제에 묶여서 진행이 정체되는 것 등으로 볼 수 있습니다. 역방향이라면 그동안 힘들었던 일이 진행이 되는 것, 여러 가지 제약이나 방해에서 벗어나는 것을 볼 수 있습니다.

연애에 관련한 질문

관계의 가능성을 보고 참고 있는 것, 희생하는 연애, 자신의 의지보다 상대의 결정에 따르는 연애, 마음이 묶이는 연애, 짝사랑 등으로 볼 수 있습니다. 역방향이라면 오해가 풀리는 것, 답답했던 관계가 호전되는 것, 더 이상 희생하지 않는 연애, 참지 못하는 연애 등으로 볼 수 있습니다.

상 담 사 례

어느 남자 분이 찾아오셨는데 자신이 좋아하는 여자
가 있는데 이 분이 다른 분을 만나면서도 자신과 교
제하고 있다면서 앞으로 그 여자 분이 자기만 선택해
줄지 그 여부가 궁금해서 보러 오셨습니다. 타로카드
로 두 분의 관계진행을 살펴보니 그 남자분의 입장에
해당하는 카드가 바로 이 The Hanged Man 카드였습
니다. 자신이 먼저 인연을 끊지도 못하고 다른 남자를
만나고 있는 그 여자 분만 바라보는 상황을 참고 있
는 모습으로 나왔습니다. 헤어지자니 마음이 안되고
지금 당장 무엇을 할 수 없는 답답한 상황을 그림으
로 보여주고 있었습니다.

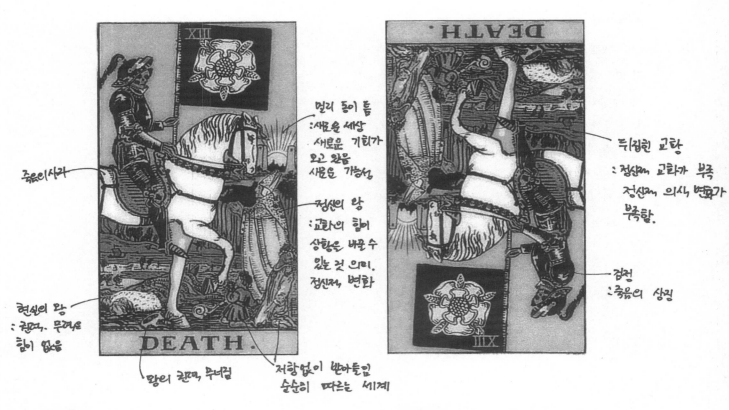

죽음의 사자

머리 동이 틈
: 새로운 세상
새로운 기회가
오고 있음
새로운 가능성

정신의 왕
: 교화의 힘이
상황을 바꿀 수
있는 것 의미.
정신적 변화

뒤집힌 교황
: 정신적 교화가 부족
정신적 의사, 변화가
부족함.

현실의 왕
: 권력, 무력은
힘이 없음

검정
: 죽음의 상징

왕의 권력, 무너짐

저항없이 받아들임
순순히 따르는 세계

정 방향 예기치 않은 변화, 오래된 것은 끝나고 다시 시작,
관계가 끝나고 새로운 관계가 시작

역 방향 침체된, 절망에 더 깊이 빠지는 것,
변화하지 못하는, 악운을 피하지 못하는 것

웨이트 타로카드 독학하기

Death

카드의 그림을 보면 검은색 갑옷을 입은 죽음의 사도가 말을 타고 교황 앞에 멈춰 서있습니다. 죽음의 사도가 깃발을 들고 나아가고 있는 모습은 피할 수 없는 변화를 의미하고 그 변화가 죽을 만큼 힘들다는 것을 나타내고 있습니다. 깃발에 그려진 검은색과 흰색의 문양과 그리고 검은색 갑옷을 입은 죽음의 사도와 죽음의 기사가 탄 말이 백마인 것은 바로 검은색과 흰색의 대비를 통해 이 변화가 '끝나고 새로 시작되는 변화'라는 의미가 있다는 것을 강조합니다. 타로 카드 그림에서 보면 죽음의 사도를 막고 있는 것이 정신계의 권력자인 Hierophant입니다. 막강한 권력을 갖춘 현실의 왕은 왕관을 떨어트린 채 바닥에 쓰러져 있는 모습이지만 정신의 왕인 Hierophant는 죽음의 사자 앞을 막고 있습니다. 현실적인 힘과 권력으로 막을 수 없는 죽음의 사도를 정신적인 변화를 통해서 대처할 수 있다는 것을 나타냅니다. 새로운 탄생과 새로운 시작을 위한 '정신적인 교화'인 것입니다. 그렇기 때문에 이 카드는 정신적인 교화를 통해서 새로운 변화를 가져올 수 있다는 것을 알 수 있습니다. 카드 그림을 보면 저 멀리 떠오르는 태양이 보입니다. 죽음의 어둠에서 떠오르는 새벽을 보여주는 것처럼 죽음 속에서 되살아나는 Rebirth를 의미하고 있습니다. 기존의 살아오던 삶의 방식을 버리고 다시 태어난 것처럼 새롭게 가야한다는 것을 나타냅니다. 그래서 피할 수 없는 변화와 함께 새로운 시작도 있다는 것을 말하고 있습니다. 그렇기 때문에 무조건 '나쁘다', '죽는 것'으로만 보는 것보다 변화의 흐름으로 보는 것이 좋습니다.

금전에 관련한 질문

암울한 재정상태, 연체금, 대출금 등 빚 독촉에 시달리는 것, 막대한 돈의 손해, 기존의 투자 관계의 정리, 새로운 금전 관계가 생기는 것 등으로 볼 수 있습니다. 역방향이라면 힘들었던 재정 상태에서 기사회생, 파산, 낭비, 피할 수 없는 금전적인 악재 등으로 볼 수 있습니다.

직장에 관련한 질문

계약파기, 새로운 직종으로 변화, 회사를 그만 두는 것, 직장 내 새로운 변화, 기존의 거래처 정리, 새로운 거래관계의 성립 등으로 볼 수 있습니다. 역방향이라면 일에 대한 스트레스가 심해지는 것, 직장의 변동과 이직도 여의치 않은 것 등을 볼 수 있습니다.

연애에 관련한 질문

기존의 연인관계가 끝나는 것, 이별, 새로운 인연, 관계의 변화 등으로 볼 수 있습니다. 역방향이라면 끝난 줄 알았던 연인의 연락, 미련이 남는 연애, 끝내지 못하는 연애 등으로 볼 수 있습니다.

상담사례

연애에 관한 질문에서 이 카드는 대부분 관계의 정리를 나타내는 경우가 많았습니다. 어떤 여자 분이 방문하셨는데 그분은 결혼을 앞두고 있었습니다. 결혼에 대해서 기쁘기도 하지만 걱정이 많이 된다고 하셨는데 과연 자신이 결혼 생활을 잘 지낼 수 있는지 타로 카드로 보았습니다. 앞으로의 결혼생활에 방해로 나온 카드가 Death 카드였습니다. 배우자 분은 충분히 애정을 보여주는 상황의 카드가 나왔는데 배우자보다는 본인 자신이 급격한 생활의 변화에 따라가지 못하는 것이 걸림돌이었습니다. 결혼이라는 변화에 두려워하고 두 사람뿐만이 아니라 기존의 가족의 관계에서 벗어나 새로운 가족의 형태에 적응을 잘 못하는 것으로 해석이 되었습니다. 또는 어느 중년의 여성 분의 상황에 이 카드가 나왔었는데 커다란 삶의 변화로 있음을 나타내고 있었습니다. 그분에게 이 카드는 기존의 라이프가 끝나고 새로운 삶으로 변화하는 모습으로 해석이 되었는데 실제로 그분은 이혼 후에 독립된 삶을 꾸려나가는 중이었습니다.

XIV
지혜로서
살펴보고
조절함
연금술의 기호
창조를 위해서
관찰을 하며 조절하고
살피면서 절제.
조율하는 것
균형을 맞춤
조율하다
밝은 미래
가능성, 목표달성
지혜에 이르는 길
TEMPERANCE.

멀어지는 목표.
조율이 부족
상호작용이 잘못 이루어 짐
지혜가 부족.

정 방향 조절, 조화, 조율, 자제

역 방향 절제를 못하는, 합의 결렬, 조화의 실패

Temperance

이 Temperance 카드도 흥미로운 타로카드입니다. 카드의 그림을 보면 천사가 한 발은 물속에 다른 발은 땅에 디디고 양쪽 컵에 물을 나누어 담고 있습니다. 이 컵에 흐르는 물은 지식, 에너지, 사람들과의 소통 등을 의미하고 있습니다. 두 개의 컵을 들고 각각 다른 컵에 나눈다는 것은 필요에 맞게 균형을 잡는 것을 나타냅니다. 그러나 여기서의 균형은 공평하게 양쪽으로 똑같이 반반 나누어 담는 것을 의미하는 것이 아니라 아래 컵에 몰리면 위로 올리고 위의 컵이 몰리면 아래 컵으로 내리면서 필요에 따라 나누는 것을 의미합니다. 양쪽으로 똑같이 균등하게 분배하는 것이 아닙니다. 똑같이 분배하는 의미를 나타냈다면 'distribution'의 의미로 적혀있겠지요. 그림 속의 천사의 모습을 살펴보면 실험을 통해 원하는 결과를 얻으려는 연금술사처럼 세심하게 관찰하면서 상황에 따라 조절하는 것을 보여줍니다. 감정과 이성의 절제 그리고 상황에 따라 절제하면서 필요한 쪽으로 조절을 하는 것 입니다. 그래서 Temperance 카드가 의미하는 것은 '차분한 절제와 쓰임에 맞는 조율'입니다. 그래서 천사가 컵을 내려다보면서 어느 곳이 더 필요한지 상황을 관찰하면서 조절하는 것을 보여주고 있습니다. 그랬을 때 저 멀리 보이는 왕관이 있는 목표에 도달할 수 있다는 것을 그림으로 표현하고 있습니다. 정방향이면 그런 상황을 스스로 잘 조율하는 것이고 역방향이면 조절에 실패하는 것으로 볼 수 있습니다.

금전에 관련한 질문

들어오는 돈과 나가는 돈의 균형을 맞추는 것, 안정적인 금전관리, 자금 조절 등으로 볼 수 있습니다. 역방향이라면 자금 조절의 실패, 돈 문제로 인한 주변 사람들과의 분란, 수입과 지출의 불균형 등으로 볼 수 있습니다.

직장에 관련한 질문

대인관계의 일이 유리해짐, 동료들과 소통이 잘 되는 것, 사업체의 원활한 운영, 협상할 일이 많은 것 등을 볼 수 있습니다. 역방향이라면 거래처와의 거래 협상 결렬, 직장 내 불화, 개인적인 일로 업무에 지장을 주

는 것, 스케줄 조절의 어려움 등으로 볼 수 있습니다.

연애에 관련한 질문

소통이 잘 되는 것, 감정의 조절이 잘 되는 연애 등으로 볼 수 있습니다. 역방향이라면 오해로 인한 싸움, 감정 조절 실패로 인한 갈등, 대화가 부족한 관계 등으로 볼 수 있습니다.

상담사례

실제 상담에서보면 남녀 사이의 관계를 볼 때도 커뮤니케이션의 상황으로 많이 나타납니다. '제가 좋아하는 남자가 있는데 어떻게 하면 사귈 수 있나요?' 질문에 이 카드가 나오면 '밀당을 잘하세요'라고 해석이 됩니다. 연애는 감정표현이 가장 중요합니다. 그 감정을 전달하는 것이 대화인데 그 대화를 통해서 관계의 조율이 됩니다. 흔히 말하는 '밀당' 즉 너무 잘해주어도 안되고 너무 관심 없는 모습을 보여줘도 안 되겠지요. 이런 관계의 줄다리기를 얼마나 잘하는지가 연애

의 진전에 관건이 됩니다. 너무 당겨도 안 되고 너무 밀어내도 안 되는 겁니다. 그렇기 때문에 상대의 반응에 따라 대화를 통해서 적절하게 관계의 밸런스를 맞춰가야 한다고 이야기 해줄 수 있습니다. '거래처와의 협상을 성사시킬 수 있나요?'라는 질문에서도 이 카드가 잘 나오는데 제시한 조건을 상대방과 대화를 통해 합의점을 조율하는 것으로 보기 때문에 정방향이면 '대화로 협상을 잘 이끌어내어서 계약을 성사시킨다'라고 볼 수 있습니다.

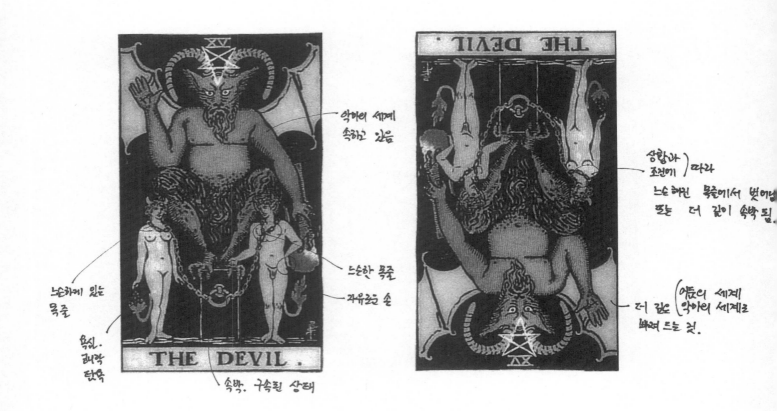

악마의 세계
속하고 있음

느슨한 목줄
자유로운 손

느슨하게 있는
목줄

욕심.
쾌락
탐욕

속박. 구속된 상태

상황과
조건에 따라
느슨했던 목줄에서 벗어나
또는 더 같이 속박됨.

더 깊은 어둠의 세계
악마의 세계로
빠져 드는 것.

정 방향 유혹, 육체적인 쾌락, 중독,
무절제, 집착, 구속, 속박, 악마

역 방향 유혹에서 벗어나는, 속박에서 벗어나는,
저주에서 벗어난, 속박에 더 빠져드는 것

The Devil

The Devil 카드는 타로카드를 처음 접하는 사람도 그림 이미지만 보고도 어떤 의미인지 잘 알 수 있는 카드입니다. 그림을 살펴보면 염소 머리를 한 악마 아래에 남자와 여자가 사슬로 묶여있습니다. 박쥐 날개는 암흑과 혼돈을 나타내고 검은색은 가치관을 벗어난 파괴의 이미지를 강조하고 길게 늘어뜨린 꼬리와 열매, 불꽃 등의 모습은 원초적인 본능을 따르는 것을 나타냅니다. 남자와 여자가 쇠사슬로 묶여 있는 것은 악마의 세계에 속하는 본능에 구속된 노예 관계를 나타내며 악마의 세계를 따르는 타락을 표현합니다. 이 카드는 앞서 소개한 The Lovers 카드와 대비되는 카드입니다. 중재하던 천사가 악마로 그려져 있고 여자와 남자가 손을 잡기 위해 내민 손 대신에 족쇄로 바뀌어 그려졌습니다. 연애로만 보면 처음부터 육체적인 쾌락이 목적인 연애를 의미하며 자신의 목적을 위해 이용하는 연애를 나타내기도 합니다. 또는 처음에는 The Lovers 카드처럼 서로를 배려하고 아끼고 사랑하는 마음으로 시작하였다가 그 감정이 타락해서 집착하고 구속하고 파괴적인 소유만 남는 연애를 나타내기도 합니다. 그래서 연애에서 The Devil 카드와 같은 상황으로 치닫는 상황일 때 이 카드가 자주 등장하곤 합니다. The Lovers 카드에서 남녀가 옷을 입지 않은 것은 상대방의 겉모습이 아닌 있는 그대로의 모습으로 순수한 사랑을 나타내지만 The Devil카드의 남녀가 옷을 입지 않은 것은 욕구와 본능적인 육체적 쾌락을 추구하는 관계를 나타냅니다. 그리고 The Lovers 카드에서 사람이었던 모습이 여기에서는 악마처럼 꼬리가 생기고 뿔이 생기고 악마의 세계에 물들어가고 악마처럼 닮아가는 것을 표현합니다. 그렇기 때문에 이 The Devil 카드는 악마가 주관하는 세계에 속하는 탐욕과 타락 그리고 본능을 따르는 것, 사회적인 기본 윤리에 어긋나는 것 등을 나타내는 카드입니다.

금전에 관련한 질문

뒷거래로 인한 이익, 허영에 찬 소비, 유흥, 돈 욕심, 불법적 돈의 유혹, 사채, 대출 등의 금전거래로 볼 수 있습니다. 역방향이라면 빚 독촉에 더욱 시달리게 되는 것, 불법적인 거래에서 벗어나는 것, 금전 상황이 더욱 어려워지는 것, 무분별한 지출, 지나친 유흥비, 불법적인 뒷거래에 빠져드는 것 등을 볼 수 있습니다.

직업에 관련한 질문

거래처의 불공평한 계약, 배신, 사기취업, 소송, 상사의 핍박에 끌려 다니는 것, 거래처의 부당한 요구 등으로 볼 수 있습니다. 역방향이라면 부당한 대우에서 벗어나는 것, 불공평한 계약 해지, 이직, 직장을 그만두는 것, 불법 거래의 유혹 등으로 볼 수 있습니다.

연애에 관련한 질문

집착하는 연애, 불륜, 육체적 쾌락이 목적인 연애, 이성의 유혹, 한 눈을 파는 연애, 이익을 채우기 위한 연애 등으로 볼 수 있습니다. 역방향에서는 연인관계의 악화, 집착하는 이성에게서 벗어나는 것, 육체적인 관계에 더욱 빠져드는 것, 연인의 배신 등으로 볼 수 있습니다.

상 담 사 례

실제 사례를 보면 어느 중년 부인이 찾아오셨는데 평소 친하게 지내는 지인이 있는데 그 사람과 사업하면 잘 할 수 있는지 궁금해 하셨습니다. '아는 지인과 동업을 하면 좋을까요?' 질문에 The Devil 카드가 나왔습니다. 돈만 먹고 튀는 '먹튀' 또는 일은 안하고 게으름만 피우는 파트너, 사업을 빌미로 자신의 이익을 채우려는 것으로 해석할 수 있습니다. 그러므로 이 사람과 동업을 하게 된다면 상대방만 이롭고 본인은 손해를 보게 되는 경우라고 볼 수 있습니다. 연애 운을 볼 때 상대방에 대한 카드로 한꺼번에 두 장이 나온 적이 있는데 한 장은 바로 이 'The Devil' 카드 그리고 다른 한 장은 역방향의 'The magician' 카드였습니다. 두 장이 겹쳐서 나오거나 따라 나오면 그 딸려 나온 카드도 같이 보는 경우가 간혹 있는데 이 카드는 내담자의 남자친구에 대한 질문에서 나왔습니다. 겉모양도 번지르르하고 천사와 같은 매너와 현란한 립 서비스로 이성을 침대로 유혹하는 사람이며 이성에게 다가올 땐 세상에 둘도 없는 '낭만적인 천사'인 경우로 해석이 되었습니다. 그 당시에 아무리 이야기를 해도 나쁜 사람 아니라며 타로점이 안 맞는다며 가셨습니다. 그리고 나중에 다시 찾아오셔서 정말 바람둥이에 나쁜 사람이었다면서 그 때에는 상대에 빠져서 좋은 줄 알았는데 뒤돌아보면 악몽이었다고 하시는 경우도 있었습니다.

그리고 이 카드가 금전문제에서 대출을 받으려고 하는 분에게 나온 적이 있는데 그 경우에는 대출을 받을 수는 있으나 그로 인해 이자의 덫에 시달리게 될 수 있음을 나타내는 것으로 해석이 되었습니다. 이자라는 노예로 묶이게 되는 것을 이야기 합니다.

권위가무너짐
권력(위) 추락, 깨짐
내 자리가 깨짐

왕관이 없음
: 데미지가 크다.
변화가 크다.

외부의 충격
사건, 사고

바빌론의탑
:신의 권능에 도전
하다 무너진 것처럼
쌓은 것이 무너짐
그리고 새 시대로
변화하게 됨

데미지가
남아보다 덜함.
악마는
추락하고
있으나 왕관
있음

어디
쌓아올 것든

상황에 따라
갑작스럽게 닥치는 사고.편

그동안 받은 충격에서
이제 벗어난 → 새 시대로
돌입.

급격하게 무너진 천위;권력

정 방향 사고, 사건, 기존의 것의 붕괴, 파괴,
         갑작스런 변화, 터전이 깨지는 것

역 방향 더 악화되는 것, 벗어나기 힘든 사건,
         급격한 변화, 변화에 따라가지 못하는 것

The Tower

The Tower 카드도 단어와 그림만으로 무엇을 의미하는지 잘 알 수 있는 카드입니다. 이 카드를 보면 성서에 나오는 바벨탑을 떠올릴 수 있습니다. 성서의 이야기에서는 인간들이 바벨탑이라는 높고 커다란 탑을 쌓아 신들의 영역에 도전하려고 했던 인간들의 오만함으로 인해 신벌을 받게 되었고 그 이후에 서로 다른 언어를 쓰는 대변화를 겪게 되었다는 이야기입니다. 이 카드도 마찬가지로 그런 변화를 나타냅니다. 높게 쌓아올린 탑은 오랜 시간 공들여 쌓아온 것들을 나타내고 그것에 만족하지 않고 점점 더 쌓아 올리려는 욕망을 나타냅니다. 그리고 하늘에서 내려온 번개와 불꽃은 갑작스런 사건 사고와 같은 변화를 나타냅니다. 왕관은 그동안 누린 권력과 지위를 나타내는데 그 왕관이 떨어지는 것은 가지고 있는 권력과 그동안 쌓아올린 기반이 무너지는 것을 의미합니다. 그림을 자세히 보면 떨어지는 남자는 왕관이 벗겨졌지만 여자는 왕관을 쓰고 떨어지고 있습니다. 이것은 남성적 지위와 권위와 권력이 떨어지는 것을 나타내고 또한 탑처럼 높이 쌓아올린 것이 많은 사람이 데미지가 더 크다는 것을 나타내기도 합니다. 그래서 The Tower 카드는 바벨탑처럼 교만이 지나치면 무너진다는 것과 변화를 겪고 서로 다른 언어를 쓰는 새로운 시대를 맞이한 것처럼 기존의 권력과 지위가 무너지고 난 후에 새로운 시대가 시작된다는 것을 나타냅니다.

그리고 이 카드는 인간관계에서 정신적인 충격을 의미하기도 합니다. 물리적인 변화와 사건을 이야기하기도 하지만 '탑'이라는 심리적으로 안정적인 공간과 자신이 추구하고 의지했던 정신적인 대상도 암시합니다. 그래서 정신적인 충격, 심리적 변화로 해석이 되기도 합니다. 인간관계에서 이 카드가 관계의 변화로 해석이 됩니다. 부부 관계라면 가장의 권위실추, 주도권의 변화, 가정환경의 변화, 싸움 등으로 볼 수 있고 역방향이라면 그 붕괴의 정도가 더 강한 이혼, 별거, 냉전 등으로 해석이 되기도 합니다.

금전에 관한 질문

적금을 깨는 것, 기존의 금전거래의 변화, 자금의 손해, 투자한 주식 실패, 갑작스런 사고로 인한 지출 등으로 볼 수 있습니다. 역방향이라면 갑작스런 목돈 지출, 카드연체, 파산, 금전 거래로 인한 관계의 깨짐 등으로 볼 수 있습니다.

직장에 관련한 질문

조직개편, 부서이동, 진행하던 프로젝트의 전면 수정, 직장 내 급작스런 변동, 진행하는 일이 중단, 퇴사 등으로 볼 수 있습니다. 역방향이라면 거래처의 변경, 하기 싫은 업무, 해고, 직장 내 갑작스런 변화를 따라가기 힘든 상황 등을 볼 수 있습니다.

연애에 관련한 질문

결별, 연인관계의 위기, 연인이 건강 악화, 새로운 인연을 만나는 것, 기존의 연인과 새로운 관계 변화 등으로 볼 수 있습니다. 역방향이라면 피할 수 없는 이별, 갈등이 더 심해지는 것, 두 사람 관계의 변화가 악화 되는 것 등으로 볼 수 있습니다.

상 담 사 례

어느 남자분이 오셨는데 지금 다니는 직장에서 오래 다닐 수 있는지 알고 싶어 하셨습니다. 결과 카드에 이 The Tower 카드였습니다. 갑작스러운 변화가 있어서 위태로우니 오래 다니기에는 어렵다고 이야기 했습니다. '다니는 회사가 몇 년째 변동이 없는 안정적인 회사라서 그럴 일이 없는데 글쎄요' 하며 웃으면서 가셨는데 한 달쯤 지난 뒤에 다시 오셔서 다니던 회사가 부서가 통폐합되면서 권고사직 통보를 받았다면서 다른 곳으로 이직할 수 있는지 다시 물으러 오셨습니다. 어떤 30대 후반 여자 분은 남편 분의 건강을 질문하셨는데 이 카드가 나와서 불의의 사고가 예상되니 주의해야 한다고 말씀드렸습니다. 반신반의 하고 가셨는데 나중에 근무지에서 기계에 손을 다치게 되었다고 합니다. 연애에서는 연인과의 결별을 나타내기도 하는데 연인과 6년 동안 지속해온 관계가 깨지는 일도 있었습니다. 두 사람 사이의 문제는 아니었고 남자분의 집안 문제로 인한 영향이었는데 그 사례에서도 The Tower 카드가 나왔었습니다.

이상향을 추구한
에너지
상징
소원, 꿈

예술에인. 타고난 재능
즐거움. 미 ; 매력.

매의 별
: 타고난 운명

순수함
꾸밈어 없음
순진무구

쏟아지는 물 그
꿈에 가우쳐 있는 세상
현실이 드러남.

밝은 별 빛
아께미 물은
퍼 드림
→ 꿈은 꾸고 있음
현신발다 꿈

감성
감정.
감수성
창의적인

정 방향 상상, 몽상, 꿈, 환상, 낙관적인, 창조, 희망, 즐거움

역 방향 환상에서 벗어나다, 실망, 더 환상에 빠지는 것,
비관적인 생각

The Star

The Star 카드는 별이 가지는 상징을 이해하면 카드가 의미하는 것을 더 쉽게 알 수 있습니다. 별이 상징하는 것은 완벽함, 창조적 에너지, 높은 자아를 추구하는 것을 의미하고 여인의 나체는 순수하고 순진무구한 것을 나타냅니다. 빛나는 별을 표현한 것은 정신적인 이상향을 추구하는 것을 표현합니다. 카드의 전체적인 푸른색은 지성과 평화, 낙천적인 의미도 같이 나타내고 있습니다. 고대에는 태양과 달 그리고 별은 신비스런 힘에 연관시켜서 보았기 때문에 별이 가진 의미는 현실적인 부분보다 마술적인 힘 즉 창조적 정신

세계를 나타냅니다. 카드의 중앙에 보면 큰 별이 있고 그 주위에 7개의 별이 북두칠성처럼 포진되어 있습니다. 북두칠성은 인간의 운명을 관장하는 것으로 보았기 때문에 환상이나 감성적인 정신세계로 안내하고 또한 남다른 재능, 운명적으로 타고난 자질을 의미합니다.

그림에서 보면 여인이 연못에서 물을 퍼올려서 바닥에 붓고 있습니다. 그렇게 물을 붓다보면 큰 강이나 바다가 아닌 이상 물의 일부가 바닥에 흡수되거나 사

라지겠지요. 그래서 결국에는 물이 다 없어지고 나면 바닥을 드러내게 됩니다. 그래서 연못의 물이 바닥이 날 때까지 즉 현실이 드러날 때까지 감정을 소진하고 있는 것을 나타냅니다. 또는 감성과 재능을 퍼올리는 것을 의미하기도 합니다. 즉 현실보다는 자신의 이상 향과 감정에 치중하고 있는 것입니다. 그렇기 때문에 The Star 카드는 행동보다는 꿈과 이상에 치우쳐 생 각 하고 있는 것을 말합니다. 그래서 이 카드가 나올 때 현실감각과 행동력이 부족하기 때문에 꿈을 위에 서 움직여라, 노력해라! 라고 조언할 수 있습니다. 자 신의 꿈에 대한 결과에 이 카드가 나온다면 꿈만 꾸고 소진만 하고 있을 건지 재능과 꿈을 위해서 행동을 할 건지에 대해 이야기 해 줄 수 있는 카드입니다.

금 전 에   관 련 한   질 문

감정적인 지출, 무절제한 지출, 유흥비, 막연하게 기대 하는 금전 자신의 호기심에 의한 지출 등으로 볼 수 있습니다. 역방향이라면 자잘하게 지출이 많은 것, 기 분에 따르는 엉뚱한 지출, 불안정한 수입, 불확실한 투자 등으로 볼 수 있습니다.

직 장 에   관 련 한   질 문

정신적으로 만족하는 상황, 승진, 창작관련 업무에 성 과가 있는 것, 막연하게 기대했던 업무의 실패, 업무의 현실적 상황판단이 부족한 것 등으로 볼 수 있습니다. 역방향이라면 기회를 놓침, 실망이 많은 시기, 업무 실 수, 현실을 인지하는 것 등으로 볼 수 있습니다.

연 애 에   관 련 한   질 문

정신적인 유대감이 강한 연애, 연인에 대한 기대감이 높은 연애, 현재에 만족하는 연애, 이성에 대한 이상향 이 높음, 친구사이에서 연인으로 가는 연애 등으로 볼 수 있습니다.

역방향에서는 관계에 문제가 생기는 것, 연인에 대한 호감이 떨어짐, 상대의 단점만 보이는 연애, 눈에 콩깍지가 벗겨지는 것 등으로 볼 수 있습니다.

상 담 사 례

상담의 사례를 들면 어느 자매분이 찾아오셨는데 두 분이 함께 소일거리 삼아 작은 가게를 하면 잘 할 수 있는지 보러 오셨습니다. '사업을 하려고 하는데 잘 할 수 있을까요?' 하고 물으셨는데 결과 카드가 바로 The Star 카드였습니다. 그 분은 사업은 하고 싶어 했지만 아직 사업 아이템도 정하지 않은 상황이었고 사업 계획도 구체적이지 않은 경우였습니다. 그러므로 좋은 결과를 얻기 힘든 것으로 해석할 수 있습니다. 타로를 보는 동안에도 '카페를 할까? 아니 옷 가게를 할까?' 하면서 계속 질문이 바뀌었습니다. 따라서 이 카드는 구체적인 계획은 부족하고 막연하게 생각만 하는 상황에 자주 나오는 카드입니다. 다른 예로는 작가분이 오셨는데 이번 출판하는 책이 만족스런 결과를 얻을 수 있는지 물었습니다. 그 분에게 결과카드로 이 카드가 나왔는데 창작의 일을 하는 분에게는 다양한 글의 소재로 해석이 될 수 있습니다. 쓸거리도 많고 창의적인 내용이 가득하고 참신한 아이디어로 대중의 반응이 좋을 거라고 해석할 수 있습니다. 그렇기 때문에 타로카드는 키워드로 보면 질문자의 상황에 따라 다양한 리딩을 할 수 없게 된답니다. 그래서 먼저 그림의 이해를 하고 질문에 적용을 하는 것이 더 좋습니다.

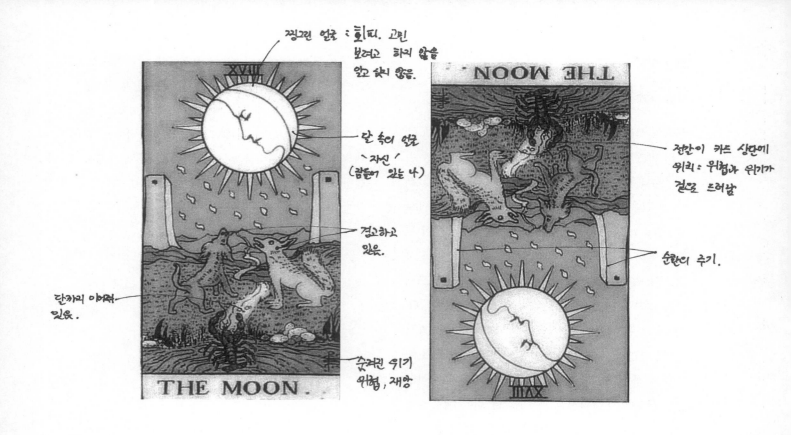

찡그린 얼굴 : 회피, 고민
보려고 하지 않을
않고 싶지 않음.

달 속의 얼굴
'자신'
(감춤이 있는 나)

경고하고
있음.

단카리의 아직
있음.

숨겨진 위기
위험, 재앙

전반이 카드 상단에
위치 : 위험과 위기가
겉으로 드러남

순환의 주기.

정 방향 불안정, 위기위식, 비현실적인, 위험이 잠재된,
거짓, 현실을 외면

역 방향 더 비현실적인, 위기가 겉으로 들어나는 것,
자기 생각에 더 빠져드는 것

웨이트 타로카드 독학하기

The Moon

카드의 그림을 살펴보면 찡그린 표정이 그려져 있는 달과 그 아래에 달을 보고 있는 개가 있습니다. 그리고 연못에는 전갈이 올라오고 있습니다. 하늘에 떠 있는 달은 '내면의 나'를 상징합니다. 물속에서 모습을 드러내는 전갈은 사고와 사건, 재앙, 위험을 상징합니다. 물 속에서 쭉 이어지는 길은 달에게로 이어지고 있습니다. 그래서 The Fool 카드에 나오는 것처럼 개와 늑대는 달을 보고 짖으면서 다가올 위험을 경고하고 있는 것입니다. 눈을 감고 찡그린 사람의 얼굴은 불안과 고민을 안고 있는 것을 보여주고 있으며 그 아래에서 개가 짖고 있는데도 눈을 감고서 보고 있지 않고 있습니다. 이것은 자기 생각에 빠져서 현실을 외면하고 보려고 하지 않는 것을 나타냅니다. '달'이 가지는 속성을 생각해보면 어두운 밤에 모습을 숨기는 것처럼 이랬다가 저랬다 하는 불안정한 모습도 나타내며 속을 드러내지 않고 감추려는 것을 나타냅니다. 그러므로 이 카드는 잠재되어 있는 위험이 있음을 나타내고 드러나게 될 위험을 이야기하고 그런 위험을 보려하지 않고 숨으려고 하는 것을 이야기 합니다. 보고 싶지 않은 현실을 외면하는 상황 그리고 불안정한 상태를 이야기 합니다.

금 전 에 관 련 한 질 문

낭비, 충동적인 지출, 금융사기, 빌려준 돈은 받을 수 없는 것, 불확실한 곳에 투자하는 것 등을 볼 수 있습니다. 역방향이라면 금전 약속이 어긋나는 것, 카드연체, 자금압박, 불확실한 정보로 인한 손해 등으로 볼 수 있습니다.

직 장 에 관 련 한 질 문

무성한 계획, 취업 사기, 업무의 방향을 잡기 어려운 것, 섣부른 계획 등을 볼 수 있습니다. 역방향이라면 업무 실패의 위험을 인지하게 되는 것, 계획했던 일이 틀어지는 것, 업무의 위기가 드러나는 것 등으로 볼 수 있습니다.

연 애 에 관 련 한 질 문

꿈속 같은 연애, 현실을 외면한 연애, 거짓된 연애 등으로 볼 수 있습니다. 역방향이라면 엉뚱한 상상으로 인한 다툼, 거짓된 연애를 알게 되는 것, 지루한 연애 등으로 숨겨진 위험을 보게 되는 것으로 볼 수 있습니다.

상 담 사 례

실제 상담 사례에서 보면 연애 때문에 고민인 분이 있으셨는데 좋아하는 남자와 계속 만날 수 있는지를 질문을 주셨습니다. 그 때 나온 카드가 The Moon 카드였습니다. 그래서 그 카드의 의미를 설명을 해드리고 남자 분과 오래가지 못할 수 있다고 이야기했습니다. 그러자 한숨을 쉬며 하시는 말이 사실 자기도 그럴 줄 짐작하고 있었다고 이야기하시는데 남자친구에게 다른 이성이 생긴 걸 알았지만 사실이 아니길 바라면서 계속 만나고 있는 중이라고 이야기하였습니다. 그분의 경우에는 자신을 좋아하지 않는 걸 알면서도 속으로 '아닐 거야, 괜찮을 거야' 하면서 현실을 외면하고 불안한 관계를 지속하는 연애를 보여주는 카드였습니다.

직장에 관련한 질문에도 이 카드가 나왔었는데 오래 다닐 수 있는 지를 물었습니다. The Moon 카드가 결과 카드로 나왔었습니다. 그 분의 직장 상황에 위기가 잠재되어 있는 걸로 이야기를 드리자 그렇지 않아도 요즘 뒤숭숭한 말은 있다고 하셨습니다. 그래서 그 진위 여부를 빨리 파악하고 대처를 해두는 것이 필요하다고 말씀을 드렸습니다. 차후에 알고 보니 다른 지점을 철수하는 과정에서 인원 감축하는 일이 생겼었다고 피드백을 주셨습니다.

먼 미래카의
떠크는 축복
밝은 미래

정면. 승리
가득한 힘

희망

뒤를 변었떠주고
있는 것 상징

어른이 아닌
아이는 앞으로
무한하게 자라나는
가능성을 의미.
미래지향적 성공까지

존귀함, 명예, 희망.

전진하지 못하는 말

아이가 떨어지는 모습.

거꾸로 된 태양
밝은 미래가 아닌
희망이 부족.
낙심, 비관주의

정 방향 희망, 임신, 성공, 즐거움, 낙천적인, 희망찬 미래   **역 방향** 비관적인, 포기, 실패, 불확실한 미래

The Sun

이 카드 역시 타로카드를 잘 모르는 분이 보셔도 어떤 의미를 이야기하는지 잘 알 수 있는 카드입니다. 해맑게 웃고 있는 아기의 표정과 높이 떠서 한가운데에서 크고 밝게 빛나는 태양은 앞날을 밝혀주는 기쁨과 앞으로의 미래가 창창함을 나타냅니다. 아이가 잡고 있는 붉은 깃발은 강력한 에너지와 넘쳐나는 힘을 가지고 있는 것을 나타내며 뒤에 있는 견고한 담은 이 아이를 보호해주고 받쳐주는 상황과 환경을 의미합니다. 즐비하게 늘어선 해바라기는 앞으로 자라나게 될 성공과 밝은 미래와 명예가 있는 것을 나타냅니다. 아이가 타고 있는 백마 또한 명예가 있는 것을 나타내고 그 존재의 고귀함과 순수함, 넘치는 힘을 의미합니다. 그러므로 백마를 타고 앞으로 나아가는 것이 성공과 성취를 거머쥐고 승승장구하게 될 것을 암시합니다. 그림을 보면 말을 타고 있는 사람이 어른이 아니고 어린 아이로 표현되어 있는 것이 흥미로운 데 이것은 앞으로도 이 아이가 소년에서 청년으로 계속해서 성장할 수 있는 가능성을 의미합니다. 그렇기 때문에 성공과 성취가 있는 것을 표현하며 이 성공을 바탕으로 앞으로도 무한한 성장이 가능하다는 것을 이야기합니다. 그래서 'The Sun' 카드는 성공과 성취가 있는 것을 나타내고 밝은 미래와 희망적인 상황과 미래지향적인 성공을 이야기하는 카드입니다.

금 전 에 관 련 한 질 문

최고의 금전 운, 적금 만기로 인한 수익, 투자의 성공으로 볼 수 있습니다. 역방향이라면 돈의 분실, 엉뚱한 곳에 지출되는 돈, 자금의 부족, 성사되기 직전의 실패, 유리한 금전적 기회를 놓치는 것 등으로 볼 수 있습니다.

직 업 에 관 련 한 질 문

사업의 번창, 업무의 성과, 승진, 계약의 성사 등으로 볼 수 있습니다. 역방향이라면 눈앞에 있던 목표가 뒤로 물러나는 것, 프로젝트의 중지, 의욕 상실 등으로 볼 수 있습니다.

연 애 에 관 련 한 질 문

연애의 성공, 연인의 임신, 점점 좋아지는 연애, 즐거운 연애 등으로 볼 수 있습니다. 역방향이라면 고독해지는 연애, 파혼, 연인과의 약속이 깨지는 것, 연애에 실망, 즐겁지 않은 연애 등으로 볼 수 있습니다.

상 담 사 례

이 카드는 The Empress 카드, Queen of pentacles 카드와 함께 임신을 나타낼 때 잘 나옵니다. 사업의 성공 여부를 물을 때 이 카드가 나오면 성공 가능성이 있다고 해석이 됩니다. 한마디로 '승승장구'인 겁니다. 한번은 40대 중반 여자 분께서 학생인 자녀를 따라 들어오셔서 지켜보시다가 자신도 보시겠다면서 올해 목표로 하는 금액을 모을 수 있는지 물으셨습니다. 그런데 결과 카드로 이 카드가 역방향으로 나왔습니다. '자녀 교육비로 들어가는 비용이 많이 들어서 기대한 만큼 모으기 어렵습니다'고 리딩이 되었습니다. 그렇지 않아도 아이가 3명이어서 보험에 학원비에 들어가는 돈이 많다고 하시더군요. 이 분의 경우에는 앞으로 한창 자라는 자녀의 미래를 위한 지출 때문에 돈을 모으기 어려운 것으로 해석하게 된 경우였습니다. 또 한 번은 40대 중반의 남성분에게 이 카드가 나왔는데 더 좋은 조건으로 다른 회사에 이직할 수 있는지를 물었습니다. 그 질문에 해당하는 결과카드에 이 카드가 역방향으로 나왔습니다. 그분이 원하시는 조건으로 들어가기 어렵고 만약 들어간다 하더라도 그 자리를 오래 지키기 어렵다고 이야기 드렸습니다. 카드가 역방향이 된 경우에 성사 여부 면에서 어렵다로 보기도 하지만 그 영광의 자리가 오래 유지되기 어려운 것으로 볼 수 있습니다. 그래서 그분에게 그렇게 해석을 드렸습니다. 몇 개월이 지난 후 알게 되었는데 그곳으로 가셔서 지내시다가 결국 그만두게 되었다라고 하셨습니다.

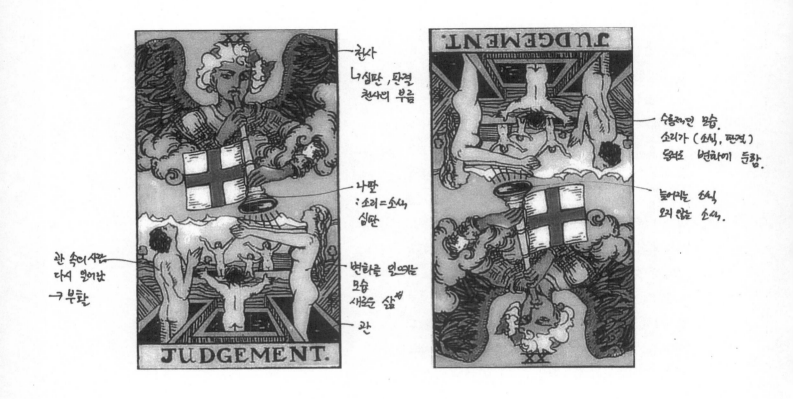

천사
└ 심판, 판결
천사의 부름

나팔
: 소리 = 소식
심판

관 속의 사람
다시 일어난
┌ 부활

변화를 일으키는
모습
새로운 삶 째

관

수용적인 모습.
소리가 (소식, 판결)
동기로 변화에 든함.

늦어지는 소식
외 않는 소식.

정 방향 부름, 판결, 소식을 듣다, 부활, 변화, 행동에 대한 심판

역 방향 나쁜 소식, 소식이 없는 것,
부활하지 못하는, 보류, 연기

Judgement

'Judgement' 카드를 보면 하늘 위에서 나팔을 부는 천사의 모습이 눈에 뜁니다. 그래서 요한계시록에 나오는 장면이 연상이 되는 카드입니다. 즉 '심판의 날'로 보시면 됩니다. 카드의 단어 뜻 그대로 판결, 심판을 의미합니다. 하늘의 천사가 판결에 대한 소식을 알리고 있고 그 부름을 받는 사람은 변화와 부활을 할 수 있는 상황을 묘사하고 있습니다. 천사와, 나팔에 달린 깃발은 구원의 의미를 강조하고, 회색 구름은 재앙을 나타내고 있습니다. 강가에 놓인 여러 개의 관들 속에서 일어난 사람들의 모습은 부름을 통해서 구원 받는 것을 강조하고 있습니다. 두 팔 벌려 환호하는 이들의 모습에서 그 부름이 기다리던 소식인 것을 의미합니다. 그리고 부름을 받고 일어난 모습에서 자신 스스로의 행동도 필요함을 암시하고 있습니다. 즉, 'Judgement' 카드는 그동안의 자신의 한 것에 대한 그동안의 행동에 대한 심판을 받는 것을 의미합니다. 이 카드는 실제 소송이 있는 사람이 판결을 기다릴 때도 나오는 카드이기도 합니다. 또한 좋은 소식이든 나쁜 소식이든 소식 자체를 기다리는 상황에서도 자주 나오는 카드입니다.

금전에 관련한 질문

받기로 한 돈을 받는 것, 보상금, 곗돈, 기대했던 금전의 소식을 받는 것 등으로 볼 수 있습니다. 역방향이라면 들어올 돈이 지연되는 것, 빚 독촉, 잘못된 판단에 의한 금전의 손실 등으로 볼 수 있습니다.

직장에 관련한 질문

취업의 소식, 미뤄지던 결정이 나는 것, 승진 이직 등의 소식, 결정을 내려야 하는 것 등을 볼 수 있습니다. 역방향이라면 취업 준비생은 발표가 늦어진다, 직장 내 구설수, 승진이나 이직의 소식이 늦어진다, 상사의 잔소리, 책망 받게 되는 것, 결정을 내리지 못하고 우유부단해지는 것 등을 볼 수 있습니다.

연애에 관련한 질문

프러포즈, 기다리던 연인의 연락, 관계의 맺고 끊음을 결정하는 것 등으로 볼 수 있습니다. 역방향이라면 고백을 하면 거절당하는 것, 극단적인 판단으로 인한 갈등, 미련이 남는 연애, 연인과의 소식이 끊기는 것 등으로 볼 수 있습니다.

상담 사례

실제 상담사례를 보면 만났다가 헤어지기를 계속 반복하는 연애에 지쳐서 찾아오신 여자 분이 있었는데 남자 친구와 헤어질 수 있는지 물어오셨습니다. 결과 카드에 Jugement 카드가 역방향으로 나왔습니다. '미련 때문에 맺고 끊음을 못하고 상대에게 질질 끌려 다니기 때문에 헤어지기 어렵다'로 해석이 되었습니다. 즉 자신 스스로 상황의 변화를 주지 않은 채 관 속에 누워서 오지 않는 소식을 기다리고 있는 것과 같은 상태이기 때문입니다. 조용히 이야기를 듣더니 '그 말이 맞아요.' 그러시면서 자신의 이야기를 들려주었습니다. 그분은 3년 동안을 남자친구가 양다리인 것을 알면서도 헤어지지 못하고 연락이 오면 나가서 데이트하고 헤어지기로 마음먹어도 또 연락이 오면 만

나러 갔다고 하시더군요. 본인 스스로도 잘 알고 있었
지만 상대방이 먼저 헤어지자고 하기 전에 자신이 먼
저 끊지를 못하고 만남을 지속했다고 하셨던 경우였
습니다. 한번은 연인에게서 연락이 올 지를 묻는 질문
에 이 카드가 정방향으로 나왔습니다. 그런데 이분의
경우 그 연락이 좋은지 나쁜지 먼저 질문 정리를 하
지 않고 보는 바람에 연락 자체만 해석이 된 경우였습
니다. 나중에 들려온 피드백으로는 카드점괘대로 연
락은 왔지만 헤어지자는 이야기를 들었다고 합니다.
만약에 질문을 '남자친구가 좋은 연락(소식)을 줄까
요?' 또는 '남자친구로부터 기쁜 소식을 받을 수 있
을까요?'라고 질문을 했다면 다른 카드가 나왔을 것
입니다.

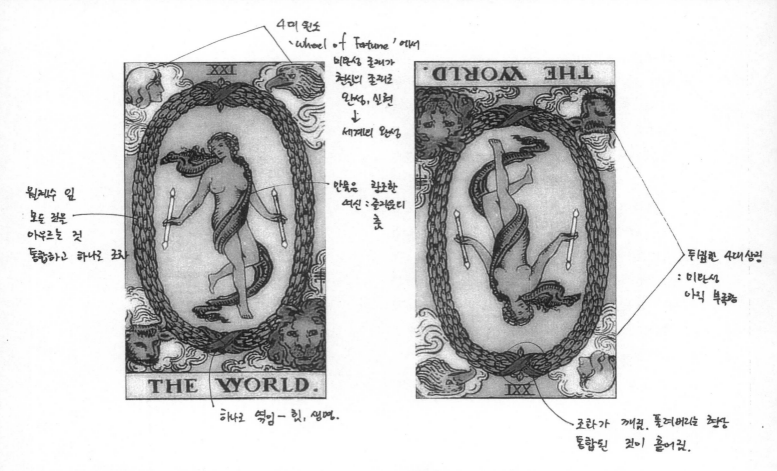

4대 원소
'wheel of fortune'에서
미완성 존재가
천상의 존재로
완성, 실현
↓
세계의 완성

월계수 잎
모든 결문
아우르는 것
통합하고 하나로 조화

안옷은 링크한
여신 : 즐거움의
춤

두럼한 4대상징
: 미완성
아직 부족함

하나로 엮임 - 힘, 생명.

조각이 깨짐. 풀려버리는 현상
통합된 것이 흩어짐.

112

정 방향 조화, 어울림, 완성, 성취, 즐거움, 완벽함

역 방향 실패, 부조화, 즐겁지 않은, 미완성, 불완전, 실망

The World

메이져 아르카나 카드의 마지막 카드입니다. The World 카드의 단어 의미는 세계입니다. 카드의 그림을 살펴보면 네 귀퉁이에 있는 사람과, 사자, 황소, 독수리가 그려져 있습니다. 가운데에는 세상 만물을 만들어 낸 여신이 지휘봉을 들고 기쁨의 춤을 추고 있습니다. 그 여신을 둘러싸고 월계수의 잎으로 마치 월계관을 두른 것처럼 빙 둘러 쌓여서 하나의 고리를 만들고 있습니다. 그리고 그 원의 고리를 빨간색 끈으로 감고 있습니다. 붉은 띠는 강한 생명력과 강한 에너지를 나타냅니다. 녹색의 월계수 잎은 파릇파릇하게 피어나는 생명력을 나타내며 그리고 세상을 만들어 낸 여신에 대한 명예와 성공의 업적을 기리고 찬양하는 것도 나타냅니다. 여신이 4대 원소를 아우르고 모든 만물을 통합시키는 것을 표현하기 위해서 네 귀퉁이에 상징적 존재가 그려져 있으며 여신이 그 원 안에서 춤을 추는 것은 완성의 기쁨과 모든 것을 융화 시키고 통합하는 힘이 있는 것을 나타내고 있습니다.

The World 카드의 네 귀퉁이에 그려져 있는 존재들은 Wheel of Fortune 카드와 비교해 볼 수 있는데 Wheel of Fortune에서는 상상 속의 동물로 표현했지만 The World 카드에서는 현실적인 존재로 표현을 했습니다. 이것은 4대 원소가 조화를 통해서 비로소 현실로 완성을 이룬 것을 나타냅니다. 그러므로 이 카드는 완성을 이룬 세계 그리고 조화를 이루고 있는 세상을 의미합니다. 삶의 순환과 운명의 흐름대로 가다가 드디어 모든 여러 요소들이 성취와 성과를 이루어 낸 것을 나타냅니다.

그래서 The World 카드는 모든 것들이 통합이 되고 하나로 어울리는 것을 의미하고 복잡한 것의 완성과 화합하는 커뮤니케이션을 의미합니다.

금 전 에 관 련 한 질 문

기다렸던 자금이 들어오는 것, 투자의 이익을 얻는 것, 원활한 금전상황, 돈의 흐름 등으로 볼 수 있습니다. 역방향이라면 빌려준 돈은 돌려받지 못하는 것, 돈의 흐름이 막히는 것, 돈으로 인한 관계의 깨짐 등으로

볼 수 있습니다.

직 장 에 관 련 한 질 문

동료들과의 화합, 거래처의 협력, 원활한 사업운영, 교섭의 성공 취직의 성공 등으로 볼 수 있습니다. 역방향이라면 직장 내 불화, 팀 내의 분열, 구설수, 왕따, 거래처와의 화합이 깨지는 것, 어울려 일하기 불편해지는 것 등으로 볼 수 있습니다.

연 애 에 관 련 한 질 문

즐거운 대화가 많은 연애, 이벤트, 선물, 결혼, 고백의 성사, 새로운 인연을 만날 기회 등으로 볼 수 있습니다. 역방향이라면 불협화음, 연인과의 싸움, 실망, 약속을 못 지키는, 연인의 불평과 잔소리, 이별 등으로 볼 수 있습니다.

상 담 사 례

실제 상담사례를 보면 직업상으로 볼 때 예술인 등

을 나타내기도 합니다. 이미지 그대로 노래하는 가수나 댄서 그리고 여기저기 여행을 직업으로 삼는 여행가에도 잘 나옵니다. 그동안 연애를 순조롭게 잘 해왔던 분들에게 연애의 완성인 '결혼'으로 해석이 되기도 합니다. 결혼 적령기를 넘겨서 이제는 결혼하고 싶은데 좋은 사람을 만나기가 어렵다면서 어느 분이 찾아오셨는데 일도 안정적이고 집도 있고 이제 결혼만 남았다면서 결혼할 이성을 만날 수 있는지 물었습니다. 타로 카드를 뽑아보니 방해요인에 The World 카드가 나왔습니다. 자신 혼자 아쉬운 것 없이 잘 지내고 잘 사는 것이 연애의 걸림돌이었습니다. 막상 누군가를 만나도 혼자가 더 편하고 딱히 솔로인 것이 부족한 것이 없는 것이 문제였습니다. 그러자 그분도 결혼을 하고 싶긴 하지만 아주 절박한 상황은 아니라면서 웃으셨습니다. 또 어떤 분에게는 이번에 진행하는 공모전에 당선이 될 수 있는지 질문에 이 카드가 결과 카드로 나왔었습니다. '당신이 제출하는 또는 보여주는 창작물은 오랜 기간 공을 들인 것으로 보이며 그로 인해 매우 작품성이 있으므로 좋은 결과를 얻을 수 있습니다'라고 해석하게 되었습니다.

그녀는 매우 기뻐하면서 좋은 결과 있으면 연락을 주신다고 하셨는데 타로 결과대로 당선이 되었다고 하셨습니다. 더욱 재미있는 것은 그분이 응모한 것이 무용이었다는 것이었습니다. 춤을 추는 여신의 모습 그대로 그분의 상황에 매칭이 돼서 나온 경우였습니다.

2

Swords

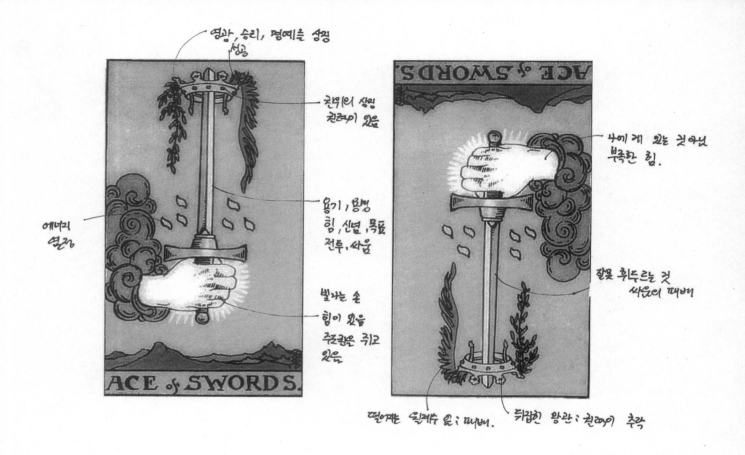

영광, 승리, 명예를 상징
성공

권위의 상징
권력이 있음

용기, 운명
힘, 신념, 목표
전투, 싸움

빛나는 손
힘이 있음
주도권을 쥐고
있음

에너지
열광

너에게 오는 것 아닌
부족한 힘.

잘못 휘두르는 것
싸움의 패배

ACE of SWORDS.

떨어지는 월계수 잎 : 패배.

뒤집힌 왕관 : 권력이 추락

118

웨이트 타로카드 독학하기

정 방향 강한 결심, 권력, 쟁취, 정복, 성취   **역 방향** 권력을 잃다, 우유부단, 권력의 남용, 잘못된 시도

Ace of Sword

Sword는 권력, 다툼, 전투력 등을 상징합니다. 그래서 주로 다툼과 싸움에서 쟁취하는 것들을 나타내고 강한 활동력을 보여줍니다. 다툼에 관련해서 각 속성별로 비교해본다면 Cup 카드가 감정에 관한 다툼이라면 Wands는 일에 관련한 다툼이고 Pentacles은 돈으로 인한 다툼을 나타냅니다. 그러므로 Sword 속성은 현실적인 것에 관한 권력과 힘을 내가 가졌느냐 아니냐 등의 주도권 싸움에 잘 나오는 카드입니다. 대립과 갈등의 상황의 상황을 표현하며 주로 권력다툼과 분쟁 그리고 주도권 싸움을 의미합니다. 그런 속성을 나타내는 카드가 Ace라는 것은 그 에너지가 이제 시작되는 것을 나타냅니다.

Ace of Sword 카드의 그림을 보면 칼끝에 왕관이 걸려 있고 월계수를 얹고 있습니다. 칼이라는 행동력과 주도권을 이제 내 손에 쥐었다는 것을 의미하고 칼끝에 걸려있는 왕관은 시작하는 힘이 왕의 권력과 명예가 따르는 것을 이야기 합니다. 그리고 칼을 쥐고 있는 손이 밝게 빛나고 있는 것은 그 에너지가 힘이 강하고 강력한 결단력과 의지가 있는 것을 이야기 합니다.

119

그렇기 때문에 전투에서 이기는 것 즉 내가 시도하는 것에 대해서 권력을 행사할 수 있고 얻으려는 결과를 쟁취할 수 있는 것을 나타내며 월계수를 왕관에 걸고 이제 휘두르는 시도가 승리를 가져온다는 것을 암시합니다. 그래서 이 카드는 새로운 시작과 성공을 나타내는 카드입니다. 예를 들면 정방향이면 내가 행사하는 것이 권력과 힘이 있으니 실행이 가능하다입니다.

그러나 역방향이면 나에게 권력과 힘이 없는 것이기 때문에 실행이 어렵다고 해석할 수 있습니다.

금 전 에 관 련 한 질 문

새로운 투자, 투자의 기회를 잡다, 자금의 원활, 돈에 대한 이익, 성취 등으로 볼 수 있습니다. 역방향이라면 우유부단함으로 인한 투자기회를 놓침, 잘못된 곳에 투자, 들어올 돈이 미뤄지는 것으로 볼 수 있습니다.

직 장 에 관 련 한 질 문

일에 대한 강력한 추진력, 확신을 가지고 시도하는 것, 과감한 결단력, 새로운 지위, 새로운 업무 등으로 볼 수 있습니다. 역방향이라면 업무의 방해, 성급한 결정, 결정권이 없어 차질이 생김, 그로 인한 트러블 등을 볼 수 있습니다.

연 애 에 관 련 한 질 문

자신감 있는 연애, 대시의 성공, 연인 관계의 결정을 내리는 것, 리드하는 연애 등으로 볼 수 있습니다. 역방향이라면 질질 끌려 다니는 연애, 오해로 인한 싸움. 이별통보, 자존심싸움으로 인한 트러블, 관계에 대한 결단을 내리지 못하는 연애 등으로 볼 수 있습니다.

상 담 사 례

이 카드는 돈을 빌려주고 받지 못하는 상황인 분에게 나왔는데 소송을 하는 것이 좋을지 알아보고 싶어서 찾아왔습니다. 소송을 하면 승소할 수 있는지 그 기간을 얼마나 걸릴지 물어보셨는데 소송을 하면 승소할지에 대한 결과 카드로 바로 이 Ace of Sword 카드가 나왔습니다. 소송에서 권리를 내가 쥐는 것으로 해석이 되므로 소송을 하면 승소한다고 볼 수 있습니다. 연애에서 Ace of Sword 카드가 역방향으로 나오면 헤어진 이성에게 연락이 오면 끊지 못하고 끌려가는 상황과 헤어질 마음을 먹고도 실행을 못하고 또 만나면서 상처 입기를 반복하는 경우도 있었습니다.

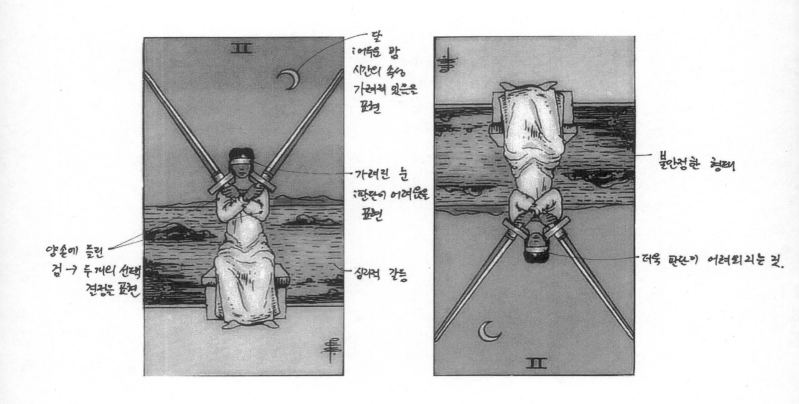

달
i어두운 밤
시간의 속성
가려져 있음은
폐펀

가려진 눈
:판단이 어려운
폐편

심리적 갈등

양손에 들린
검 → 두 개의 선택
결정은 폐편

불안정한 형폐

더욱 판단이 어려워지는 걸.

정 방향 우유부단한 상황에 빠짐,
스스로 선택할 수 없는 상황, 내 의지가 아닌 선택

역 방향 결정을 내리는, 나쁜 결과, 성급한 결정,
더 우유부단해지는

웨이트 타로카드 독학하기

Two of Swords

Two of Swords 카드의 그림은 한 여자가 두 눈을 가리고 양손에 칼을 들고 있습니다. 두 눈은 천으로 가려져 있습니다. 앞을 볼 수 없는 상황인데 더 앞을 분간하기 어렵다는 것을 강조하기 위해 그림의 시간적 배경도 어두운 밤입니다. 그리고 손에는 무거운 칼을 들고 있습니다. 이것은 선택을 내려야 하는 것을 의미합니다. 저 쪽의 손에 들고 있는 칼을 선택하느냐 아니면 다른 쪽 손에 들고 있는 칼을 선택하느냐의 결정의 기로에 놓인 것을 나타냅니다. 그런데 문제는 눈을 가리고 있으니 판단을 내리기 어렵고 어느 쪽을 선택하

겠다고 결심을 내려도 자신의 선택하고자 하는 것이 어느 손에 들려있는지 알 수가 없습니다. 그렇기 때문에 어느 쪽 손의 칼을 결정해야하는 지 갈등하고 망설이게 되는 것을 의미합니다. 그러나 그림을 가만히 보면 이런 상황에서 무엇을 해야하는 지 알려주고 있습니다. 이 사람이 앉아 있는 모습은 지금은 행동을 하지 말고 부동의 자세를 취하는 것을 의미하고 등 뒤의 물은 내적인 갈등을 나타내면서 물이 들어오고 나감을 통해 흐름에 따른 시간의 변화가 있음을 나타내고 있습니다. 마찬가지로 하늘에 떠 있는 달은 시간의 흐

름에 따라 모양이 변하는 것을 알려주고 있습니다. 즉 시간의 흘러가면 상황에 따라 선택이 결정 지어진다는 것입니다. 게다가 이 사람의 들고 있는 칼의 무게로 보면 어느 순간 힘이 빠지게 되므로 의지와 상관없이 자연스럽게 결정지어지는 것을 암시하고 있습니다.

그래서 이 카드는 결정을 내리기 어려운 상황과 우유부단하게 선택을 못하고 있는 상황을 나타내며 상황 판단이 어려운 상황에서 결정을 내려야하는 경우를 나타내는 카드입니다.

금 전 에 관 련 한 질 문

투자나 대출 등 돈에 대해 결정을 내려야하는 상황에 빠지는 것, 두 자기의 투자 기회, 자금 운용에 대한 우유부단 등으로 볼 수 있습니다. 역방향이라면 돈 문제로 인한 다툼, 성급한 결정으로 인한 손해, 잘못된 결정, 투자의 기회를 놓치는 것 등으로 볼 수 있습니다.

직 장 에 관 련 한 질 문

일의 결정을 못 내리고 우유부단해진다, 양단간의 선택 등으로 볼 수 있습니다. 역방향이면 의견이 엇갈려서 갈등이 심해진다, 업무의 진행이 미뤄지는 것, 잘못 선택한 것으로 인해 기회를 놓치는 것으로 볼 수 있습니다.

연 애 에 관 련 한 질 문

우유부단함으로 인한 양다리, 두 사람 중의 한 사람을 선택해야 하는 것, 연애를 진행할지 그만 두어야 할지에 대한 갈등 등으로 볼 수 있습니다. 역방향이라면 양다리 관계가 드러남, 잘못된 선택으로 인한 고통, 거짓말로 인한 갈등 등으로 볼 수 있습니다.

상 담 사 례

이 카드는 30대 중반의 직장인의 질문에서 나왔습니다. 직장을 그만두고 공부를 계속 해야 할지 아니면

웨이트 타로카드 독학하기

일에 집중해야 할지 고민하셨는데 그 상황을 나타내는 것이 바로 'Two of Swords'였습니다. 어떤 선택을 하느냐에 따라 앞으로 길이 달라지기 때문에 선뜻 결정을 못 내리겠다고 하셨습니다. 여러 장의 카드를 뽑아보며 세밀히 살펴보니 직장 상황에 따라 결정이 갈리는 경우였습니다. 회사에서 진행 예정인 해외 연수 프로그램이 곧 나오는데 마침 그분이 공부하고 싶은 분야였기 때문입니다. 그쪽으로 결정이 확정되면 회사의 결정에 따라 공부와 일을 같이 할 수 있었기 때문입니다. 그래서 다시 확정이 될지 살펴볼 수 있었습니다. 또 다른 분에게도 이 카드가 나왔었는데 유학을 어느 나라로 갈지 고민을 하고 있었습니다. 두 군데 나라 중에 어느 곳을 가야 자신이 얻고자 하는 공부의 성취가 가능한지 보았습니다. 그런데 결과 카드에 이 카드가 나왔습니다. 그래서 상황을 지켜보고 기다려보면 당신에게 유리한 방향으로 가게 될 곳이 결정이 난다고 이야기를 드렸습니다. 실망하며 가셨는데 나중에 연락이 온 이야기로는 아버지가 가라는 곳으로 가면 재정적 지원을 해준다고 하셔서 아버지의 뜻에 따라 결정이 나버렸다고 하시네요. 자신의 의지가 아닌 상황에 따라 결정 내려지는 케이스였습니다.

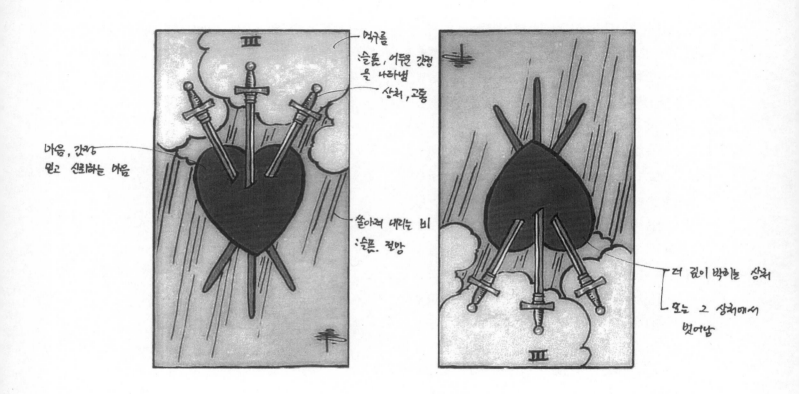

정 방향 상처, 배신감, 슬픔, 세 가지 사항에 대한 고통, 스트레스

역 방향 더 깊어지는 상처, 괴로움에서 벗어난다, 남에게 상처를 주는 것

웨이트 타로카드 독학하기

Three of Swords

타로카드의 그림을 살펴보면 하늘에 먹구름이 있고 그 먹구름 사이에 비가 내리고 있습니다. 비가 내리는 가운데 심장을 상징하는 하트에 칼이 세 개가 꽂혀있습니다. 칼이 심장을 관통해서 꽂힌 것은 기대하고 믿었던 것에 대한 아픔과 상처를 이야기 합니다. 심장에 날카로운 칼이 꽂힌 만큼의 고통과 괴로움 어두운 하늘에 내리는 비처럼 상처받은 마음과 감정을 표현하고 있습니다.

이 카드에서 흐린 먹구름과 내리는 비는 환경으로 인한 상처를 의미합니다. 상처를 받게 하는 영향을 나타내며 심장에 박힌 칼 세 개는 한 번에 세 가지의 상처를 받는 것을 나타내며 여러 개의 상처와 아픔을 이야기 합니다. 또는 그만큼의 칼이 박힌 것만큼의 마음의 고통이 심한 것을 표현하고 있습니다. 그래서 이 카드는 감정적인 고통과 상처 받은 것을 나타내며 스트레스가 심한 상태를 나타내는 카드입니다.

금 전 에 관 련 한 질 문

돈 문제로 인한 다툼, 믿었던 곳에서 금전 도움을 받

을 수 없는 것, 돈으로 인한 슬픔, 독촉, 친한 이들과의 돈 거래로 인한 갈등 등으로 볼 수 있습니다. 역방향이라면 돈 문제로 싸운 관계의 회복, 어려웠던 자금이 조금씩 회복이 되는, 포기한 돈이 들어옴, 과도한 지출로 인한 고난 등으로 볼 수 있습니다.

직장에 관련한 질문

동료들과의 트러블, 업무관계의 불화, 거래처의 압박, 일도 힘든데 대우도 못 받는 것, 경쟁에서 밀리는 것 등으로 볼 수 있습니다. 역방향이라면 인간관계로 인한 오해에서 벗어남, 거래처와의 관계가 틀어짐, 뒷담화, 실적이 저조해서 지적 받는 것, 과도한 업무와 부당한 대우로 회사 다니기 싫어지는 것 등으로 볼 수 있습니다.

연애에 관련한 질문

연인으로 인한 마음의 상처, 연인에 대한 실망이 커짐, 헤어짐, 연인의 배신 등을 나타냅니다.

역방향이라면 관계의 회복, 오해가 풀리는 것 또는 더 깊은 상처를 받은 것, 내가 연인에게 상처를 주는 것 등으로 볼 수 있습니다.

상담 사례

이 카드는 남자친구와 헤어지고 난 후 정상적인 일상을 하지 못할 만큼 괴로워하는 30대 중반의 여성에게 나왔습니다. 20대를 일하느라 연애를 별로 못해본 그녀는 뒤늦게 찾아온 이성에게 푹 빠져버렸는데 나중에 알고 보니 다른 여자를 만나고 있었고 게다가 그 여자가 평소 함께 어울리고 했던 자신의 친구라는 사실을 알고 굉장히 힘들어했었습니다. 이 때 그녀의 상황에 이 카드가 나왔는데 그녀의 현재 상태를 잘 나타내주는 카드였습니다. 이 카드의 그림을 보더니 이 그림이 자신의 고통을 대신 말해주는 것 같다고 이야기했습니다. 또 다른 경우 다른 분에게도 질문자의 현재 처한 상황에 이 카드가 나왔었습니다. 그 분에게는 일로 인한 극심한 스트레스와 연인과의 결별 그리고 재

정적인 압박을 동시에 여러 가지 힘든 상황을 표현하
고 있었는데 이처럼 이 카드는 여러 가지 상황이 맞물
려서 나타나는 고통을 나타내기도 합니다.

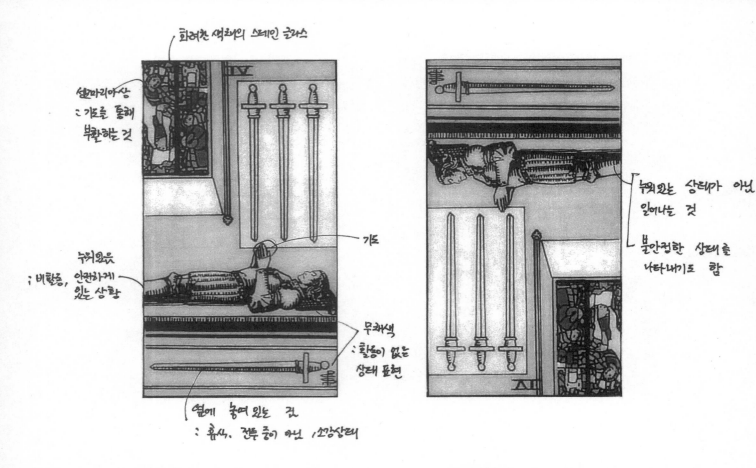

화려한 색채의 스테인 글라스

설교마리아상
: 기도를 통해
부활하는 것

IV

기도

누워있음
; 버림을, 안전하게
있는 상황

무채색
: 활동이 없는
상태 표현

옆에 놓여 있는 것
: 휴식, 전투 중이 아닌 /소강상태

누워있는 상태가 아닌
일어나는 것

불안정한 상태를
나타내기도 함

AII

130

정 방향 휴식기, 안정을 취함, 재충전

역 방향 쉴 수 없는 것, 불안정한, 과로

Four of Swords

그림을 살펴보면 한 남자가 두 손을 모으고 누워 있습니다. 편안한 복장으로 바로 옆에 무기를 내려놓고 눈을 감고 누워 있습니다. 벽면에 세 자루의 다른 검들이 걸려 있습니다. 기사가 무기를 내려놓고 누워있는 모습은 많은 전쟁을 치르고 이제 쉬고 있는 것을 의미합니다. 이것은 적대관계나 분쟁이 없는 것 즉 전쟁에서 벗어나 편안히 쉴 수 있는 공간이라는 것을 이야기 합니다.

그림을 더 살펴보면 벽면에 중세시대에 교회에 장식으로 사용된 스테인 글라스 그림이 그려져 있으므로 남자가 누워있는 곳은 성당 안으로 또는 기도하는 공간이라는 것을 알 수 있습니다. 성모마리아에게 기도를 드리고 있는 사람의 모습이 그려져 있는데 이것 또한 마찬가지로 이 그림을 통해서 위협이 없는 안심할 수 있는 공간이라는 것을 다시 강조하고 있습니다. 스테인 글라스에는 화려한 색채가 그려져 있고 누워있는 남자는 색채가 화려하지 않은 것으로 대비되어 묘사되었는데 이것은 활동이 없는 소강상태를 더욱 강조합니다. 그에 대비해서 화려한 색채로 벽 창가에 스테인 글라스로 장식된 그림을 통해 움직이는 활동보다는 휴식과 안정감을 통한 정신적인 활동이 더 강한 것을 이야기 합니다. 그래서 성모마리아에게 사제가 기도를 드리고 있는 모습이 다양한 색채로 그려져 있습니다. 그리고 기도를 통해 다시 부활하는 것을 암시하고 있습니다.

그렇기 때문에 이 카드는 정신적인 안정을 취하고 있는 것 잠시 활동을 멈추고 안전하게 쉬고 있는 것을 나타냅니다.

금전에 관련된 질문

자금상황에 변화가 없는 것, 금전문제가 심했다면 잠시 소강상태, 구하려는 돈이나 받을 돈 등이 정체되어 있는 것으로 볼 수 있습니다. 역방향이라면 돈을 벌기 위해 활발하게 움직이는 것, 지출이 많아지는 것, 잔고가 불안정해지는 것 등으로 볼 수 있습니다.

직장에 관련된 질문

회사를 그만 두는 것, 휴가, 업무가 잠시 줄어든다, 일을 쉬고 싶어지는 것, 일의 진행이 정체되는 것 등을 나타냅니다. 역방향이라면 쉬고 싶지만 쉴 수 없는 것, 과로 상태, 다시 활발하게 일을 하는 것, 거래가 활발해지는 것으로 볼 수 있습니다.

연애에 관련된 질문

권태기, 연애의 휴식기, 갈등으로 인해 지치는 것, 이별 후에 휴식, 연인에게 별다른 반응을 보이지 않는 것, 연인과 어려운 일이 있었다면 잠시 쉴 수 있는 것, 연인과 갈등이 있었던 사람은 포기하게 되는 것 등으로 볼 수 있습니다. 역방향이라면 그동안의 휴식을 끝내고 다시 활발해지는 연애, 포기했던 연애를 다시 시작하는 것 등으로 볼 수 있습니다.

상 담 사 례

때때로 Four of Swords 카드가 쉬는 상황을 나타낼 때에는 몸이 아파서 쉬는 상황, 직장을 그만두고 백수처럼 쉬는 상황, 연애에 적극적으로 행동하지 않는 것 등의 상황을 나타내기도 합니다. 한 20대 중반의 아가씨에게 언제 남자친구가 생길 지를 보는 카드에서 현재 상황을 나타내는 카드에 이 카드가 나왔습니다. 역방향이었다면 다시 새로운 이성을 만나기 위해 움직이는 것으로 볼 수 있겠지만 이 분에게는 이 카드가 새로운 이성을 만나기 위해서 적극적으로 활동하지 않는 상황을 이야기하고 있었습니다. 그래서 당신이 새로운 인연을 만나기 위해 움직여야 하는데 그렇지 않다는 것을 의미한다고 하니 그분이 하는 말이 '사실은 자기가 움직이지 않아도 남자가 먼저 나타나기를 바라긴 했어요.'라고 이야기 하였습니다. 이렇듯이 적극적인 활동 상태인지 아닌지를 나타나기도 합니다. 또 어느 분은 직장에서 일이 너무 많아서 휴가를 다녀올 수 있는지를 보았는데 'Four of Swords' 카드가 역방향으로 나왔습니다. 그렇다는 것은 쉬고 싶지만 일이 많아서 쉴 수 없는 것을 의미합니다.

흩날리는 구름
: 불안정함
변화가 급변함

여러 개의 칼
: 타인의 이익

고개숙이고 웃는 사람
등 돌리고 가는 사람
사람 : 패잔병
→ 포기하고 떠난
슬픔, 절망

놓고 가는 기회 , 상실 , 이익

패배

겉으로 부각되는 모습
: 타인에게 넘어간 이익.

더욱 강조되는 불안정한 변화
불리한 흐름, 급변하는 상황

정 방향 이기심, 배신, 이간질, 분열, 비열함

역 방향 이익을 타인에게 뺏기는, 포기하는 이익,
빼앗기는 상황을 벗어나지 못함

Five of Swords

그림을 보면 강을 바라보고 두 사람이 등을 돌리고 떠나가고 있고 그런 떠나가는 사람들을 바라보는 사람을 볼 수 있습니다. 하늘은 어두운 잿빛 구름이 빠르게 흘러가고 있습니다. 강에는 바람으로 인해 물결이 일고 있습니다. 이런 그림의 표현은 불길하게 진행되는 상황을 나타냅니다. 그래서 전쟁에서 패배하고 무기를 버리고 돌아서고 있는 것을 표현하고 있습니다.

떠나가는 사람들을 바라보는 남자를 보면 양손에 칼을 들고 있습니다. 한 쪽 손에는 두 개의 칼과 다른 손에 또 하나를 잡고 있습니다. 바닥에는 칼들이 널려 있습니다. 그래서 이 남자가 바닥에 떨어진 무기들을 주워들고 웃고 있습니다. 등을 돌리고 떠나는 사람은 전쟁에 진 패잔병처럼 떠나가는 모습입니다. 떠나가는 사람들은 칼도 없이 고개 숙이며 우는 모습이지만 그에 반해 떨어진 칼을 줍는 사람은 웃음을 짓고 있습니다. 이 카드에서 칼은 나의 권력이며 내가 성취하고자 하는 이익이며 힘입니다. 그런 것을 빼앗긴 사람과 그것을 챙기며 웃는 사람으로 대비해서 의미를 전달하고 있습니다.

이것은 내가 타인에게 내 무기를 빼앗기듯이 나의 기회와 이익을 빼앗기는 것을 의미하며 칼을 주워들고 있는 사람은 타인의 고통과 슬픔보다는 내 이익을 챙기는 것을 중시하는 것을 나타냅니다. 두 가지 상황을 다 표현하고 있습니다. 그리고 칼을 주워들고 있는 남자의 표정을 보면 비열한 웃음을 짓고 있습니다. 그러므로 다른 사람들이 자신의 이익을 버리고 포기하도록 상황을 만든 것도 나타냅니다.

타로카드는 직관에 의해 키워드의 범주 안에서 변화되는 의미가 많습니다. 내담자의 질문과 상황에 따라 내 이익과 힘을 빼앗기는 것으로 적용이 되기도 하고 남들이 슬프게 돌아서는 것을 아랑곳 하지 않고 타인의 이익을 내 이익으로 챙기는 것을 의미하기도 합니다. 그리고 타인이 고통보다 자신의 이익을 위해서 타인의 것을 빼앗는 것을 나타냅니다. 그래서 패잔병처럼 울면서 돌아서는 모습이 당신이 될지 앞에서 웃으면서 칼을 챙기는 사람이 당신이 되는지는 내담자의 상황과 질문에 따라 다르게 해석이 됩니다.

금전에 관련한 질문

남의 이익을 가로채는 것, 내 이익만 더 욕심내다가 관계가 악화되는 것, 포기하는 이익, 부당한 이익분배, 내 이익을 뺏기는 것으로 볼 수 있습니다. 역방향이라면 빌려준 돈을 받기 어려운 것, 분실, 도난으로 인한 손실, 물건 구입에 손해 보거나 하자 있는 물품을 구입하는 것, 뺏기듯이 나가는 돈 등으로 볼 수 있습니다.

직장에 관련한 질문

동료의 배신, 동업자와의 트러블, 거래처와의 불합리한 계약, 업무의 실수 등으로 볼 수 있습니다. 역방향이라면 일로 인한 스트레스가 심해지는 것, 동료의 이기심으로 인한 손해, 뒷거래, 경쟁이 치열한 것, 선점한 거래처를 빼앗기는 것 등으로 볼 수 있습니다.

연애에 관련한 질문

연인 간의 이기심, 교만한 연애, 서로 피해를 보는 연애, 연인에게 근심이 생기는 것, 배려 받지 못하는 연애 등으로 볼 수 있습니다. 역방향이라면 이기심이 심해서 헤어지게 되는 것, 이기적인 태도에 상처받는 연애, 연애 감정을 이용하여 이익을 챙기는 것 등으로 볼 수 있습니다.

상담사례

Five of Swords 카드는 회사운영에 대해서 질문한 50대 여성분에게 나왔는데 미용실을 운영하다가 건강이 악화되어서 가게 처분을 아는 동생에게 맡기려고 하는데 좋은 가격에 처분할 수 있는지 물었습니다. 그래서 그 동생 분을 타로카드로 뽑아보고 가게 처분의 전반적인 상황을 카드로 살펴보니 동생 분에 해당하는 카드나 Five of Swords 카드가 나왔습니다. 자신의 이익을 위해서 속일 수 있으니 직접 처분을 하는 것이 손실을 줄일 수 있겠다고 말씀을 드렸습니다. '그렇군요.' 그러시면서 가셨는데 그 후에 다시 연락이 닿아서 소식을 들어보니 동생이 알아서 잘 처리해준다고 해서 귀찮은 김에 맡겼는데 더 가격을 후하게 주겠

다는 업자보다 자신에게 소개료를 많이 주는 업자에게 시세보다 싸게 처분한 것을 알게 되었다고 합니다. 자신은 그것도 모르고 고마워서 자신도 소개료를 챙겨주었는데 이렇게 뒤통수칠 줄 몰랐다며 억울해하셨습니다. 또 다른 케이스로는 자동차를 구입하기 위해 질문을 주셨는데 아는 사람 소개로 중고 차량을 구입하려고 하는데 괜찮은지 물었습니다. 그래서 그 차를 소개해주는 사람과 차량 자체와 구입에 대한 전반적인 진행 사항을 살펴보니 좋지 않았습니다. 결과 카드에는 Five of Swords 카드가 나왔습니다. 그래서 손해보는 거래가 될 것이며 숨기는 부분이 있으니 파손여부를 감추거나 사고차량이 아닌지 다시 알아보는 것이 필요하다고 알려드렸습니다. 마찬가지로 이 분도 나중에 알고 보니 내부에 문제가 있어서 수리비가 더 많이 나갔다고 억울해하셨습니다.

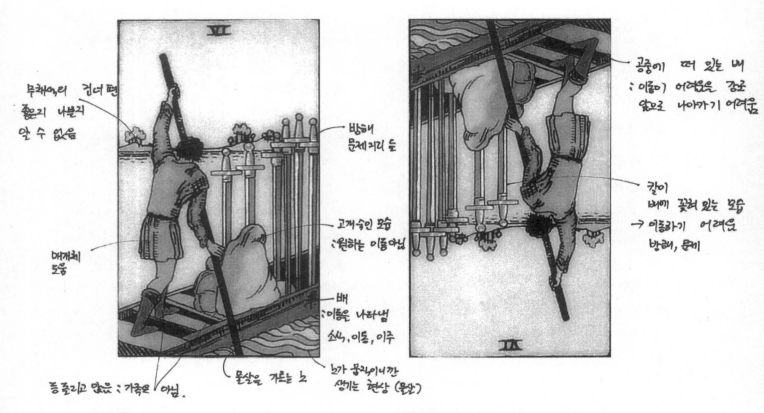

무책임의 건너 편
좋은지 나쁜지
알 수 없음

공중에 떠 있는 배
: 이동이 어려운 강조
앞으로 나아가기 어려움

방해
문제꺼리 둠

칼이
배에 꽂혀 있는 모습
→ 이동하기 어려운
방해, 문제

고개 숙인 모습
: 원하는 이동 아님

매개체
도움

배
: 이동을 나타냄
소식, 이동, 이주

등 돌리고 있음 : 가족은 아님.

물살을 가르는 노

노가 움직이니깐
생기는 현상 (물살)

VI

정 방향 여행, 이동, 터전을 옮기는, 떠나는 것,
이주, 소식을 전하는 것

역 방향 움직이지 못하는, 위기에서 벗어나지 못하는,
떠나지 못함

Six of Swords

카드의 그림을 보면 남자가 노를 젓고 있고 고개를 푹 숙인 여인이 아이와 함께 배를 타고 강을 건너고 있습니다. 고개를 숙인 여인의 모습으로 볼 때 즐거운 마음으로 배를 타고 이동을 하는 것이 아니라는 것을 알 수 있습니다. 만약 즐겁게 이동을 하는 거라면 고개 숙인 모습 대신 웃는 얼굴이 그려져 있을 겁니다.

그리고 배 위에는 6개의 칼들이 꽂혀 있습니다. 이것은 관계의 단절과 여러 가지 문제들을 의미합니다. 이전의 살던 곳을 떠나 새로운 것으로 이동하는 것을 의미합니다. 그리고 칼이라는 속성으로 볼 때 관계를 끊고 이동하는 것도 볼 수 있습니다. 투쟁과 싸움에 밀려나 다른 터전을 찾아 떠나는 것 그리고 분쟁을 피해 떠나는 것을 나타내며 도피하듯이 터전을 바꾸는 것을 표현합니다. 그리고 배를 타고 건너는 모습에서 이동과 소식을 암시합니다. 노를 젓는 사공의 모습에서는 이동을 돕는 매개체, 정보, 도움이 있는 것을 암시합니다. 그리고 반대편을 살펴보면 밝은 색채가 아니라 배에 꽂힌 색과 같이 무채색으로 그려져 있습니다. 이것은 이 배를 타고 이동하는 곳이 좋은 지 나쁜 지에 대해 알 수 없는 것을 이야기합니다.

지금 이 배를 타도 건너가는 곳이 더 나은 곳인지 확신 없이 이동하는 것을 나타냅니다. 그러므로 이 카드는 이동과 터전을 옮기는 것 불안감을 갖고 이동하는 것 등을 나타냅니다.

금 전 에 관 련 한 질 문

다른 투자처를 찾는 것, 자금의 이동, 주식에 투자했다면 적금이나 부동산으로 돌리는 거나 하는 투자처의 이동, 갖은 투쟁 끝에 얻는 이득 등으로 볼 수 있습니다. 역방향이라면 돈으로 인한 싸움, 다툼 뒤에 들어오는 돈, 이동하려고 하지만 지연되는 투자, 금전소식이 지연되는 것 등으로 볼 수 있습니다.

직 장 에 관 련 한 질 문

전출, 부서 이동, 이직, 또는 이직을 준비, 출장, 해당 분야를 바꾸는 것 등으로 볼 수 있습니다. 역방향이라면 옮기려고 해도 여의치 않는 것, 출장이 취소, 시도를 했지만 기회가 오지 않는 것, 자리를 옮기는 것이 불리해지는 것, 직장 내 스트레스가 심해지는 것, 업무의 지연 장거리 거래의 불리한 것 등을 볼 수 있습니다.

연 애 에 관 련 한 질 문

연인과 여행, 연인에게 직장의 변화가 있는 것, 두 사람이 함께 하는 이동에 방해가 많은 것, 연인이 없는 솔로는 모임이나 여행에서 인연을 만날 기회를 얻는 것 등을 볼 수 있습니다. 역방향이라면 불안한 연애 상황, 떠난 간 연인을 기다리지만 오지 않는 것, 미련이 많은 연애, 약속했던 것이 지연되는 것, 관계의 진전이 어려운 연애 등을 볼 수 있습니다.

상 담 사 례

실제 사례에서 이 카드는 30대 초반의 여성분에게 나온 카드였는데 그녀는 오랜 기간 사귀던 연인과 헤어지고 상대 남자를 잊기 위해서 유학을 떠나기로 결심을 했는데 그런 결정이 도움이 되는지 알고 싶어서 찾아오셨습니다. 그런 그분의 현재 상황에 이 카드가 나왔는데 유학 생활에 별 기대 없이 포기하듯이 떠나는 모습을 나타내고 있었습니다. 그리고 다른 분의 질문에서는 어쩔 수 없이 빚 독촉에 시달려 현재 살고 있는 집을 처분하고 작은 집으로 이사하시는 분의 경우에도 이 카드가 나왔습니다. 그분은 원하는 기간 안에서 이사 할 수 있는지 물어오셨는데 마지못해 이사 가는 것으로 리딩이 되어서 '가기 싫은데 이사 가시는군요?'라고 물어 보았는데 빌린 돈을 갚기 위해 할 수 없이 가는 거라고 그런 것도 타로 점에서 나오는 것에 대해 신기해하셨습니다.

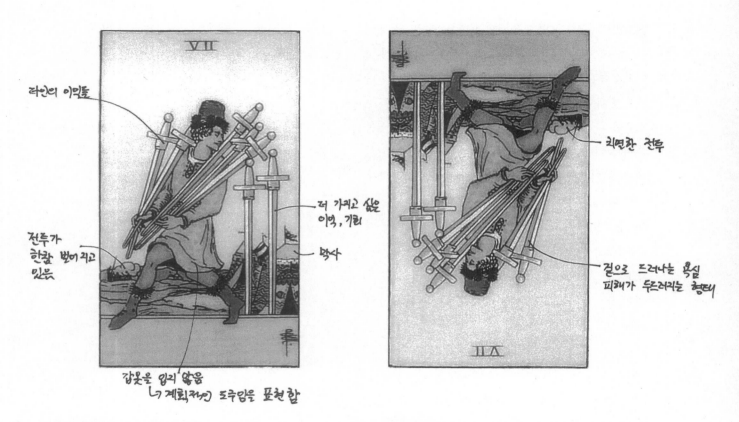

타인의 이익들

더 가지고 싶은
이익, 기회

멱사

전투가
한참 벌어지고
있는

갑옷을 입지 않음
└ 계획저인) 도둑임을 표현함

외면한 전투

겉으로 드러나는 욕심
피해가 두드러지는 형태

정 방향 배신행위, 자신만의 이익을 챙기다, 사기,
용의주도함, 중상모략

역 방향 뒷담화, 절도의 피해를 입다, 불확실한 조언,
배신을 당하는 것

웨이트 타로카드 독학하기

Seven of Swords

Seven of Swords 카드의 그림을 보면 여러 색의 알록달록한 막사가 즐비하게 그려져 있고 한 남자가 손에 무기를 가득 들고 웃으면서 막사를 빠져나오고 있습니다. 저 멀리 막사 뒤편으로 뭉게구름이 가득한 것이 보입니다. 그림의 상황이 묘사하고 있는 것은 전쟁이 벌어지고 있는 것을 이야기합니다. 저 멀리 흙먼지가 일어나고 창을 들고 아직도 전쟁 중임을 나타내고 있습니다. 다른 병사들은 목숨을 걸고 치열하게 전투를 벌이고 있는데 그런 상황을 이용해서 무기를 가득 챙겨서 나오는 남자의 모습이 전면에 그려져 있습니다.

이것은 자신의 이익을 위해 타인의 상황을 이용하는 것과 타인의 피해를 생각하지 않는 것을 나타냅니다. 누군가는 목숨을 걸고 전투를 벌이는 때에 무기를 챙겨서 나오는 것은 자신의 이익을 위해서 욕심을 채우는 것을 더욱 대비해서 강조하고 있습니다. 그리고 전투가 벌어지고 있는 사이에 무기를 훔친다는 것은 이미 적당한 타이밍을 계산하고 치밀하게 사전 계획하고 있는 것을 알 수 있습니다.

그리고 고개를 돌려서 뒤에 세워져 있는 두 자루의 칼

을 바라보는 모습은 그것마저 가져가고픈 탐욕을 표현하고 있습니다. 그래서 이 카드는 자신의 욕심과 이익을 위해 남의 것을 뺏는 것 그리고 자신의 이익을 위해 타인의 불리한 상황을 이용하는 것을 이야기 합니다.

금 전 에 관 련 한 질 문

자기 이익만 챙기는 것, 남의 이익까지 넘보는 것, 빌려준 돈을 받기 어려운 것, 상황 때문에 포기하는 금전 등으로 볼 수 있습니다. 역방향이라면 도둑맞는 것, 소매치기, 돈을 분실하는 것, 투자의 이익을 못 받는 것, 불리한 곳에 투자, 사람으로 인해 손해 보는 것 등을 볼 수 있습니다.

직 장 에 관 련 한 질 문

믿었던 사람에게 거래처를 빼앗기는 것, 기밀이 새어나가서 입는 손해, 내 성과물을 남들에게 뺏기는 것, 불리한 제안 등으로 볼 수 있습니다. 역방향은 믿었던 동료의 배신, 뒷담화로 인한 구설시비, 동료, 동업자의 이기심으로 인한 피해 보는 것 등으로 볼 수 있습니다.

연 애 에 관 련 한 질 문

연인을 뺏기는 상황, 이기심으로 인한 말싸움, 언쟁을 하는 것, 연인의 이기심으로 상처 받는 것, 연인보다 자신의 이익을 챙기는 연애, 자신의 이익을 위한 연애 등으로 볼 수 있습니다. 역방향은 연인의 배신, 연인과 헤어질 위기, 고백의 실패, 이성으로 인한 손해, 연애 감정을 이용한 것, 숨겨진 거짓이 드러나는 것 등으로 볼 수 있습니다.

상 담 사 례

사업에 대해서 물으러 오신 남자분이 있으셨는데 아는 사람에게 거래처를 뺏기게 되었는데 그 업체를 이길 수 있는지 물어보셨습니다. 그분의 상황에 나온 카드가 바로 Seven of Swords 카드였습니다. 알고 보니 직장에서 믿었던 부하직원이 다른 직원 몇 명을 데리고 나가서 독립을 하더니 회사 거래처를 빼앗아서 경쟁 업체가 된 경우였습니다. 평소에 그 직원은 싹싹하고 잘 웃으면서 성실해 보여서 믿고서 많은 책임을 맡겼더니 뒤통수 당했다며 분통을 터트리셨습니다.

또 다른 경우에 한 분은 재미삼아 타로를 보시다가 직원들에 대해 타로카드를 뽑아보셨는데 직원 중의 한 명이 Seven of Swords 카드가 나왔습니다. 그래서 이 직원에게는 돈 관리를 맡기지 않는 것이 좋다고 이야기를 드렸습니다. 일도 잘하고 가장 성실해서 믿는 직원이라며 반신반의 하시고 가셨습니다. 나중에 연락을 주셨는데 가게에 도둑이 들어서 설치해 둔 CCTV를 확인해 보니 믿지 않는 것이 좋다고 했던 바로 그 직원이었다며 황당해 하시는 경우도 있었습니다.

가려진 눈
: 상황을 판단하기
어려움
많이 보이지 않음

멀리 보이는 성

묶여 있음
: 벗어날 수 없는
구속, 속박

사방에
꽂혀 있는 칼
: 고립된 상황
위험 되는 문제와
위기를 나타냄

묶인 것에서 풀려나는
상황을 볼 수 있음.

위험과 위기에서 벗어난

정 방향 알 수 없는 위험, 꼼짝할 수가 없는 상황,
두려움, 불안함

역 방향 위험으로부터 벗어날 수 없는 것,
갇힌 상황에서 벗어나는 것, 함부로 움직이는 것

146

웨이트 타로카드 독학하기

Eight of Swords

타로카드의 그림을 보면 8개의 칼이 여인을 에워싸고 있는 모습이 그려져 있습니다. 칼로 둘러싸여 있는 것도 위험해 보이는데 눈까지 가리고 있습니다. 손은 묶여 있고 눈을 가려져 앞을 볼 수 없습니다. 칼로 둘러싸여 있다는 것은 여러 가지 분쟁과 트러블을 의미합니다. 불리하게 작용되는 방해 등이 있는 것을 나타냅니다. 앞이 보이지 않고 상황을 분간할 수 없으니 칼이 어디에 있는지 알 수 없는 처지에 놓인 것입니다. 보이지 않는 채로 움직이게 되면 날카로운 칼에 베이거나 다칠 수 있는 위험에 놓여 있다는 것을 알 수 있습니다. 그래서 이 카드는 상황판단을 제대로 할 수 없으니 함부로 몸을 움직이는 것이 매우 위험하다는 것을 의미합니다.

저 멀리 보이는 성과 몸이 묶여서 서 있는 모습은 성으로부터 떨어져서 답답한 상황이 형벌을 받고 있는 것으로 볼 수 있습니다. 그러므로 이 카드는 형벌 받는 것처럼 아무 것도 할 수 없는 답답한 상황을 나타냅니다. 오해나 착오로 인해서 일어나는 상황이기도 하고 또는 대외적인 상황이 내가 어찌할 수 없이 꼼짝

달싹 할 수 없는 경우를 나타내기도 합니다.

그렇기 때문에 눈이 가려져 있어서 어디에 칼이 있는지 위험을 인지하지 못하고 있는 상황이므로 제대로 파악하지 못한 채 벗어나기 위해 섣불리 움직인다면 칼에 베이거나 다치는 상황을 초래하므로 그로 인한 피해가 크다는 것을 나타내고 있습니다. 그래서 Eight of Swords 카드는 함부로 움직이지 말고 그 자리에 있는 것이 더 안전하다는 것을 나타내는 카드입니다.

금전에 관련한 질문

자금을 구하기 어려움, 자금이 묶이는 것, 자금 압박에 시달리는 것, 독촉에 시달리는 것 등으로 볼 수 있습니다. 역방향이라면 힘들었던 자금상황에서 조금씩 벗어나는 것, 돈으로 인한 다툼, 믿었던 곳에서 돈이 들어오지 않는 것, 카드 값 연체, 지출 할 곳이 많은 것 등을 볼 수 있습니다.

직장에 관한 질문

프로젝트의 진행이 어려운 것, 성급한 행동으로 상황이 악화되는 것, 거래 업체와의 계약이 지연되는 것, 활로가 없는 것, 팀워크가 흔들림 등으로 볼 수 있습니다. 역방향이라면 그동안 꼼짝 못했던 상황에서 벗어나게 되는 것, 막혀있던 사업의 확장이 가능해지는 것 등을 볼 수 있습니다.

연애에 관한 질문

연인간의 관계의 악화, 오해가 깊어지는 것, 연애의 주도권을 뺏기는 것, 연인의 마음을 알 수 없어서 불안해지는 것, 연인과 연락이 잘 되지 않는 것 등을 볼 수 있습니다. 역방향이라면 불행했던 연인들은 헤어지는 위기, 연인과 갈등 상황에서 벗어나는 것, 연인과 질투가 심해짐, 연인 또는 자신의 과거가 드러나게 되는 것 등을 볼 수 있습니다. 연인의 마음을 알게 되는 것으로 볼 수 있습니다.

상 담 사 례

상담사례를 보면 40대 중반의 한 여성분이 남편의 사업이 어려워지자 자금 확보를 위한 문제로 타로를 보셨습니다. 당장의 자금이 부족해서 돈을 구하려고 하는데 대출의 가능여부와 대출을 받는 것이 좋은 지를 물어왔습니다. 그 질문에 해당하는 카드로 Eight of Swords 카드가 나왔었습니다. 대출을 받으려 하면 받을 수는 있지만 결과적으로 그로 인해 더 큰 압박에 시달릴 수 있음을 알려드렸습니다. 그리고 돌아가셨는데 몇 개월을 지난 후에 급하게 연락이 오셨는데 대부업체에 융통하면서 정말 힘들어졌다고 후회하시면서 연락을 주셨습니다.

또 어느 분에게는 상대방과 소식이 끊겨서 이러지도 못하고 저러지도 못하고 속 태우면서 기다리는 상황이어서 답답한 마음에 타로를 보러 오셨는데 그분의 그런 어찌할 바 모르고 답답해하는 연애의 상황을 나타내는 카드로 나오기도 했습니다.

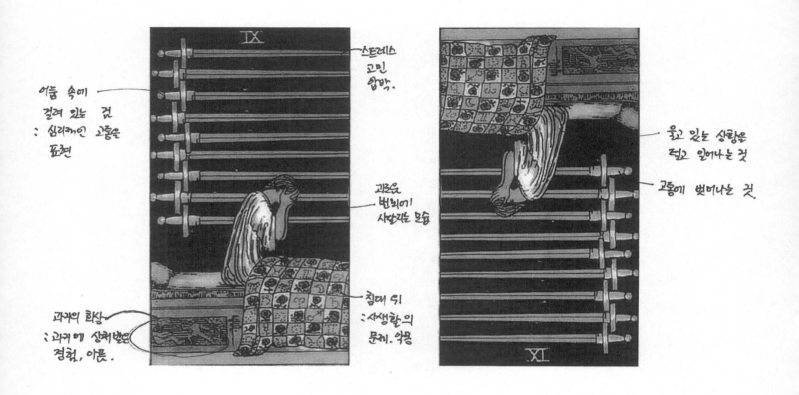

어둠 속에
걸려 있는 검
: 심리적인 고통을
표현

스트레스
고민
압박.

과거의 환상
: 과거에 상처받은
경험, 아픔.

괴로운
번뇌에
시달리는 모습

침대 위
: 사생활의
문제. 악몽

울고 있는 상황은
적고 일어나는 것

고통에 벗어나는 것

정 방향 우울증, 악몽, 마음의 고통, 불면증,
상처를 극복하기 힘든, 심각한 고민

역 방향 마음의 고통에서 벗어남,
남에게 마음의 상처를 주는 것, 불면증에서 벗어나는 것

웨이트 타로카드 독학하기

Nine of Swords

카드의 그림을 보면 어두운 방안에 침대에 홀로 앉아 있는 여인을 볼 수 있습니다. 손으로 얼굴을 가린 채 울고 있습니다. 이 카드를 처음에 딱 보면 '왜 울까? 무엇 때문에 울까?' 궁금해 하실 겁니다. 그러셨다면 타로 공부를 잘하시고 계시는 겁니다. 여인이 울고 있는 장소가 침실이라는 것을 알 수 있는데 침대가 있는 개인적인 공간에서 울고 있는 것은 자신의 사생활로 인한 고민과 문제를 이야기합니다. 타인에게 드러내기 싫어하는 것이 소문이 날까 두려워하는 것 또한 그로 인한 마음의 불안과 고통을 의미합니다.

그리고 잠옷 차림으로 침대에 앉아있는 모습에서 잠을 자는 것 자체에 대한 것 즉 악몽으로 인한 스트레스와 불면증으로 인한 고통도 알 수 있습니다. 이 여인이 앉아 있는 곳에 보면 칼 9개가 걸려 있습니다. 그만큼의 심리적인 고통과 두려워하는 상황을 강조하고 사방에서 질타를 받는 것을 걱정하는 것을 나타냅니다.

그 두려워하는 것이 외부상황일 수도 있지만 지나간 과거에 지울 수 없는 상처를 떠올리면서 앞으로 다가

올 미래를 두려워하는 것도 나타내고 있습니다. 그림에서 살펴보면 이 여자가 얼굴을 가리고 울면서 앉아 있는 침대 하단을 자세히 들여다보면 두 명의 사람이 새겨져 있는 것을 볼 수 있습니다. 한 사람은 주저앉아 있고 다른 사람을 칼을 들어 공격하는 모습이 새겨져 있습니다. 이런 그림이 문양으로 새겨진 것은 과거에 이 여자가 겪은 상처와 고통을 의미합니다. 그러므로 이 카드는 과거에 겪은 고통이 또 다가올 것을 미리 두려워하고 불안해하는 것과 마음의 고통으로 인한 스트레스와 갈등 등을 나타냅니다.

금전에 관련한 질문

돈 문제로 인해서 주변 사람들에게 지탄 받는 것, 금전 독촉, 불안한 자금상황, 여기저기 투자한 것의 실패, 금전적 도움을 받을 수 없는 것, 스트레스, 금전 소송 등을 볼 수 있습니다. 역방향이라면 돈으로 인한 오해, 타인에게 빚 독촉을 가하는 것, 돈으로 인한 구설수, 돈으로 인한 분쟁, 불안감에 시달렸던 금전상황에서 벗어나는 것 등으로 볼 수 있습니다.

직장에 관련한 질문

진행하는 일에 방해가 많은 것, 직장 내에서 오해와 구설수에 시달리는 것, 과오로 인한 질책과 비난, 거래처와의 관계 악화, 도움 받을 수 없는 업무로 인한 스트레스 등으로 볼 수 있습니다. 역방향이라면 직장 내 구설시비에서 벗어나게 되는 것, 거래처와의 갈등의 해소되는 것, 과중한 업무로 인한 스트레스에서 벗어나게 되는 것 등을 볼 수 있습니다.

연애에 관련한 질문

연인과의 이별, 관계의 악화, 연인에게 내가 하는 비평 또는 내가 연인에게 듣는 비평, 말실수, 오해로 인한 연인간의 갈등, 뒷담화로 인한 싸움 등으로 볼 수 있습니다.

역방향이라면 연인과 화해, 갈등이 심했던 경우라면

오해가 풀려 관계가 회복되는 것, 짝사랑으로 인한 고통 등으로 볼 수 있습니다.

상 담 사 례

실전사례에서 20대 초반의 아가씨가 찾아와서 연애의 문제점을 궁금해 했습니다. '저는 연애만 하면 자주 깨지는데 왜 그런가요?'라는 질문에 이 카드가 나왔습니다. 과거 연애에서 남자에게 배신을 당했었는데 그 때의 마음의 상처를 극복하지 못하고 새로운 상대를 만날 때마다 예전의 그 남자처럼 또 배신당할까봐 믿지 못하는 것이 연애의 걸림돌로 해석이 되었습니다. 아직 그런 상황이 일어나지 않았지만 미리 나쁜 상황을 짐작하고 상상하기 때문에 만나는 사람과 늘 거리를 두고 불안함을 보여서 결국 만나는 이성마다 이별을 반복하는 이유로 나타나고 있었습니다. 또 다른 분의 경우에는 복잡한 가정사가 사람들에게 알려지게 될까봐 늘 전전긍긍해하는 20대 남자 분에게 이 카드가 나왔는데 그분에게는 남들에게 늘 모범생이고 성실한 사람으로 비춰지고 있는데 자신의 불우한 가정환경이 알려지면 지금의 사람들이 싫어하게 될까봐 걱정하는 모습으로 나오기도 하였습니다.

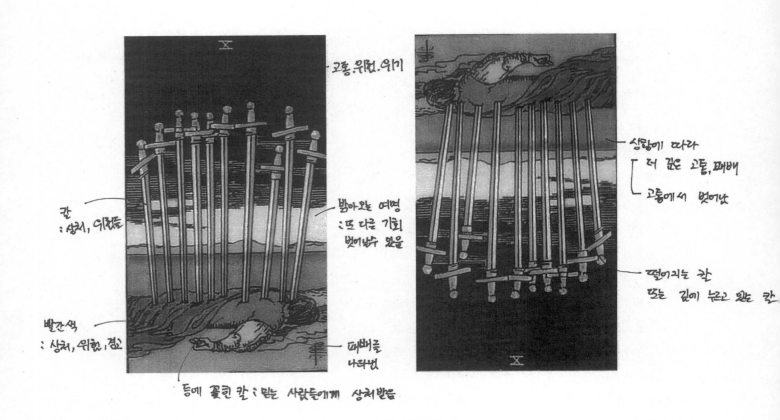

고통.위험.위기

밝아오는 여명
: 또 다른 기회
벗어날수 있을

칼
: 상처, 위험들

빨간색
: 상처, 위험, 점

등에 꽂힌 칼 : 믿는 사람들에게 상처받음

떠버릴
나타냄

상황에 따라
더 깊은 고통, 패배
고통에서 벗어남

떨어지는 칼
또는 깊이 누르고 있는 칼

정 방향 주변 사람들의 배신, 모든 것을 잃게 되는 것, 믿는 사람들의 배신

역 방향 위험한 상황에서 벗어남, 또는 더 깊이 위험해지는 것, 배신의 고통에서 벗어나는 것

154

웨이트 타로카드 독학하기

Ten of Swords

카드의 그림을 보면 한 남자가 열 개의 칼이 등에 꽂힌 채 바닥에 누워 있습니다. 그의 등에는 피처럼 붉은 망토가 드리워져 있습니다. 돌려져 있는 얼굴 옆으로 흘린 피가 보입니다. 한 개도 아니고 여러 개의 칼에 꽂혀 있는 것은 죽을 만큼의 고통과 모든 것을 상실할 만큼의 고통스러운 상황을 나타냅니다. 그리고 이 사람이 등에 칼이 꽂혀 있다는 것은 자신이 안심하고 믿고 있는 사람에게 받은 상처와 고통을 이야기 합니다. 그러므로 배신을 당한 상황을 의미합니다.

그래서 내 손에 무기가 없이 쓰러져 있는 모습에서 자신의 가진 권력과 힘을 모두 잃은 것을 나타내며 믿었던 이들에게 배신을 당하는 것과 기대하고 방심했던 것들의 결과에 대한 좌절과 실패를 나타냅니다.

그리고 그림을 자세하게 보면 이 남자가 쓰러져 있는 건너편 어두운 하늘 아래 저 멀리에는 미명의 새벽빛이 밝아 오고 있습니다. 이것은 암흑 같은 상황과 죽음과 같은 고통이 걷히는 것을 나타냅니다. 그래서 배신의 고통과 절박한 상황에서 다시 회복할 수 있는 것을 의미하고 다시 어둠이 물러가고 밝은 빛이 가득하듯이 새로운 기회가 있는 것을 암시합니다.

금전에 관련한 질문

최악의 금전상태, 빌려준 돈을 받기 어려운 것, 자금의 압박, 금전문제로 믿었던 이들에 대한 배신감, 믿었던 사람들에게 금전 도움을 받을 수 없는 것, 받기로 한 돈은 들어오지 않음 등을 볼 수 있습니다. 역방향이라면 막혔던 금전상황에서 벗어나는 것, 진퇴양난이던 금전 상태에서 벗어나게 되는 것 등을 볼 수 있습니다.

직업에 관련한 질문

믿었던 계약의 파기, 동료의 배신, 거래처와의 트러블, 상사와 트러블, 업무적인 관계의 배신, 일도 힘든데 도움도 받을 수 없는 것 등을 볼 수 있습니다. 역방향이라면 궁지에서 벗어나게 된다, 어려웠던 업무가 해결의 기미가 보이는 것, 거래처와의 갈등에서 벗어나

는 것, 동료와 업무 관계에서 오해를 풀 수 있는 기회가 생기는 것 등을 볼 수 있습니다.

연애에 관련한 질문

연인 간의 배신, 슬픔, 연애로 인한 스트레스, 사람들의 뒷담화로 인한 갈등이 심해짐, 연인에 대한 실망감이 큰 것, 연인의 변심, 이별통보 등으로 볼 수 있습니다. 역방향이라면 그동안 싸웠던 갈등이 해소되는 것, 오해가 풀리는 것, 좋았던 사이라면 헤어질 위기에 처하게 되는 것, 숨겨진 거짓이 드러나는 것 등으로 볼 수 있습니다.

상담사례

실제 상담에서 이 카드는 최악의 상황일 경우 잘 나오는 카드입니다. 이 카드는 20대 초반의 여성의 과거 카드에 나왔었습니다. 오랫동안 사귀던 남자가 있었는데 결혼 이야기가 오갈 때쯤 남자분이 갑작스럽게 이별통보를 해왔다고 했습니다. 영문도 모른 채 이별

을 하게 되었고 헤어지고 나서 알고 보니 자신과 교제
하게 된 비슷한 시기에 만나던 다른 이성이 있었고 그
이성 때문에 자신과 헤어지게 된 것을 알게 된 경우였
습니다. 그녀에게는 믿었던 남자에게 대한 배신감과
헤어지고 나서 알게 된 고통스러운 현실을 나타내는
카드였었습니다. 또한 다른 경우에 이 카드가 취업의
질문에서 나왔었는데 정규직으로 입사하기 위해서 일
정의 금액을 미리 입금을 하면 보장을 해주겠다는 아
는 형님의 이야기를 듣고 돈을 주었는데 알고 보니 차
일피일 미루고 미루다가 돈만 들고 잠적을 했다고 합
니다. 그 때의 그 일을 겪는 그분의 현재 상황에 이 카
드가 나왔었습니다.

소싸, 기회

용기, 시도
무리

변화의 바람

피어오르는 물게 구름
: 변화에 대한
희망

불안정한 상태

흔날리는
나무
: 변화의 흐름
시작되는 변화

PAGE of SWORDS.

PAGE of SWORDS.

꺼꾸로 높고 있는 칼
: 실패, 용기가 부족

정 방향 서툰 도전, 배운 대로 시도하는 것,
경험과 지혜가 부족한 서툰 시도

역 방향 도전의 실패, 조언을 듣지 않는 것,
준비가 부족한 시도

웨이트 타로카드 독학하기

Page of Swords

한 남자가 칼을 들고 바람이 부는 벌판에 서 있습니다. 아직 기사도 아니어서 말도 없고 갑옷도 없지만 두 손으로 칼을 높이 들고 먼 곳을 바라보며 나아가려는 모습은 넘치는 열정과 패기가 가득한 것을 알 수 있습니다. 파란 하늘에 피어나는 흰 구름은 변화에 대한 기대와 희망을 표현하고 있습니다. 그리고 칼을 쥐고 먼 곳을 내다보는 모습은 새로운 시도에 대한 용기와 투지를 나타냅니다. 흩날리는 머릿결과 멀리 바람에 흔들리는 나무도 이제부터 시작되는 변화를 의미합니다. 그래서 이 카드는 새로운 분야에 대한 도전과 변화를 위한 행동력, 명예를 쟁취하기 위한 시도 등을 이야기 합니다.

그러나 아직 배우고 경험을 쌓고 수련을 해야 하는 단계이므로 의욕은 충만하고 자신의 능력과 지혜가 부족한 것을 간과하고 움직일 수 있는 것도 암시합니다. 기사가 되기 전의 수련생이므로 들고 있는 무기를 잘 다룰 수 있는 지혜와 경험은 부족하기 때문입니다. 그러므로 이 카드는 서툰 시도인 것을 인지하고 주변의 조언과 지혜를 들어가면서 움직이는 것이 이롭다는 것을 이야기 해주는 것이 좋습니다.

이제 사회에 첫 발을 내딛는 사회초년생, 신입사원, 첫 출근 등을 떠올려 볼 수 있겠습니다. 서툴지만 의지와 투지가 가득한 도전정신과 열정, 성실함을 내포하고 있는 카드입니다.

금 전 에 관 련 한 질 문

작은 이익, 투자의 기회를 잡음, 작은 규모의 투자에는 이로운 시도, 조언을 참고해야하는 미숙한 투자 등으로 볼 수 있습니다. 역방향이라면 허술한 금전관리, 투자실패, 계산 착오로 인한 지출, 서툰 시도로 인한 금전적 손해 등으로 볼 수 있습니다.

직 장 에 관 련 한 질 문

새로운 업무, 경험부족으로 인한 서투른 업무, 성실한 근무태도, 일에 의욕이 앞서는 것, 작은 성과를 얻는 것 등을 볼 수 있습니다. 역방향이라면 업무 과실, 정보 부족으로 인한 실수, 경험 부족으로 인한 일의 부담 등으로 볼 수 있습니다.

연 애 에 관 련 한 질 문

서툰 고백의 시도, 어색한 연애, 둘만의 새로운 이벤트, 서툴지만 새로운 연애의 기회 등을 볼 수 있습니다. 역방향이라면 헤어진 연인의 연락, 자존심 싸움, 실패하는 고백, 연애의 결단을 미루는 것 등으로 볼 수 있습니다.

상 담 사 례

실제 상담에서 이 카드가 젊은 직장인에게 나온 경우가 있었습니다. 그 분은 새로 들어온 신입사원들 내에서 회사가 내려준 프로젝트가 있었는데 잘해낼 수 있는지 걱정스러워했습니다. 그래서 좋은 결과를 얻을 수 있는지 대해 살펴보니 그 분의 현재 상황에 해당하는 카드로 이 'Page of Swords' 카드가 나왔습니다. 경험은 없지만 좋은 결과를 내고 싶은 투지와 열정은 강한 현재 자신의 모습 그대로 투영된 카드였습니다. 다행히 결과 카드가 좋게 나와서 어느 정도 성과를 거둘 수 있는 것으로 해석이 되었습니다. 다른 경우를 본다면 이 카드가 주식에 대한 투자를 묻는 질문에 나왔습니다. 정방향으로 나왔으므로 투자에 대한 작은 이익은 있다고 해석이 됩니다. 그러나 투자 분야의 정보를 더 알아보고 전문가의 조언을 참고하는 것이 이롭다고 덧붙여 이야기할 수 있습니다.

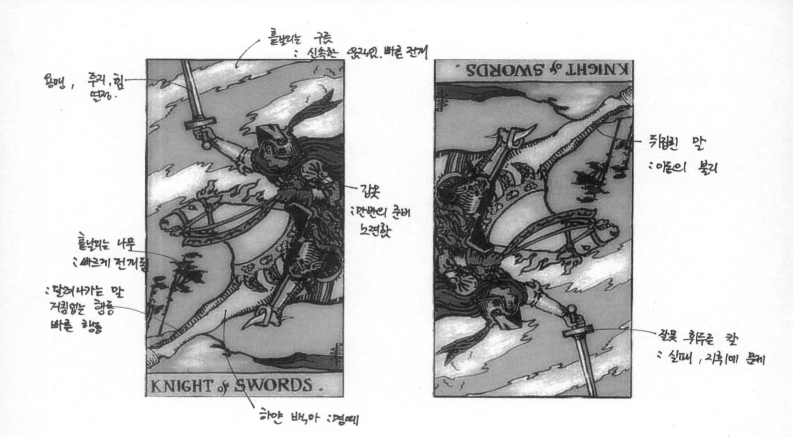

흘러가는 구름
: 신속한 움직임, 빠른 전개

용맹, 주저, 힘
면밀.

칼끗
: 만반의 준비
노련함

흘날리는 나무
: 빠르게 전개됨

: 달려나가는 말
거침없는 행동
빠른 행동

KNIGHT of SWORDS.

하얀 백마 : 명예

뒤집힌 말
: 이동의 불리

잘못 휘두른 칼
: 실패, 지출에 문제

정 방향 숙련된, 추진력, 용감한, 명예의 쟁취를 위해 도전,
빠른 행동력

역 방향 자만, 오만으로 인한 실패, 추진력이 없는 것,
과도한 용기, 무모한 도전

Knight of Swords

카드의 그림을 보면 갑옷을 입은 기사가 칼을 높이 치켜들고 힘차게 달려 나가고 있습니다.

기합을 내지르며 빠르게 앞으로 달려 나가고 있고 말의 다리도 쭉 뻗어서 기운차게 달리고 있습니다. 그 뒤로 보이는 흔들리는 나무, 흩날리는 구름은 이 기사의 움직임이 매우 힘차고 빠르다는 속도를 강조하고 있습니다.

칼을 높이 치켜들고 달려 나가는 모습에서 자신이 이루고자 하는 목표와 신념을 쟁취하겠다는 강한 의지를 담고 있고 그것을 얻어 낼 수 있는 힘을 가진 것을 표현하고 있습니다. 그리고 기사의 표정에서도 용맹과 파워풀한 의지가 가득한 것을 볼 수 있습니다.

거침없이 전진하는 모습에서 강한 추진력과 돌파력을 나타내고 있습니다. 이런 표현들은 기백이 가득 차 있는 것을 알 수 있으며 자신의 명예와 권력과 권위의 쟁취를 위해서 빠르게 도전하는 것을 강조합니다. 다른 속성의 'Knight' 카드들을 보면 말이 걷는 모습이거나 우뚝 서 있거나 하는 모습으로 표현되어 있지만

163

Knight of Swords 카드에서는 말이 빠르게 내달리고 있습니다. 이런 그림의 표현도 마찬가지로 강한 실행력과 빠른 추진력 그리고 시도를 통한 변화를 강조합니다. 그러므로 이 카드는 자신의 신념대로 움직이고 실행을 하는 용기와 경험을 통한 판단력과 추진력을 나타내는 카드입니다.

금 전 에 관 련 한 질 문

투자의 기회, 도전한 곳에서 이익이 생기는 것, 적극적인 금전관리, 움직인 만큼 이득을 볼 수 있는 기회, 새로운 이익을 위해 동분서주 하는 것, 단기간의 투자에 유리한 것 등으로 볼 수 있습니다. 역방향이라면 성급한 판단으로 인한 금전 손실, 우유부단함으로 인한 투자시기를 놓침, 충동적인 지출, 잘못된 곳에 투자로 인한 손실 등으로 볼 수 있습니다.

직 장 에 관 련 한 질 문

업무의 성과, 새로운 업무도 어려움 없이 진행할 수 있는 것, 출장, 업무 성사, 근무처의 이동, 파견근무, 현장업무가 많아지는 것, 거래처 확보에 유리, 취업 준비생은 빠르게 움직여서 얻는 취업의 소식 등으로 볼 수 있습니다.

역방향이라면 직장에서의 명예의 손상, 급하게 준비하느라 생기는 실수, 추진하는 업무에 차질이 생기는 것, 경솔한 행동으로 인한 질책 받는 것, 아래 사람의 비난 등으로 볼 수 있습니다.

연 애 에 관 련 한 질 문

강력한 어필이 유리한 연애운, 연애의 주도권을 잡는 것, 연인에게 적극적인 대시, 행동력 있는 연애, 연인을 쟁취하는 것, 고백의 성공, 새로운 연인이 생기는 기회 등으로 볼 수 있습니다. 역방향이라면 데이트 비용으로 인한 다툼, 연인과 약속이 미뤄지는 것, 과도한 행동으로 인한 트러블, 주도권 싸움으로 인한 갈등, 연인에 대한 실망이 커지는 시기, 연인을 두고 다른 경쟁자가 생기는 것 등으로 볼 수 있습니다.

상 담 사 례

실제 상담에서 이 카드는 자격증 시험을 준비하는 젊은 여성에게 나왔습니다. 그녀는 시험 준비를 하면서 이성을 사귀게 되었는데 만나는 남자친구가 다니던 직장을 그만두고 작은 가게를 운영할 계획을 세웠습니다. 그리고 그녀도 함께 참여하기를 원했습니다. 그분은 계속 하려던 시험을 준비해야 할지 아니면 남자친구와 동업을 해서 가게를 운영해야 할지 고민하였습니다. 그 때 '공부를 계속해서 시험 준비를 하는 것이 나은 선택인가?'에서 이 카드가 결과 카드로 나왔었습니다. '공부한 것의 좋은 결과를 얻을 시기가 다가오니 놓치지 말고 빠르게 도전하라'고 해석하게 되었습니다. 그녀도 만족하며 웃으며 어떤 결정을 내려야 할지 확신을 가지게 되었다고 하셨습니다. 또 다른 경우에 좋아하는 마음에 드는 집으로 이사할 수 있는지를 묻는 질문에서 이 카드가 결과 카드로 나왔습니다. 자신이 직접 돌아다니면서 알아보고 빠르게 추진한다면 마음에 드는 집을 구할 수 있는 것으로 해석할 수 있습니다.

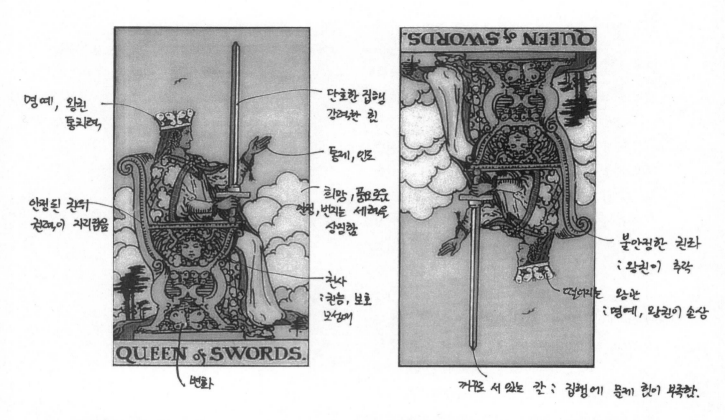

명예, 왕권
통치력,

안정된 권위
권력이 자리잡음

단호한 집행
강력한 힘

통제, 인도

희망, 풍요로운
열정, 번지는 세력을
상징함

천사
: 권능, 보호
모성애

QUEEN of SWORDS.

변화

불안정한 권라
: 왕권이 추락

떨어지는 왕관
: 명예, 왕권의 손상

거꾸로 서 있는 칼 : 집행에 문제 힘이 부족함.

정 방향 안정적인 명예, 어머니와 같은 포용력,
안정을 중시하는 결정, 자비로운 권력

역 방향 권력의 남용, 독단적인, 불안정한 명예,
편협한, 내숭, 심술궂은

166

Queen of Swords

그림을 보면 천사와 나비의 문양이 새겨진 왕좌에 여왕이 칼을 들고 앉아 있습니다. 한 손에는 칼을 들고 다른 손은 지시하는 자세를 취하고 있습니다. 권력을 쥐고 리더십을 발휘하는 엄숙한 여왕의 모습입니다. 아기 천사가 여왕이 앉은 왕좌에 새겨져 있습니다. 이것은 아이를 보호하고 보살피려는 모성애를 나타냅니다. 그리고 여왕으로써 강력한 통제력을 통해 보호하는 것을 표현하고 있습니다. 엄마와 같은 모성애로 리드하는 포용력을 의미하지만 모든 것을 다 받아주는 모성애가 아닌 잘못된 것을 이성적으로 분별하고

단호하게 혼을 내는 모성애입니다. 왕좌와 왕관에 새겨진 나비문양은 불운에서 행복의 반전으로 이어지는 것을 꿰뚫고 있는 통찰력을 암시하고 부활과 재생을 의미하며 자유와 행복을 이야기 합니다. 그러므로 여왕이 왕권이 무수히 이어질 것을 나타내고 안정적인 행복을 누리는 것을 나타냅니다.

칼은 들고 있는 여왕의 모습은 냉철하게 맺고 끊음이 분명한 단호한 통치력을 표현합니다. 그래서 Queen of Swords 카드는 맺고 끝맺음이 분명하고 단호한 결

정을 잘 나타내는 카드입니다. 역방향으로 나오면 이러한 맺고 끊음이 냉철하지 못하고 우유부단한 태도 또는 명분이 없는 권력의 횡포와 잘못된 통치와 판단으로 볼 수 있습니다.

금전에 관련한 질문

안정적인 금전운, 꼼꼼한 자금 운영, 안정적인 투자, 수금이나 빌려준 돈이 돌아오는 것 등을 볼 수 있습니다. 역방향이라면 빚 독촉에 시달리는 것, 허술한 자금관리로 인한 손실, 무리한 대출을 받는 것, 자금을 빌리는 것, 수입보다 큰 지출, 독선으로 인한 투자 실패 등으로 볼 수 있습니다.

직장에 관련한 질문

꼼꼼하게 업무 관리, 업무 능력이 올라간다, 계약과 거래의 성사, 팀장이 되거나 조직을 이끄는 위치로 승진, 더 나은 조건으로 좋은 직장으로의 이직 등을 볼 수 있습니다.

역방향이라면 직장 내부의 분란, 거래처와의 계약 파기, 협력관계가 깨짐, 추진하는 업무의 방해 등으로 볼 수 있습니다.

연애에 관련한 질문

안정적인 연애, 여성이 주도권을 잡는 연애, 마음에 드는 이성을 만날 기회, 포용력 있는 연애, 연인과의 감정이 깊어짐 등으로 볼 수 있습니다. 역방향이라면 연인과의 갈등, 이기심으로 인한 싸움, 독단적인 심술로 인한 트러블, 연인과 이별, 사별, 자존심 싸움으로 인한 위기, 헤어지려던 연인과 미련, 상대방에게 끌려 다니는 연애, 헤어진 연인이 나를 괴롭힘, 자존심 싸움으로 인한 스트레스 등으로 볼 수 있습니다.

상담사례

실제 상담사례에서 이 카드는 남편과 별거 중인 30대 초반의 여성에게 나온 카드였습니다. 그녀는 남편과 이혼을 고려중이었는데 남편의 협박과 회유 때문에 걱정도 되고 혼자서 홀로서기를 할 수 있는지 확신이 없어하셨습니다. 그래서 자신 혼자 독립적인 삶을 살 수 있는지 그리고 중간에 흔들림 없이 결심대로 이혼을 할 수 있는지를 알고 싶어 하셨습니다. 타로카드로 살펴보니 결과 카드에 'Queen of Swords' 카드가 나왔습니다. 슬픔이나 두려움에 흔들리지 않고 자신의 안정된 삶을 만들기 위해서 독립성을 내세우며 강경한 태도로 원하는 결과를 거머쥘 수 있음을 나타내고 있었습니다. 어떤 위험이 있더라도 감내하고 나가겠다는 확고한 자신의 의지로 원하는 결과를 얻어낼 수 있음을 설명 드렸습니다.

힘,
리더십
통치
권력

위에서 부터
굳건히 내려온 권력, 왕권

왕권, 명예
통치과 상징

정면을 응시
: 자신감.
당당함

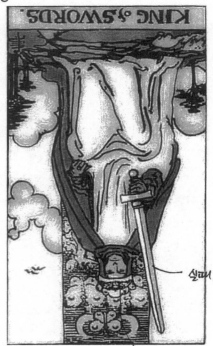

잘못 휘두르는 칼 (무력)
실패, 권력에 밀림

뒤집힌 왕관 : 추락하는 명예 , 왕권, 권위

정 방향 명예의 성취, 성공, 권력의 성취,
아버지와 같은 권위, 고도의 분석력

역 방향 잔학한, 실패, 명예의 실추, 권력의 남용,
거짓 명예, 불필요한 근심

King of Swords

그림을 보면 왕이 칼을 들고 단호하고 결연한 표정으로 왕좌에 앉아 있습니다. 다른 속성의 King과는 달리 King of Swords에서는 정면을 응시하고 있습니다. 손에는 칼을 들고 정면을 바라보고 있는 것은 냉정한 통찰력과 어떤 반란과 도전도 제압할 수 있는 자신감과 권력의 강대함을 표현합니다. 또한 정면에 무기를 내세운 것은 무력도 불사함을 상징하며, 강한 권력과 왕권이 확고하게 갖추어져 있는 것을 나타냅니다. 왕이 앉은 의자도 높고 길게 표현이 되어있는데 이것은 선대 대대로 내려온 왕권을 의미하며 왕좌에 새겨진 문양은 이 왕권이 무한히 이어져 갈 것을 표현하고 있습니다. 강건한 왕의 세력과 두둑한 배짱을 겸비한 왕의 모습으로 표현되어 있습니다. 냉정한 표정은 성취를 위한 치밀한 분석력과 노련함을 표현하고 빈틈을 보이지 않는 냉철함도 암시합니다. 그래서 이 카드는 모든 권력과 결정권을 가지고 통제하는 지혜를 갖추고 강력한 힘을 행사하는 것을 이야기하며 그런 힘들이 안정적으로 갖추어진 것을 의미합니다.

금전에 관련한 질문

탁월한 금전관리, 투자의 성공, 큰돈의 유입과 지출, 빌려준 돈은 돌려받음, 기대한 곳에서 만족할 만한 수익 등으로 볼 수 있습니다. 역방향이라면 심각한 빚 독촉, 큰 자금의 지출, 투자의 실패, 계산 착오로 인한 과다지출, 착각으로 엉뚱한 물건 구입, 금전의 손실, 돈으로 인한 다툼과 분쟁 등으로 볼 수 있습니다.

직업에 관련한 질문

거래처 관리가 잘 되는 것, 협상과 계약의 성사, 프로젝트의 성공, 승진, 취업 준비생은 취직의 성과를 받는 것, 윗사람 등의 상사의 조력을 받을 수 있는 것, 경쟁에서 이기는 것, 업무의 성취 등으로 볼 수 있습니다. 역방향이라면 결정을 못 내리고 일의 진행을 미뤄지는 것, 경쟁의 치열함, 직장 상사와 트러블, 거래처와의 신뢰를 잃음, 직장 내 분란 등으로 볼 수 있습니다.

연애에 관련한 질문

연애에 주도권을 잡는 것, 연인과 함께 장래를 계획하는 것, 강한 리더십 어필로 연애의 성공을 얻는 것, 쟁취하는 연애, 당당한 모습으로 상대를 휘어잡는 연애 등으로 볼 수 있습니다. 역방향에서는 연인 앞에서 체면을 구기는 것, 우유부단함으로 인한 무능력해 보이는 것, 헤어지기로 한 연인과 관계를 끊지 못하는 것, 지배적인 성격으로 인한 트러블, 감정조절이 안 되는 것으로 인한 갈등, 연인과 헤어지는 위기, 잘난 척으로 인한 싸움 등으로 볼 수 있습니다.

상담사례

실제 상담에서 King of Swords 카드는 냉철하게 결정하고 주도권을 잡는 것으로 자주 나오는 카드입니다. 한번은 20대 중반의 여성이 두 군데의 회사를 두고 어느 회사를 선택할지 고민이 되어서 찾아오셨습니다. 두 군데 다 이미 합격통보를 받은 후라 그녀 자신이 결정을 내리면 되는 상황이었습니다. 선택이라는 주제로 나온 결과 카드 중의 하나가 King of Swords 카드 역방으로 나온 카드였습니다. 그녀에게 이 회사를 선택하면 인간관계로의 트러블과 상사의 압박으로 스트레스 받을 수 있는 것을 이야기했었습니다. 6개월이 지났을 때쯤 그녀가 다시 타로를 보게 되었는데 알고 보니 이분은 망설이다가 결국 찜찜하긴 했지만 이 회사로 입사를 하였는데 지나친 통제에 못 이겨서 결국 참지 못하고 회사를 그만 두게 되었다고 이야기 하셨습니다. King of Swords 카드가 역방향일 때 판단 자체만으로 보면 잘못된 판단을 내리는 것으로 해석할 수 있고 나를 지배하는 지배자 즉 상사의 강력한 통제로 볼 수 있습니다. 이분의 경우 선택의 잘못된 판단과 그 이유를 나타내고 있었습니다.

또 다른 케이스를 보면 연인과 싸우고 화해할 수 있는지 궁금해 하시는 분이 있었는데 상대방이 먼저 전화를 줄까요? 라는 결과에 King of Swords 카드가 역방향으로 나왔습니다. 상대방의 자존심을 굽히지 않으니 먼저 전화를 주지 않는 것으로 해석할 수 있습니다.

3

Cups

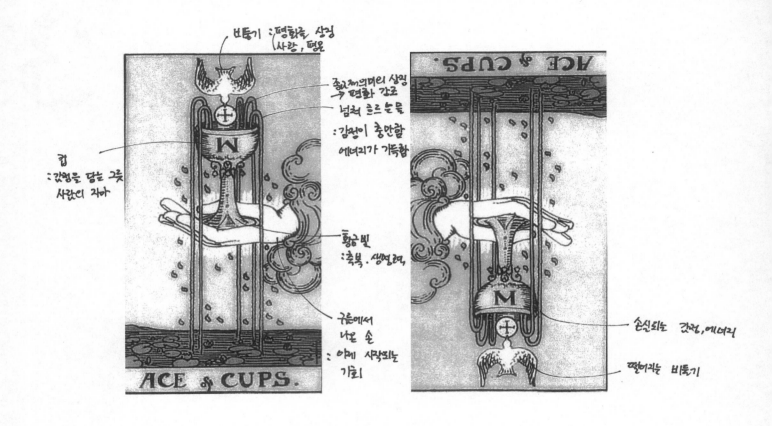

비둘기 : 평화를 상징
(사랑, 평온)

종교제의더의 상징
→ 평화 강조

넘쳐 흐르 눈물
: 감정이 충만할
에너지가 가득함

컵
: 감정을 담는 그릇
사람의 자아

황금빛
: 축복, 생명력

구름에서
나온 손
: 이제 시작되는
기회

ACE of CUPS.

ACE of CUPS.

손실되는 감정, 에너지

떨어지는 비둘기

정 방향 만족, 기쁨, 감정적인 안정, 평화, 호의적인, 풍족한

역 방향 불만, 실망, 기대감이 없음, 감정의 불안,
시작할 마음이 없음

웨이트 타로카드 독학하기

Ace of Cups

Minor Arcana Suit 카드 중에 Cup 카드입니다. 그림을 보면 컵 안에 물이 담겨서 흘러내리고 있습니다. 컵은 물을 담는 그릇입니다. 그래서 컵은 감정을 담는 그릇이나 마음을 담는 그릇을 의미합니다. Cup 카드의 컵 자체는 물을 뜻하지 않지만, 컵은 질문자 즉 사람의 자아를 의미합니다. 그 컵 안에 들어있는 것은 감정, 지식, 생명력, 상상, 무형의 에너지 등을 나타내는 것입니다. 구름에서 나오는 손은 어떤 존재, 특정 존재라기보다는 포괄적인 존재를 의미합니다. Ace of Cups 카드는 Ace의 에너지의 시작을 의미하므로 단어

의 뜻 그대로 시작할 준비가 되어 있음을 나타냅니다. 컵 가득히 물이 넘치는 것은 그런 가득한 감정과 에너지가 넘치는 것과 감정의 충만한 것을 이야기합니다. 그리고 컵 안으로 들어오는 하얀색 비둘기는 평화로움과 조화를 의미합니다. 그래서 이 카드는 기쁨과 즐거운 소식, 충만한 감정을 이야기하는 카드입니다.

금전에 관련한 질문

만족하는 금전, 기쁜 소식, 감정적 소비, 아이디어로 인한 수익 등으로 볼 수 있습니다. 역방향이라면 생각

보다 나가는 지출이 큰 것, 유흥비 지출, 내키지 않는 지출 등으로 볼 수 있습니다.

직 장 에   관 련 한   질 문

아이디어나 창작의 업무 성과가 있는 것, 새로운 업무, 업무의 기쁜 소식 등으로 볼 수 있습니다. 역방향이라면 직장을 그만 두고 싶은 것, 대우나 급여 근무 등의 불만이 많아지는 것, 동료와 마음이 맞지 않는 것 등으로 볼 수 있습니다.

연 애 에   관 련 한   질 문

즐거운 연애, 마음이 일치하는 연애, 기존의 연인은 애정이 깊어지는 연애 등으로 볼 수 있습니다. 역방향이라면 사사건건 마음이 맞지 않는 불화, 사소한 감정싸움, 연애에 실망하는 것 등으로 볼 수 있습니다.

상 담 사 례

실제 상담에서 '올해 돈을 많이 모을 수 있을까요?'라는 질문에 이 카드가 역방향으로 나왔습니다. 정방향이면 당연이 기대한 만큼의 돈을 모을 수 있다고 보지만 역방향이면 '기분에 따라 흥청망청 지출하는 것 때문에 모으기 어렵다'로 해석이 됩니다. 그리고 이사에 관련한 질문에 이 카드가 나왔는데 '지금 알아본 집이 있는데 여기로 이사를 가면 좋을까요?'라는 질문에 Ace of Cups 카드가 나왔었습니다. 질문자가 마음에 무척 드는 집으로 해석이 되며 이사했을 때에도 만족한 결과를 얻게 되니 '이사 가는 것이 좋다'로 해석을 할 수 있습니다.

또 어떤 분은 좋아하는 여자분이 있었는데 상대방도 자신에게 호감이 있는지 아닌지 알고 싶어하셨습니다. 떨리는 마음으로 '그녀가 나에게 호감이 있을까요?'라는 질문으로 타로카드를 뽑았는데 이 카드가 정방향으로 나왔습니다. 최근 들어서 당신에 대한 좋은 감정이 생겼다로 볼 수 있으며 상대방이 당신에게 호감이 있다로 해석을 할 수 있습니다.

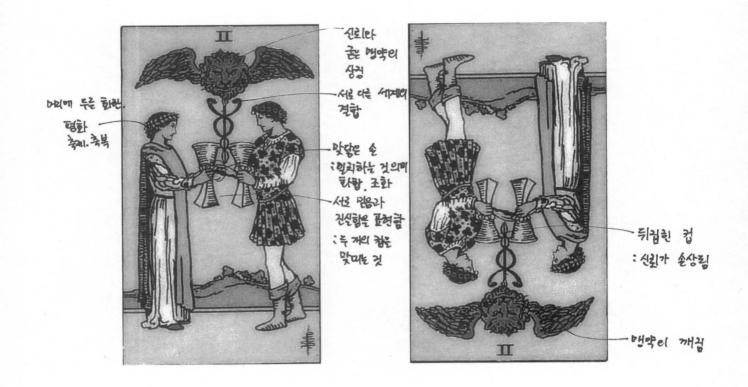

머리에 두른 화환.
평화
축제. 축복

신뢰나
굳은 맹약의
상징

서로 다른 세계의
결합

맞닿은 손
: 일치하는 것의미
타협. 조화

서로 마음과
진심함을 표현글
: 즉 개의 컵을
맞대는 것

뒤집힌 컵
: 신뢰가 손상됨

맹약이 깨짐

정 방향 신뢰, 조화, 사랑, 합의, 협상   **역 방향** 불화, 신뢰가 깨짐

Two of cups

그림을 보면, 두 남녀가 컵을 들고 있습니다. 그리고 남자가 손을 내밀고 있고 여자의 손과 맞닿아 있습니다. Cup은 감정을 담는다는 그릇입니다. 그러면 두 사람이 주고받는 것은 무엇일까요? 바로 서로의 감정입니다. 서로의 감정과 에너지와 지식을 주고받는 것을 의미합니다. 그러므로 이 카드는 상대와 나와의 협상과 화합을 의미합니다. 그림에 보이는 엉켜있는 두 마리의 뱀은 지혜와 양쪽의 가문의 교류를 상징하고 날개가 있는 붉은 사자의 얼굴은 굳건한 신뢰와 맹약을 통한 두 속성의 결합을 나타냅니다.

그리고 컵을 주고받는 모습에서 언약을 약속하는 연인의 모습도 볼 수 있습니다. 그래서 이 카드는 연애 면에서 볼 때 믿음과 신뢰를 기반으로 하는 연애의 의미를 담고 있습니다. 그러므로 이 카드는 1:1의 협상과 화합을 의미하고 신뢰를 이야기합니다.

금전에 관련한 질문

함께 하는 투자에서의 이익, 주변의 금전적인 도움, 약속한 돈은 들어오는 것 등을 볼 수 있습니다. 역방향이라면 지인으로 인한 손실, 빌려준 돈을 받지 못하는 것, 금전 약속이 깨지는 것으로 볼 수 있습니다.

직업에 관련한 질문

함께 일할 동료가 생기는 것, 거래처와의 화합, 대인업무에 유리, 귀인의 도움이 있는 것 등으로 볼 수 있습니다. 역방향이라면 동료와 화합이 깨지는 것, 거래처와의 계약 불발, 미팅 약속이 어긋나는 것, 친하던 이가 모함하는 것 등으로 볼 수 있습니다.

연애에 관련한 질문

연인과 신뢰가 깊어진다, 좋은 인연을 만나는 것, 청혼, 이벤트 등을 볼 수 있습니다. 역방향이라면 연인과 연락이 끊기는 것, 감정싸움, 거짓말이 드러나는 것, 다른 이성에 대한 호감, 연인에 대한 마음이 멀어지는 것 등으로 볼 수 있습니다.

상담사례

이 카드는 인간관계를 묻는 질문 특히 연애에 관련한

질문에서 종종 나오는 카드입니다. 어느 날 직장 내에서 좋아하는 이성이 있는데 상대방 마음은 어떤지 몰라서 타로로 알아본 뒤에 고백하시려는 분이 오셨습니다.

그분이 궁금해 하신 대로 '좋아하는 사람에게 고백하면 좋을까요?'라고 질문을 주셨는데 이 카드가 나왔습니다. 당연히 상대방도 당신에게 마음이 있으니 고백하면 연인이 될 수 있다고 해석이 됩니다. 좋은 결과에 들뜬 마음으로 돌아가셨습니다. 또 어느 분의 경우에는 연인과 이별하게 되었는데 혹시나 재결합 가능성이 있는지 궁금해 하셨는데 '헤어진 이성에게 다시 연락하면 받아줄까요?'라는 질문을 주셨습니다. 그 질문에 Two of Cups 카드가 역방향으로 나왔습니다. '이미 마음이 돌아서고 믿음이 깨졌으니 어렵다'고 해석하게 되었습니다. 금전 거래에 관한 질문에서는 '빌려준 돈을 기한 내에 받을 수 있을까요?'라는 질문에 역방향으로 나왔었는데 그럴 경우 '약속이

지연되니, 기한 내 돈을 받기 어렵고 감정만 상하시겠
네요'라고 해석하게 됩니다.

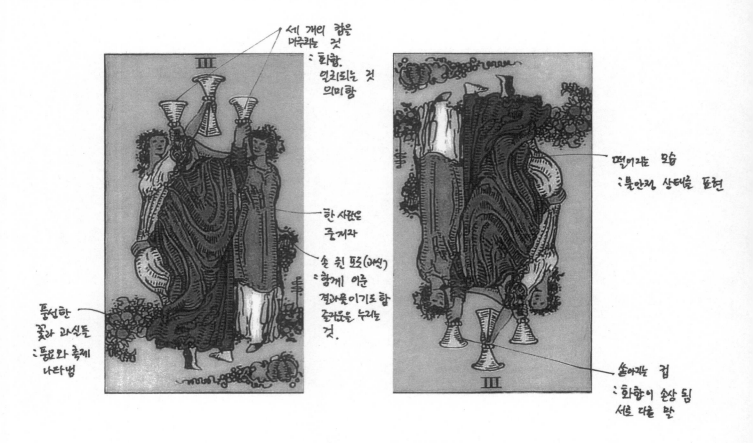

세 개의 컵을
마주하는 것
: 화합.
얼리되는 것
의미함

먼어지는 모습
: 불안정 상태을 표현

한 사람은
즉거자

손 친 포 (버선)
: 함께 이룬
결과물이기도 함
즐거움을 누리는
것.

풍성한
꽃과 과실들
: 풍요와 축제
나타냄

쏟아지는 컵
: 화합이 손상 됨
서로 다름 말

정 방향 기쁜 소식, 화합, 협상, 축제, 축하

역 방향 화합이 안 되는 것, 마음이 맞지 않는 것,
지나친 유흥

Three of Cups

이 Three of Cups는 그림만 보아도 축제의 분위기가 느껴지는 카드입니다. 이 그림을 보면 떠올릴 수 있는 상황은 무엇일까요? 포도 농장에서 포도를 수확하고 함께 일한 동료와 축배를 드는 장면을 떠올릴 수 있습니다. 세 사람이 서로의 컵을 들고 건배하고 있는 모습에서 여럿이 마음이 일치하는 것을 알 수 있습니다. 그래서 이 카드는 여럿이 즐거움을 나누는 것과 즐거워할 수 있는 기쁘고 좋은 소식을 나타냅니다. 다 함께 축배를 드는 축배의 모습에서 축제 자체를 의미하고 함께 하는 사람들과의 화합도 의미합니다. 그리

고 Two of Cups는 두 사람의 일대일 합의를 나타내지만 Three of Cups는 여러 사람과의 합의를 의미합니다. 그러므로 이 카드는 양쪽에서 소개받는 자와 소개해주는 자로 중개 역할을 하는 중개인의 의미도 담고 있습니다. 그렇기 때문에 이 카드는 원활한 커뮤니케이션과 기뻐할 수 있는 좋은 소식, 축하하는 것 그리고 여러 사람들과 즐겁게 어울리고 즐기는 유흥을 의미하는 카드가 됩니다. 실제로 동아리, 모임 등 단체나 여럿이 함께하는 공동체에서 화합하는 모습에 잘 나오는 카드입니다.

금전에 관한 질문

금전적인 어려움을 도와주는 사람, 즐거운 금전 소식, 유흥으로 인한 지출, 공동투자로 인한 수익 등으로 볼 수 있습니다. 역방향으로는 돈으로 인한 구설수, 빌려 준 돈이 회수되지 않는 것, 공동투자의 손실, 금전거래 약속은 지켜지지 않는 것 등으로 볼 수 있습니다.

직장에 관한 질문

동료들과의 화합, 팀워크가 좋은 것, 업무의 협조자가 생기는 것, 거래, 동업자와 화합 등으로 볼 수 있습니다. 역방향으로는 동업이 깨지는 것, 직장 내 인간관계의 불화, 나쁜 소문으로 인한 갈등 등으로 볼 수 있습니다.

연애에 관한 질문

친구에서 이성으로 발전하는 연애, 소개 받는 인연, 친구들과 만날 일이 많은 연애, 즐거운 이벤트 등으로 볼 수 있습니다. 역방향으로는 지나친 데이트 비용으로 인한 부담, 오버센스로 인한 감정 손실, 제삼자의 방해 등으로 볼 수 있습니다.

상담사례

실제 상담의 사례에서 커플이 타로를 보러 오셨는데 두 분이 같이 연애에 대해서 타로카드를 각자 보았는데 두 사람 사이에 방해되는 요소가 Three of Cups 카드였습니다. 다른 이성을 사귀는 삼각관계도 아니었고 두 사람 사이의 구설수도 아니었습니다. 그래서 물어본 것이 "혹시 데이트할 때 꼭 누가 끼어드나요?" 라고 물었더니 그제야 조용히 있던 여자 분이 미치겠다며 말을 이어갔습니다. 남자친구에게 친한 동성친구가 있는데 그 사람이 싱글이라 서 몇 번 같이 어울렸더니 이제는 번번이 데이트 할 때 마다 꼭 끼어든다며 울상이었습니다. 남자 분은 친한 친구라 오지 말라는 말을 못하는 상황이었고 여자 분만 갈수록 불만이 쌓여있는 상태였습니다. 이 경우에는 Three of Cups

카드가 연애의 트러블로 나오는 케이스였습니다. 이제 Three of Cups 카드가 나오면 더 유심히 살펴보세요. 더 많은 의미를 만나시게 될 겁니다.

소식
제안
정면

눈 앞에
시선을
두고 있음

형듣은
사족.

갈등
상태

여러가지 기회
소식들

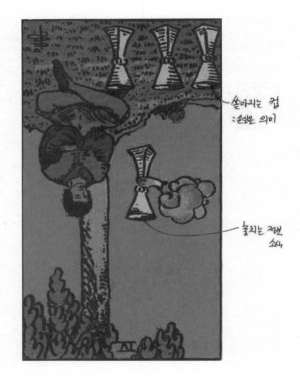

쏟아지는 컵
=손실의 의미

놓치는 기회
소식

정 방향 주변의 조언을 듣지 않는 것, 소식을 기다리는 것, 집중

역 방향 기회를 놓치는 것, 오지 않는 소식, 나쁜 소문

Four of Cups

Four of Cups 카드는 나무에 기대어서 바닥에 놓인 세 개의 컵을 바라보는 사람이 그려져 있습니다. 눈앞에 놓인 세 개의 컵에만 시선을 둔 채 행동은 취하지 않고 부동의 자세로 컵만 바라보고 있습니다. 나무에 등을 기대고 팔짱을 끼고 앞에 놓인 컵들을 바라보는 모습에서 몰두하고 집중하는 의미를 알 수 있습니다. 그리고 옆에서 손을 내민 컵이 이 사람에게 다른 소식이나 또는 기다리는 소식과 기회를 나타내는데 그것이 구름 속에서 손을 내밀어 컵을 주고 있지만 앞에 놓인 컵들을 바라보느라 못보고 있습니다. 옆에서 손을 내민 컵을 바라보지 못할 만큼의 집중 상태를 의미합니다. 그러므로 이 카드는 바로 앞에 있는 것에 정신 팔려서 기회를 놓치는 것 그리고 엉뚱한 데 신경을 쓰고 다른 데에 관심을 두고 있기 때문에 필요한 소식과 조언을 받지 못하는 것을 의미합니다.

금전에 관련한 질문

욕심 부리다 좋은 정보를 놓치는 것, 헛소문으로 인한 금전 손실, 엉뚱한 곳에 정신 팔리는 것으로 기회의 손실 등으로 볼 수 있습니다. 역방향이라면 금전 소식이 늦어지는 것, 실망스러운 소식, 투자처의 헛소문으로 인한 손해 등으로 볼 수 있습니다.

직장에 관련한 질문

주변 상황의 변화를 놓치는 것, 기다리던 소식을 놓치는 것, 기대했던 곳의 연락이 아닌 다른 거래처 연락, 거래처와의 미팅약속이 무산되는 것 등으로 볼 수 있습니다. 역방향이라면 거래처의 소식이 오지 않는 것, 일이 귀찮아 지는 것, 헛된 기대감, 헛소문에 집중하느라 놓치는 기회 등으로 볼 수 있습니다.

연애에 관련한 질문

다른 이성에게 집중하는 것, 다른데 정신이 팔려서 연인과 트러블을 일으키는 것, 연애가 귀찮아지는 것 등으로 볼 수 있습니다. 역방향이라면 삼각관계, 뜬소문으로 인한 갈등, 새로운 이성에 대한 호기심, 오래된 연인은 마음이 멀어지는 것 등으로 볼 수 있습니다.

상 담 사 례

실제 타로 상담에서 어느 남성분이 오셨는데 올해 커플이 될 수 있는지 알고 싶어서 찾아 오셨습니다. 살펴보니 결과 카드에 Four of Cups 카드가 나왔는데 '만날 인연 말고 엉뚱한 상대에게 집중하느라 정작 내 인연을 놓치는 것'으로 볼 수 있었습니다. 그러자 그분이 그렇지 않아도 만나는 이성이 여러 명 있는데 어느 여자를 만나면 좋을지 고민이 된다면서 재차 질문을 주셨습니다. 고민하시는 이성 중에서 타로로 살펴보니 가장 남성분을 사랑하고 연애 매칭이 잘 되는 이성이 있었습니다. 그러나 결과와 다르게 그 4명 중 외모가 가장 마음에 드는 다른 이성을 고집하셨습니다. '혹시 이 여자와 잘 될 수 있는지' 가능성을 궁금해 하셨는데 그분과는 연애 진행이 어렵게 나왔었습니다. 여러 달 지난 후에 다시 찾아오셨는데 결국 그 여자 분과 잘 안되었다고 하시더군요. 이처럼 엉뚱한데 집중하느라 정작 기회를 잃는 경우에 잘 나오는 카드입니다.

V

더 깊은 절망와 상실

뒤에 있는 다른 가능성은
발견함

검은 망토
: 상실와 전망의
무게를 표현
마음의 무게

등 뒤에 놓인
다리
: 보지 못한
다른 기회 상징

쓰러지지 않는
컵
:아직 남아있는
기회

가고자 하는 곳
: 성취하고자 하는
목표

흐르는 물
: 단절상태를 나타냄

쓰러진 컵
: 절망적인 상황
상실감, 고독, 슬픔.

각기 색이 다른 컵은
: 여러가지 전망과 상실을 표현

V

정 방향 후회, 실망, 포기, 절망   **역 방향** 실망에서 벗어나는 것, 더 깊은 절망에 빠지는 것

Five of Cups

Five of Cups 카드는 그림 이미지를 세세하게 따지지 않아도 전체적인 이미지가 우울하고, 슬프고, 절망적인 상황이라는 것을 잘 느낄 수 있는 카드입니다. 고개를 푹 숙인 모습은 실망스런 감정을 나타내고 어깨에 걸려서 길게 드리워진 검은 망토는 그 절망의 깊이와 슬픔의 무게를 표현하고 있습니다.

세 개의 컵은 쓰러져 있고 안에 있는 여러 가지 색깔의 액체는 모두 흘러져 나오고 있습니다. 이것은 여러 가지의 실망과 그만큼의 감정의 손실과 절망을 나타냅니다. 그러나 이 카드에는 또 다른 상황도 제시하고 있습니다. 바로 고개 숙인 사람의 등 뒤의 세워져 있는 나머지 두 개의 컵입니다. 이 두 개의 컵은 쓰러지지 않고 있습니다. 이것은 이 사람이 아직 미처 보지 못한 기회를 의미합니다. 그래서 포기하지 않으면 아직 기회가 남아 있다는 것을 알 수 있습니다.

그리고 저 멀리 강 건너에는 성이 있습니다. 이 사람 입장에서 멀리 있는 성으로 돌아갈 방법을 잃었다고 절망하고 있다면 뒤에 쓰러지지 않은 두 개의 컵과 멀리 성으로 이어진 다리가 있는 것처럼, 절망에 빠져 포기하지 않는다면 성안으로 돌아갈 수 있는 방법이 있다는 것을 나타내고 있습니다. 즉 실망과 절망의 상황에서 아직 희망이 있다는 것을 의미합니다. 이 카드는 질문자는 보지 못하는 상황과 기회를 의미합니다. 그래서 이 카드가 나왔을 때에는 타로리더는 더 섬세하고 상황을 체크하고 질문자가 기회를 잃지 않도록 이끌어줄 수 있어야 합니다.

금전에 관련한 질문

돈 문제로 사람들과 마음 상하는 것, 기대했던 주식이나 수익의 하락, 빌려준 돈 때문에 실망하는 것, 돈으로 인한 상실감 등으로 볼 수 있습니다. 역방향이라면 돈 때문에 사람들과 멀어지는 것, 포기한 기회의 회복, 포기한 돈이 들어오는 것 등으로 볼 수 있습니다.

직장에 관련한 질문

일의 실패, 슬럼프에 빠지는 것, 포기했던 곳에서 연락, 직장 관계에서 감정이 상하는 것 등으로 볼 수 있습니다. 역방향이라면 진행하던 일이 문제가 생기는 것, 구설수, 거래처를 잃는 것, 함께 일하는 동료와 마음이 맞지 않는 것 등으로 볼 수 있습니다.

연애에 관련한 질문

계획했던 데이트의 취소, 연인에 대한 실망, 연애의 포기, 연인으로 마음의 상처 등으로 볼 수 있습니다. 역방향이라면 실망했던 연애에서 회복하는 것, 연인과 화해하는 것, 권태기였던 연애가 다시 살아나는 것 등으로 볼 수 있습니다.

상담사례

실제 상담에서 보면 남자친구가 군대를 가거나, 멀리 유학을 떠나거나, 헤어진 상황에 잘 나오는 카드였습니다. 취업 때문에 마음 졸이시는 분이 오셔서 이 카드를 결과 카드로 뽑았습니다. '원하는 회사에서 합격하기는 어렵지만 미처 찾지 못한 기회가 아직 있으

194

니 새로운 곳을 지원을 하면 취업을 할 수 있습니다'
로 이야기할 수 있습니다.

연애에서 오래된 커플에게는 상대에게 실망했을 경우
에도 잘 나오며 몇 번의 약속의 어긋나면서 상대에 대
한 서운함 때문에 연애를 포기하는 상황에도 나오기
도 합니다. 이 카드가 역방향으로 나오면 상황에 따른
주의 깊은 해석이 필요합니다. 애인과 헤어져서 슬퍼
하고 후회하던 사람에게 이 카드가 역방향으로 나왔
다면 그 절망에서 벗어나서 다시 관계를 회복할 가능
성이 있는 것으로 해석이 되기도 합니다. 그렇기 때문
에 키워드에만 고정되지 않고 항상 손님의 상황과 질
문에 따라 해석을 하시는 것이 필요하겠습니다.

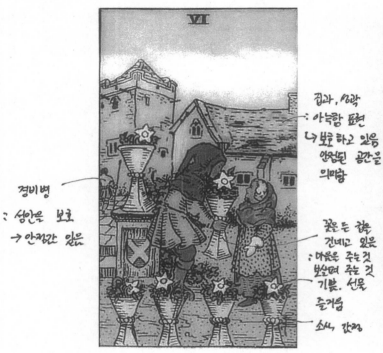

정비병

: 성안을 보호
→ 안정감 있음

검과, 방학
아늑함 또한
너 보호 하고 있음
안정된 공간을
의미함

꽃든 컵을
건네고 있음
: 마음을 주는 것
보살펴 주는 것
기쁨. 선물
즐거움

소식, 감정

컵의 꽃이 떨어지는 형태
: 기쁨, 감정, 베푸는 것이 없음

검과 성곽이
뒤집혔음
: 불완전한 기반을 표현
보호받지 못하고 있음

정 방향 기쁜 소식, 선물, 혜택, 프러포즈, 배려

역 방향 불행한 소식, 소식이 없음

Six of Cups

카드의 그림을 보면 작은 아이가 큰 아이에게 하얀 꽃이 들어있는 컵을 받고 있습니다. 꽃은 기쁜 소식을 의미합니다. 그렇기 때문에 기쁜 소식을 받는 것을 의미합니다. 그리고 그런 꽃을 컵에 담아 주는 것은 선물을 주는 것이며 호의적인 감정을 전달하는 것을 나타냅니다. 그리고 그 꽃을 건네주는 공간이 성과 집이 있는 마을이라는 것은 이 작은 아이가 안심할 수 있는 안정된 공간이라는 것을 나타냅니다. 그림을 자세히 살펴보면 마을을 돌아다니며 지켜주는 병사도 보이고 위협적인 상황이나 허허벌판이 아닌 돌로 튼튼히 지어진 높은 성과 집이 있는 안정된 공간에서 보호받고 있다는 것을 의미합니다. 그런 의미에서 나이 많은 아이가 건네주는 것은 호의적인 감정, 안정된 보살핌과 배려를 의미합니다. 그래서 이 카드는 기다리는 소식을 받는 것, 기쁜 소식과 선물을 받는 것, 도움과 원조를 나타냅니다.

금전에 관련한 질문

보너스, 뜻밖의 소득, 당첨, 대출이나 돈을 빌리는 것의 원조를 받을 수 있는 것 등으로 볼 수 있습니다. 역

방향이라면 금전에 대한 나쁜 소식, 실망스런 지출, 불안한 투자 제안 등으로 볼 수 있습니다.

직장에 관련한 질문

이익이 되는 기회가 주어지는 것, 상사의 지원, 거래의 성사, 거래처에서 좋은 소식, 기쁜 소식 등으로 볼 수 있습니다. 역방향이라면 상사의 질책, 거짓된 정보로 인한 실수, 기대했던 일에 대한 실망하는 것 등으로 볼 수 있습니다.

연애에 관련한 질문

연인에게 받는 선물, 프러포즈, 즐거운 연애, 기대가 많은 연애 상대가 나에게 다정하게 대해주는 것 등으로 볼 수 있습니다. 역방향이라면 이별통보, 연인의 불평과 불만, 내가 연인에게 베풀어주어야 하는 것 등으로 볼 수 있습니다.

상담사례

실제 상담에서 이 카드가 직업에 관련해서 나올 때에는 보살피고 돌봐주는 역할이 많은 주로 교사, 강사, 육아 관련 직종에 있는 분들에게 잘 나오는 카드이기도 합니다. 직장에서 주로 CS, 신입 교육하는 분들에게도 잘 나오는 카드입니다.

한 남자분이 여자친구와 연락이 뜸하다면서 이유를 모르겠다며 타로를 보러 오셨습니다. 그 분에게 여자 분이 연락이 잘 안 되는 이유가 무엇인지 타로카드로 살펴보니 이유에 해당하는 카드로 Six of Cups 카드가 나왔습니다. 여자 분이 자신이 만족할 만큼의 관심을 받고 싶어 하는 것이 이유이니 작은 이벤트나 선물을 해주는 것이 좋겠다고 얘기를 해드렸습니다. 그랬더니 남자분이 그렇지 않아도 전부터 갖고 싶다고 하던 것이 있었는데 하도 노래를 부르기에 핀잔을 주었다고 합니다. 그것 때문에 여자 친구와 말싸움을 한 적이 있었는데 자신은 별거 아닌 걸로 생각했는데 생각해보니 그 이후로 연락이 점점 뜸해졌다고 하시더군요. 이 경우에는 연인의 관심과 그에 따른 받고 싶은 선물로 해석이 되는 경우였습니다.

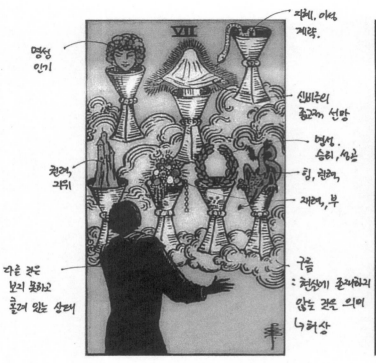

명성
인기

재혜, 아덕
계략.

VII

신비주의
종교재 선망

명성
승리, 성공

힘, 권력

권력
지위

재력, 부

다른 것은
보지 못하고
홀려 있는 상태

구름
: 현실에 존재하지
않는 것은 의미
누허상

구름 뒤에 왔던
컵 안의 것들이
모두 쏟아진 상태
: 가질 수 없음을 나타냄

정 방향 모호한 계획, 상상, 막연한 기대, 갈망, 많은 계획

역 방향 욕심, 계획의 무산, 실망,
도전하지 않고 상상으로 그치는 것

Seven of Cups

Seven of Cups 카드는 등 지고 있는 사람 앞에 7개의 컵이 있습니다. 그 컵 안에는 사람도 있고 보석도 있고 월계관, 베일을 쓴 사람, 성도 있고 상상의 동물인 용도 있습니다. 각각의 여러 가지 것들이 각기 다르게 그려져 있습니다. 이것은 이 사람의 기대하는 여러 가지 욕망과 바라는 것들을 표현한 것입니다. 실제로 이루어진 것들이 아니라 상상인 것 입니다. 갖은 상상과 기대와 이루고 싶은 것들이 컵 안에 하나씩 자리 잡고 이 사람이 상상하고 있는 욕심을 투영해 낸 것입니다. 왜냐하면 이 카드에서 구름의 상징은 허상을 의미하는데 각기 컵들이 바로 그 구름 위에 있기 때문입니다. 따라서 상상하는 이런 것들을 이룰 수 있을까요? 만약에 카드 그림에 움켜잡거나 행동하는 동작이 그려져 있다면 그럴 가능성이 있다고 볼 수 있습니다. 그러나 이 카드는 구름 위에 떠 있는 컵을 바라보고 있는 모습으로 표현이 되어 있습니다. 그렇기 때문에 상상과 생각은 많지만 행동력이 결여 되어 있는 것을 나타냅니다. 마치 복권을 사고 난 후 당첨발표가 되기도 전에 당첨되면 갖고 싶은 것들과 하고 싶은 무수한 것들을 상상하고 기대하는 것처럼 상상에 그치는 것

201

을 나타냅니다. 그렇기 때문에 이 카드는 다양하고 모호한 계획과 아직 상상의 단계에 머물러 있는 것을 의미하는 카드입니다.

금전에 관련한 질문

충동구매로 인한 지출, 투자할 곳에 방향을 잡기 어려운 것, 기대했던 돈보다 적게 들어오는 것, 여러 가지 사고 싶은 것이 많은 것, 불명확한 투자계획 등으로 볼 수 있습니다. 역방향이라면 무절제한 지출로 인한 자금 부족, 자금 계획의 수포, 계획성 없는 즉흥적 지출로 인한 손실, 근거 없는 소문을 따르는 투자 등으로 볼 수 있습니다.

직업에 관련한 질문

계획은 많은데 진행이 느린 것, 일의 성과를 보기 전에 방심하는 것, 업무의 방향이 계속 바뀌는 것, 다양한 여러 가지 아이디어 등으로 볼 수 있습니다. 역방향이라면 계획의 실패, 프로젝트의 무산, 사기를 당할 위험, 기대했던 거래의 계약 불발 등으로 볼 수 있습니다.

연애에 관련한 질문

연인과 이벤트 계획만 세우는 것, 솔로는 짝사랑만 하는 것, 앞으로 연애에 기대가 큰 것, 연애에서 하고 싶은 것이 많은 것 등으로 볼 수 있습니다. 역방향이라면 말뿐인 연애로 인한 트러블, 연인을 신뢰하지 못하는 것, 자기만의 상상으로 연인과 갈등, 연애의 환상이 벗겨지는 것 등으로 볼 수 있습니다.

상담사례

실제 상담에서 보면 사업 가능성을 보시려고 찾아온 분이 있으셨는데 어떤 사업을 하시려는지 물어보니 아직은 정확하게 결정한 것은 없지만 그냥 사업 운이 있는지, 있다면 대박날 수 있는지 알고 싶다고 하셨습니다. 사업 아이템에 대해서도 카페를 할까 옷 가게를 할까 하면서 카드를 고르는 중에도 계속 바뀌었습니다. '다음 달 안으로 사업을 할 수 있을까요?'라는 질문에 결과 카드로 Seven of Cups 카드가 나왔습니다. '여러 가지 하고 싶은 것은 많지만 구체적인 사업계획이 분명하지 않으니 어렵다'라고 해석하게 된 경우였습니다.

대부분 막연하게 생각하고 창업하거나 사업을 하시려는 분들에게 자주 나오는 카드인데 또 다른 분도 마찬가지로 다음 달에 사업 시작하고 싶다고 하셨지만 아직 사업 아이템을 정하지 못하셨고 사업 아이템도 자꾸 바뀌는 상황이었습니다. 타로카드 점에서 사업운이 있다고 하면 사업을 생각해보려고 하셨답니다. 그래서 이거 할까 하다가 저거 할까, 생각이 많으셔서 자꾸 변하는 것이 많았습니다.

타로카드로 세부적인 상황을 꼼꼼히 점검하다보니 자금은 얼마나 준비해야 하는지 어느 직역에 점포를 얻는 것이 좋은지, 실행하는데 얼마나 시간이 소요되는지 등등 구체적인 계획을 세우게 된 경우였습니다.

위의 경우와 같이 대부분 뚜렷한 계획이 없이 질문하는 경우가 많았고 어떡하면 좋을지 다시 되묻는 경우가 다반사입니다. 그래서 Seven of Cups 카드가 나오면 내담자와 충분히 이야기를 많이 하시고 질문을 정하시는 것이 좋습니다.

상황에 따라
비어 있는 컵이 될
→ 더 방황하고
신랄을 크게 느낌

다시
되돌아 오는 모습
방황하는
상황에서
벗어남.

커뮤니케이션을
의미하는 컵은
잘 쌓여져 있음
ⓐ 더함은 잘 이루어지고 있음

ⓑ 한무리의 자기들끼리의
대화는 이루어지지만
여기끼 어울리지 못한
왕따의 상황

집단의 의사소통을
의미.

정 방향 포기하고 떠남, 터전을 버리다, 노력의 포기,
겸손, 유랑, 외톨이, 왕따

역 방향 포기하지 않음, 떠나지 못함

Eight of Cups

Eight of Cups 카드의 그림에서 유심히 살펴볼 것은 나란히 잘 쌓여 있는 컵과 등을 지고 떠나가는 사람의 모습입니다. Five of Cups 카드처럼 컵이 쓰러져 있지도 않고 잘 세워져 있지만 그림 속의 사람은 지팡이를 짚고 먼 길을 떠나고 있습니다. 여기에서 세워져 있는 컵은 잘 유지되고 있던 것을 나타냅니다. 잘 쌓아 왔지만 이제 실망하고 그것들을 두고 떠나는 것을 나타냅니다. 그리고 그런 것들을 놓고 떠날 수밖에 없는 절망적인 상황을 의미하기도 합니다. 등 뒤로 세워져 있는 컵들은 내가 쌓아놓은 것들과 사람들과의 관계 그리고 노력해서 이룬 터전이기도 합니다. 어두운 밤에 짐 하나 없이 빈손으로 길을 나서고 있는 것은 단념하고 떠나는 것 그리고 어쩔 수 없이 빼앗겨서 떠나는 것을 의미합니다. 사람과 컵 사이에 흐르는 물은 관계가 깨지는 것과 구설수를 의미합니다. 쌓여있는 컵들은 사람들과의 커뮤니케이션을 나타내는데 여러 개 쌓인 컵들을 뒤로 하고 떠나는 사람의 모습을 통해 따돌림을 당하는 것과 어울리지 못하고 실망하고 떠나는 것을 표현합니다. 그래서 쓰러지지 않고 똑바로 세워진 컵들을 두고 떠나는 것은 빼앗겨서 그리고 실망해서 포기하고 떠나는 것을 의미합니다. 따라서 이 카드는 내담자의 상황에 따라 세심하게 해석을 하시는 것이 좋습니다.

금전에 관련한 질문

돈 문제로 인한 주변 사람과 깨지는 것, 이익을 포기하는 것, 빌려준 돈을 받기가 어려운 것, 돈에 대한 문제해결을 포기하는 것 등으로 볼 수 있습니다. 역방향이라면 돈 문제로 주변사람들과 관계를 깨는 것, 포기했던 기회를 다시 얻는 것, 이익에 대한 실망, 이익의 손실 등을 볼 수 있습니다.

직장에 관련한 질문

직장 내에서 왕따, 일을 그만 두고 싶은 것, 회사나 일에 대한 실망, 시도하기도 전에 포기하는 것, 직장 내 구설수 등으로 볼 수 있습니다. 역방향이라면 불편한 과거의 관계를 회복하는 것, 그만 둔 회사의 연락, 포기한 거래처의 소식을 받는 것, 다시 도전하는 것 등

으로 볼 수 있습니다.

연애에 관련한 질문

좋아했던 상대를 포기하는 것, 연인에게 실망하는 것, 헤어지는 위기, 고백의 포기 등으로 볼 수 있습니다. 역방향이라면 헤어진 연인에 대한 미련, 멀어진 관계가 회복되는 것, 연인이 무능력하게 보이는 것 등으로 볼 수 있습니다.

상담사례

실제 상담에서 이 카드는 직장에서 시기와 질투에 인한 구설수에 휘말려서 승진을 할 타이밍에 결국 퇴직하게 된 케이스에 나온 상황 카드였습니다. 주변에서 하도 본인에 대해 말들이 많아서 적극적으로 어필하지 못했고 결국에는 퇴직을 결정하신 경우였습니다. 연애에서 Eight of Cups 카드가 나오면 연인에게 실망하고 관계를 포기하는 것으로 해석된 경우가 많았습니다. 어떤 경우는 자신의 소극적인 태도가 문제가 되

는 경우도 있었는데 상대에게 적극적인 모습을 보여 줘야 하는데 지레 겁먹고 '어차피 해도 안 될 거야' 하는 상황에 이 카드가 잘 나옵니다. 몇 년 동안 짝사 랑하는 사람을 포기하고 떠나는 연애 상황에도 잘 나 오는 카드입니다.

다양한
능력,
커뮤니케이션 능력
있음을 표현

테이블 위에
놓인 컵들
: 여러가지 일
준비되어 있음
을 보여줌

팔짱낀 모습
: 여유 있고
자신 만만한
표현

의자에서 떨어지는 모습
: 심리적인 준비 부족.

쏟아지는 컵
: 부족한 상태를 상징
커뮤니케이션 능력이
부족함

208

정 방향 성공, 행복, 풍부, 만족, 자신감

역 방향 자만, 방심, 불안, 허풍

Nine of Cups

Nine of Cups 카드는 남자의 흡족하게 웃는 표정과 다리를 벌리고 앉은 태도를 보면 자신만만함과 여유를 느낄 수 있습니다. 그림의 남자의 모습에서 마치 아라비아 상인이 여러 가지 상품을 늘어놓고 어떤 손님의 취향에도 잘 맞추어서 능숙하게 장사를 하는 모습을 연상케 합니다. 그림에서 남자의 뒤에 있는 테이블 위로 쭉 늘어선 여러 개의 컵들은 이 사람이 여러 가지 일들을 처리할 수 있는 능력과 다방면의 커뮤니케이션에 능통한 것을 의미합니다.

또한 잘 세워져 있는 컵들을 관리 능력이 있다는 것을 의미하며 자신만만함과 풍요와 달성을 통한 행복함을 표현합니다. 성공을 이루는 동안의 겪었을 곤경도 이겨낼 만큼의 처리 능력도 있는 것도 암시하고 있습니다. 그래서 이 카드는 풍부한 커뮤니케이션 능력과 여러 인맥과 여러 가지 일들도 잘 관리하는 것을 나타내며 그만한 일을 감당할 능력도 있는 것을 의미하는 카드입니다.

금전에 관련한 질문

분산 투자로 인한 이익, 여유 있는 자금, 자금 관리를 잘 하고 있는 것, 유흥비 지출, 여기저기 지출을 잘 관리하는 것 등으로 볼 수 있습니다. 역방향이라면 여유 있던 자금이 부족해지는 것, 지나친 유흥으로 인한 지출, 돈으로 인한 스트레스가 큰 것 등으로 볼 수 있습니다.

직장에 관련한 질문

거래처와의 협약이 유리한 것, 팀워크가 좋은 것, 업무의 자신감이 올라가는 것, 협상의 성사 등으로 볼 수 있습니다. 역방향이라면 자신감 부족, 너무 자만하다가 사방에서 문제가 발생하는 것, 실수, 일처리가 복잡해지는 것, 팀 내 의견이 분분한 것 등으로 볼 수 있습니다.

연애에 관련한 질문

연애에 자신감이 생기는 것, 여유있게 즐기는 연애, 즐거운 연애, 대화가 잘 통하는 즐거운 연애 등으로 볼 수 있습니다. 역방향이라면 말실수, 연인 간의 불화가 심해지는 것, 연인의 단점만 보이는 것 그로 인한 실망, 연애에 싫증나는 것, 불만이 많은 연애 등으로 볼 수 있습니다.

상담 사례

실제 타로상담 사례에서 보면 어떤 분이 여자친구와 연애가 힘들어서 찾아오셨는데 사귀는 여자가 자신을 좋아하는지 아닌지 잘 모르겠다며 앞으로 여자친구와 연애의 진전이 될 수 있는지 물어보러 오셨습니다. 타로카드로 살펴보니 그 분에게는 Nine of Cups 카드가 연애의 방해요인으로 나왔었습니다. 즉 지나친 자신감 때문에 너무 오버해서 밀어붙이는 것이 연애의 방해가 되었던 것입니다.

그리고 어떤 여성분에게는 자신이 만나는 남자친구가 수상하다며 보러 오셨는데 다른 이성을 만나는지 타로를 보셨습니다. 결과 카드가 바로 이 Nine of Cups 카드였습니다. 여러 명의 이성을 만나는 것으로 해석되었는데 그분도 반신반의하며 돌아가셨다가 몇 개월이 지나서 다시 다른 문제로 찾아오셨는데 알고 보니 대화상대로 지내던 친구 같은 여성과 그외 다른 여자가 있다는 것을 알게 되었고 결국 헤어지게 되었다고 하셨습니다. 이처럼 다양하게 적용이 될 수 있으니 많은 경험을 해보시기 바랍니다.

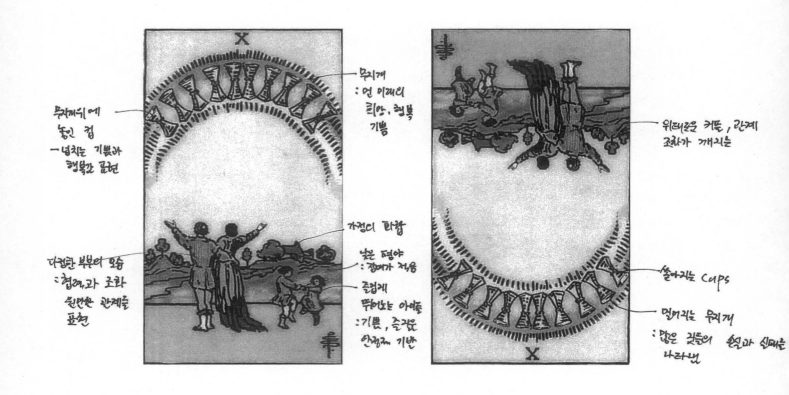

무지개에
놓인 컵
→ 넘치는 기쁨과
행복의 표현

무지개
: 언 이빠리
리안, 행복
기쁨

위쪽으로 커뜨, 관계
조화가 깨지는

다정한 부부의 모습
: 협조와 조화
원만한 관계를
표현

가정의 화합

낮은 평야
: 장애가 적응

즐겁게
뛰어노는 아동
: 기쁨, 즐거움
안정의 기반

쏟아지는 CUPS

멀어지는 무지개
: 많은 것들이 원점과 실패로
나라남

212

정 방향 기쁨, 가정, 평화, 안정, 결혼　　　　　　　　　　**역 방향** 불화, 불만족, 불행, 이혼

Ten of Cups

Ten of Cups 카드는 그림만 봐도 행복과 즐거움이 매우 크다는 것을 잘 나타내는 카드입니다. 10개의 컵이 하늘에 무지개를 이루며 그려져 있고 그 아래 녹색의 초원에는 빨간 지붕의 집이 그려져 있고 남자와 여자가 서로의 허리를 감싸고 무지개를 바라보고 있습니다. 다정하고 화목한 부부의 모습과 즐겁게 뛰어 놀고 있는 어린 자녀의 모습이 그려져 있습니다. 이런 모습을 통해 모든 것을 이룬 행복감과 평화로운 감정을 나타내고 있습니다. 집 앞에 흐르는 물과 넓은 녹지는 물질적인 안정과 만족감이 가득한 성공을 의미합니다. 그리고 하늘에 가득 채워져 있는 10개의 컵이 빛나는 것은 화합이 잘되는 상황과 그만큼의 기쁨이 큰 것을 나타내며 커뮤니케이션의 조화를 의미합니다.

그리고 여러 색깔의 무지개는 희망찬 미래를 상징하는데 앞으로도 밝은 미래와 기쁨이 있는 것을 암시하고 있습니다. 그래서 이 카드는 미래에 대한 희망이 가득하고 만족감이 큰 것을 나타내는 카드입니다. 주로 결혼 문제, 자녀, 가족, 여러 사람과의 커뮤니케이션 등에 잘 나오는 카드입니다.

금 전 에 관 련 한 질 문

만족감이 큰 금전운, 투자의 성공, 여러 사람으로 인한 이익이 생기는 것 등으로 볼 수 있습니다. 역방향이라면 가정문제로 인한 지출이 큰 것, 주변 사람들로 인한 지출, 돈 문제로 사람들과 관계가 깨지는 것, 기대한 수익이 들어오지 않는 것 등으로 볼 수 있습니다.

직 장 에 관 련 한 질 문

거래처가 늘어나는 것, 사업의 확장, 동료들과 함께 만족하는 성과를 얻는 것, 즐겁게 일하는 업무, 동료간의 화합이 잘 되는 것, 패밀리 같은 동료 등으로 볼 수 있습니다. 역방향이라면 거래처와의 불화, 직장 내 감정싸움, 직장 내 소문으로 인한 문제, 동료들의 배신, 파벌싸움 등으로 볼 수 있습니다.

연 애 에 관 련 한 질 문

결혼의 성공, 동거, 연애의 성공, 즐거운 연애, 결혼까지 생각하는 인연을 만나는 것, 연인의 가족에게 인사하는 것 등으로 볼 수 있습니다. 역방향이라면 연인의 가족과 불화, 주변 지인들의 소문으로 인한 다툼, 불륜, 불만이 심화되는 것 등으로 볼 수 있습니다.

상 담 사 례

조그맣게 사업을 운영하시는 분이 찾아오셨는데 직원이 자꾸 다른 직원들하고 싸우고 나가서 고민이시라면서 이번에 또 직원을 구하려고 하는데 새로 직원을 채용하면 마음에 드는 직원을 구할 수 있는지 그리고 일은 잘하는지 제일 염려하는 것으로 기존의 멤버들하고 잘 어울리는지에 물어보셨습니다. '이번에 직원을 구하는데 능력 있는 직원이 들어올까요?' 라는 질문에 이 카드가 나왔었습니다. '일도 잘하고 동료직원들과 화합을 잘하겠다' 고 해석할 수 있습니다.

연애에서는 한 30대 남자분이 오셨는데 '같은 직장에 있는 마음에 드는 동료가 있는데 고백하면 상대방도 좋다고 할까요?' 질문을 주셨습니다. Ten of Cups 카드가 나와서 '고백을 하면 상대방 이성도 좋아하고 더불어 연애도 이루어진다'고 해석하게 되었습니다.

버려리 소리
제안, 충고, 어드바이스

감정, 소통
사람 과해

화려란 색상
: 감수성이
풍부

넘신마는 물견
호기심. 감정
모험 나타냄

꺼꾸로 서 있는 모습
: 불안정.

쏟아지는 헝더
: 제대로 듣고 왔지 않음
잘못된 소씨, 소통

PAGE of CUPS.

216 **정 방향** 감정 조절이 서투름, 성실한, 미숙한, 지식이 부족함   **역 방향** 감정 조절이 안 되는 것, 자만, 불성실함, 고집

Page of Cups

Page of Cups 카드는 'Page'의 단어 뜻 그대로 수습 기사입니다. 나이트가 되기 이전에 기사 작위를 받기 위해 창술이나 검 다루는 것을 연습하고 군사훈련을 받는 수련생 과정이라고 생각하시면 됩니다. 아직 경험이나 지식은 부족하지만 성실하고 열정이 강한 모습을 나타냅니다. 각기 슈트 카드에서 Cup, Pentacles, Swords, Wands의 Page 카드는 다 이런 의미가 들어있습니다. 그 의미 안에서 각 속성에 따라 해석이 됩니다. 카드의 그림 속의 남자의 화려한 복장은 풍부한 감수성과 관심 대상에 대해 호기심과 열정이 가득한

것을 나타내고 있습니다. 컵 안의 물고기는 내면에 있는 자아를 의미하는데 조언과 지혜를 듣는 것을 의미합니다. 뒤에 그려진 바다는 모험을 의미합니다. 그래서 호기심과 열정을 가지고 모험을 기반으로 뛰어드는 수련생을 의미합니다. Page of Cups 카드는 기사보다는 경험과 행동력이 부족하므로 조언을 듣고 주변의 상황을 파악하면서 배워 나아가는 것이 필요하다는 것을 나타내는 카드입니다.

금 전 에 관 련 한 질 문

익숙하지 않은 분야에 투자하는 것, 금전의 작은 희망
이 보이는 시기, 투자에 대한 새로운 제안, 작은 금액
의 투자 등으로 볼 수 있습니다. 역방향이라면 즉흥적
인 지출이 많은 것, 서툰 투자로 인한 손해, 조언을 무
시한 투자에 후회하는 것, 주변의 꼬임으로 유흥에 지
출 되는 돈 등으로 볼 수 있습니다.

직 장 에 관 련 한 질 문

서툴지만 시도를 하는 것, 성실한 근무태도, 열정을
가지고 도전하는 것, 신입사원, 작은 업무가 주어지는
것 등으로 볼 수 있습니다. 역방향이라면 불안했던 일
이 틀어지게 되는 것, 급하게 처리한 일에 실수, 서툰
업무에 감당이 안 되는 것, 능력 부족으로 인한 손실
등으로 볼 수 있습니다.

연 애 에 관 련 한 질 문

애정이 깊어지는 것, 연인과 취미를 같이 즐기는 연애,
다양한 데이트를 시도해보는 것, 연인에게 친절하고
상냥하게 대하는 것 등으로 볼 수 있습니다. 역방향
이라면 이성의 유혹, 신경이 예민해지는 연애, 연인의
태도가 무성의해 보이는 것, 연인을 두고 다른 이성에
호기심에 생기는 것, 연인과 대화가 어긋나는 것 등으
로 볼 수 있습니다.

상 담 사 례

타로 상담 시에 해석되는 상황들을 보면 직장에서 급
여를 받지 못해서 받을 수 있는지 궁금해서 오신 분
이 있었습니다. 회사에서 계속 급여가 밀렸는데 '이번
달에 밀린 급여를 다 받을 수 있을까요?'라고 질문을
주셨습니다. 그 결과 카드에 이 Page of Cups 카드가
나왔습니다. '어느 정도 숨통이 트일 정도로 작게 들
어오는 정도의 자금'이라고 해석이 됩니다. 들어오는

자금의 규모도 딱 'Page' 만큼인 것입니다. 그러므로
급여는 받게 되겠지만 밀린 급여가 모두 들어오는 것
은 아니고 작게 들어오는 정도라고 해석이 됩니다.

또 어떤 분은 주식투자를 하려고 하는데 지금 눈여겨
본 주식에 투자하는 게 좋은지 물었습니다. 그분의 질
문에는 Page of Cups 카드가 역방향으로 나왔었습니
다. '익숙하지 않은 분야로 손해를 볼 수가 있으니 더
자세히 알아보고 주변의 조언을 참고하는 것이 필요
하다'고 해석하게 됩니다.

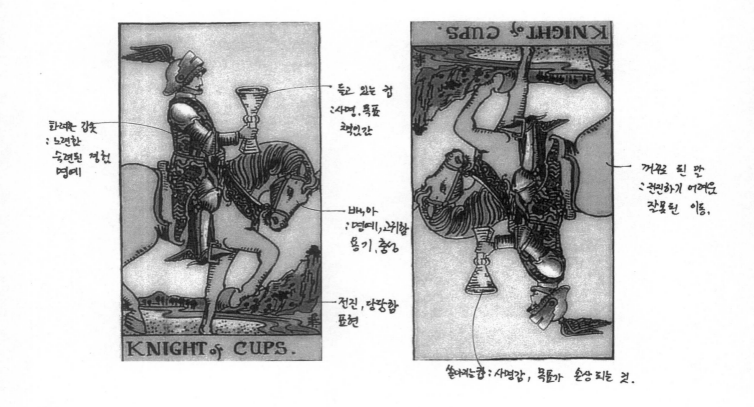

화려한 갑옷
: 노련한
  숙련된 경험
  명예

들고 있는 컵
: 사명, 목표
  책임감

배, 아
: 명예, 고귀함
  용기, 충성

전진, 당당함
표현

거꾸로 된 판
: 전진하기 어려운
  잘못된 이동,

쏟아지는컵 : 사명감, 목표가 손상 되는 것.

220

정 방향 도전하는, 적극적인, 책임감, 자신감

역 방향 불만, 책임감이 없는, 도전의식이 없음

Knight of Cups

Knight of Cups 카드는 수련생 단계를 거쳐서 노련함과 경험을 가지고 행동으로 옮기는 기사를 말합니다. 자신의 명예와 임무를 달성하기 위해 돌진하는 행동력과 용맹을 기반으로 한 도전정신을 의미합니다. 자신이 목표로 하는 것에 신념을 지니고 나아가는 모습을 볼 수 있습니다. 기사가 손에 들고 있는 컵은 감정과 사명 그리고 목표를 의미합니다. 그 컵을 들고 말을 타고 나아가는 모습은 하고자 하는 일에 집중하는 것을 나타내며 자신에게 주어진 임무를 나타냅니다. 정면을 바라보고 나아가는 모습에서 책임감과 완수하려는 목표의식이 뚜렷한 것을 볼 수 있습니다. 앞발을 들고 나아가는 백마를 탄 모습에서도 기사의 명예와 고귀함과 그리고 당당함을 볼 수 있습니다. 화려한 갑옷은 경제적인 부유함과 명예, 능숙한 경험과 대처 능력을 가진 것을 나타내며 기술을 가진 전투력도 의미합니다. 그러므로 이 카드는 충분한 지식과 능력을 갖춘 것과 자신감 있게 행동하고 실천하는 것 그리고 융통성 있고 능숙한 커뮤니케이션의 능력을 의미합니다.

금전에 관련한 질문

새로운 투자에 도전하는 것, 자금의 이동, 투자의 수익이 들어오는 것 등을 볼 수 있습니다. 역방향이라면 돈 문제로 인간관계가 틀어지는 것, 사용할 수 있는 자금이 부족한 것, 고집부리다 손해 보는 것 등으로 볼 수 있습니다.

직장에 관련한 질문

일한만큼 성과가 생기는 것, 업무의 추진력이 좋아지는 것, 회사나 거래처에서 당당하게 성취하는 것, 팀원들을 이끄는 리더십 등으로 볼 수 있습니다. 역방향이라면 업무에 대한 판단이 우유부단해지는 것, 직장에 대한 불만이 생기는 것, 회사를 그만 두고 싶어지는 것, 업무에 실망, 일도 힘든데 상사도 싫어지는 것 등으로 볼 수 있습니다.

연애에 관련한 질문

연애의 진전이 있는 것, 연인과 떠나는 연애, 연인과 재미있는 이벤트를 즐기는 것, 리더십으로 어필하는 연애 등으로 볼 수 있습니다. 역방향이라면 연인의 고집으로 인한 트러블, 연인에게 실망하는 연애, 연인과 신경전 싸움, 감정조절의 실패로 스트레스 받는 것 등으로 볼 수 있습니다.

상담 사례

실제 자주 나오는 예를 들면, 취업 문제로 고민하신 분이 있으셨는데 지금 다니는 회사를 그만두고 다른 곳으로 옮기려하는데 자신이 없어서 망설이고 있었습니다. 그래서 '가고 싶은 회사가 있는데 그곳으로 지원하면 합격할까요?'라는 질문에 결과카드로 이 Knight of Cups 카드가 나왔었습니다. '실력이 있으므로 지원하면 합격하니 도전해보세요' 하고 얘기하게 됩니다.

한번은 본능에 충실한 문어발 데이트를 하는 남자 분이 오셔서 연애에 대한 질문을 주었는데 이 카드가 나왔습니다. '돌진하는 연애스타일'이라고 하니 본인도 웃으시면서 마음에 들면 말이라도 걸어야 직성이 풀린다면서 그렇다고 하셨습니다. 이 분의 경우에는 능숙하고 화려한 커뮤니케이션의 능력으로 해석이 되었습니다. 상대방이 마음에 들면 적극적으로 대시하는 상황과 호감 있는 이성에게 그 감정을 능숙하게 어필하는 것을 나타내는 경우였습니다.

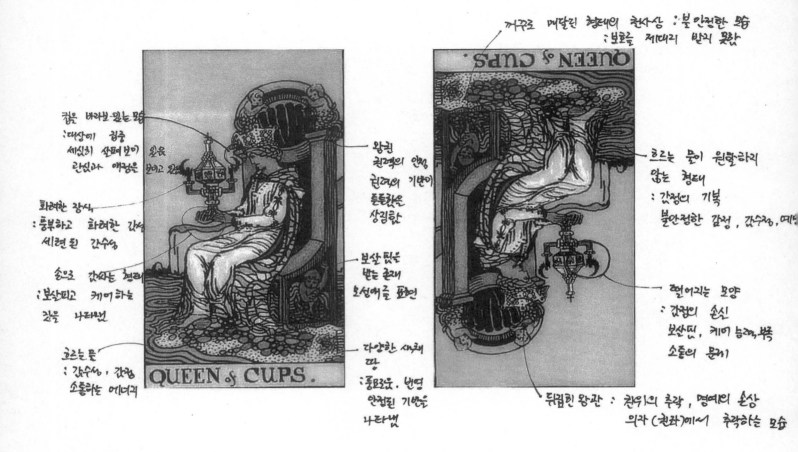

꺼꾸로 메달린 청동의 천사상 : 불안정한 모습
: 보호를 제대로 받지 못함

컵을 바라보고 있는 모습
: 대상에 집중
세심히 살펴 보이 있음
관심과 애정을 보이고 있음

화려한 장식,
: 풍부하고 화려한 감성
세련된 감수성

손으로 감싸는 청태
: 보살피고 케어 하는
것을 나타냄

흐르는 물
: 감수성, 감정
소통하는 에너지

왕권
권력의 안정
권력의 기반이
튼튼함을
상징함

보살 핍을
받는 존재
모성애를 표현

다양한 새채
땅
: 풍요로움, 번영
안정된 기반을
나타냄

흐르는 물이 원활하지
않는 청태
: 감정의 기복
불안정한 감정, 감수성, 메말

헐어지는 모양
: 감정의 손심
보살핍, 케어 능력, 부족
소통의 문제

뒤집힌 왕관 : 권위의 추락, 명예의 손상
의자 (권좌)에서 추락하는 모습

정 방향 정직하고 온화한, 자애로운, 모성애, 헌신적인   역 방향 자비로운 척 하는, 편파적인 보살핌, 겉으로만 온화한

Queen of Cups

Queen of Cups 카드의 그림을 보면 두 손 위에 들고 있는 컵을 부드럽게 바라보고 있는 여인의 모습을 볼 수 있습니다. 마치 어린 자녀를 바라보는 어머니의 모습이 연상됩니다. 자녀를 돌보는 어머니와 같은 부드러운 감성과 모성애를 느낄 수 있습니다. 단어 그대로 '감정의 여왕이며 어머니와 같은 부드러운 커뮤니케이션'을 의미합니다. 왕좌의 앞에 조용히 흐르는 강은 생명의 에너지와 지식, 감정의 교류를 의미하며 커뮤니케이션이 풍부하며 품위가 있고 권력과 권위가 있음을 나타냅니다. 부드럽게 흘러가는 물은 풍요와 안정감을 의미하고 의자에 새겨있는 아이의 모습은 세세하게 지켜보고 관찰하면서 보살펴주고 집중해서 관리를 하는 것을 의미합니다. 그래서 이 카드는 어머니와 같은 감성으로 세심하게 살펴주고 온화하게 보살피는 것을 나타내는 카드입니다.

금전에 관련한 질문

안정적인 자금, 동정심으로 인한 지출, 만족할 만한 금전, 들어오는 수입 등으로 볼 수 있습니다. 역방향이라면 유흥으로 인한 지출이 큰 것, 불만족스러운 금전, 사람을 챙기는 것으로 인한 지출이 많은 것, 허세로 인한 낭비 등으로 볼 수 있습니다.

직장에 관련한 질문

거래처와의 좋은 관계 유지, 팀을 이끄는 직책을 맡는 것, 일의 진행이 순조로운 것, 직장 상사의 케어 등으로 볼 수 있습니다. 역방향이라면 거래처와 협상이 어긋나는 것, 주변 동료와 불화가 생기는 것, 업무의 짜증, 직장 상사와의 갈등, 상사의 질책 등으로 볼 수 있습니다.

연애에 관련한 질문

연인에게 애정이 깊어지는 것, 보살핌을 받는 연애, 연인의 자상한 모습에 감동받는 연애 등으로 볼 수 있습니다. 역방향이라면 서로 다른 스케줄로 마음 상하는 것, 연인을 믿지 못하는 것, 사소한 대화에 예민해지는 것, 다른 이성에게 마음이 끌리는 것, 충동적인 연애의 감정 등으로 볼 수 있습니다.

상담사례

이 카드가 해석이 되는 사례를 보면 직장 문제로 스트레스를 받고 있는 여성 분이 찾아오셨는데 자신이 프로젝트를 진행하는데 자꾸 아래 직원들이 그만두고 나가서 상사에게도 질책 받고 또 새로 사람을 구해야 하니 스트레스라고 너무 심하다고 하셨습니다. 왜 자꾸 그만두고 나가는지 그 이유를 궁금해 했습니다. 그래서 타로 카드로 전반적인 상황을 살펴보니 이유에 Queen of Cups 카드가 역방향으로 나왔었습니다. 팀장인 그 분이 '팀원들을 골고루 꼼꼼하게 관리하지 못하고 마음 가는 사람만 편애하고 있기 때문'이라고 해석이 됩니다. 그래서 직원들과의 소통이 원활하지 않는 문제로 이야기를 드렸습니다.

또 어느 분은 만나는 여자친구와 자꾸 다투게 되는데 여자친구가 마음이 변한 것인지 어떻게 해야 하는지 모르겠다고 답답하다며 찾아오셨습니다. 그분의 경우에 연애의 방해요인에 Queen of Cups 카드가 나왔었는데 바로 여자친구의 어머니가 방해가 되는 경우였습니다. 남자 분을 탐탁지 않게 바라보시는 어머니의 잔소리와 간섭 때문에 여자친구도 심리적으로 힘들어하는 상황을 나타내고 있었습니다.

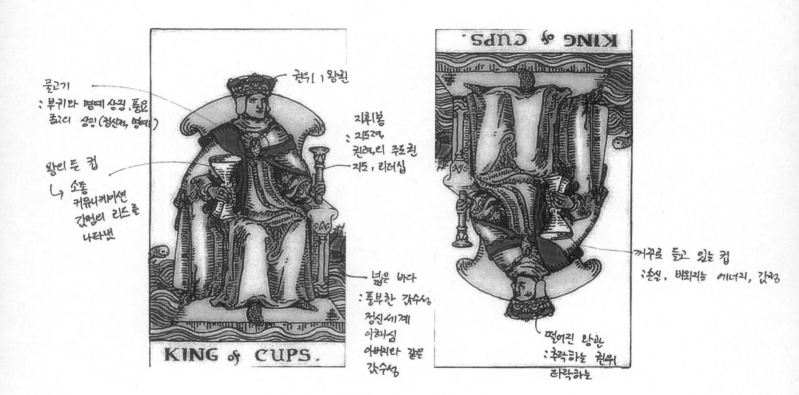

권위 | 왕권

물고기
: 부귀와 명예 상징. 풍요
조요디 상징 (정신적, 명예)

왕이 든 컵
ㄴ 소통
커뮤니케이션
갑정의 리드를
나타냄

지휘봉
: 지도력,
권력의 주도권
지도, 리더십

넓은 바다
: 풍부한 갑수성
정신세계
이해심
어버이다 같은
갑수성

KING of CUPS.

KING of CUPS.

거꾸로 들고 있는 컵
: 손실, 버려지는 에너지, 갑정

떨어진 왕관
: 추락하는 권위
타락하는

정 방향 책임, 유식한 사람, 전문가, 친절한,
이해심이 많은, 관용

역 방향 추문, 교활한, 불법적인, 횡포, 옹졸한

King of Cups

King of Cups 카드는 아버지와 같은 감성을 의미합니다. Queen of Cups 카드가 어머니와 같은 감성으로 리드를 한다면 King of Cups 카드는 아버지와 같은 감성의 지도력을 나타냅니다. 그림을 보면 넘실대는 넓은 바다 위에 앉아서 권좌를 지키고 있습니다. 넓은 대양처럼 크고 풍부한 감성 에너지와 지식을 있는 것을 나타내며 그 영향력이 강력하고 권위와 권력이 있다는 것을 알 수 있습니다. 손에 들고 있는 컵은 소통의 주도권이 이 왕에게 있는 것을 나타내고 능수능란한 노련한 커뮤니케이션의 능력이 있다는 것을 의미합니다. 그러므로 상대방과의 감정의 리드를 잘 할 수 있는 능력을 나타냅니다. 아버지와 같은 감수성을 나타내고 국가를 다스리는 통치자로서 책임감 있는 모습도 나타냅니다. 다른 손에 있는 지휘봉은 강력한 지도력과 국가의 통치력과 통제권을 행사할 수 있는 것을 나타내므로 왕권과 같은 능력과 강력한 힘을 담고 있습니다. 그래서 이 카드는 대화와 감정의 주도권을 잡고 능수능란하게 다루는 것을 의미하는 카드입니다.

금전에 관련한 질문

여유 있는 자금상황, 준비했던 곳에서 큰 이익이 들어오는 것, 빌려준 돈을 받는 것, 투자의 성공 등으로 볼 수 있습니다. 역방향이라면 체면치레로 인한 지나친 금전 소비, 돈 문제로 친한 내 사람이 흉을 보는 것, 품위유지비로 나가는 비용이 큰 것, 금전문제로 감정충돌을 일으키는 것, 투자의 실패 등으로 볼 수 있습니다.

직장에 관련한 질문

직장에서 경력과 능력을 인정받는 것, 상사의 신임을 받는 것, 일의 성과를 얻는 것, 승진, 협상의 성취 등으로 볼 수 있습니다. 역방향이라면 오해로 인한 억울한 상황에 처하는 것, 체면손상, 우유부단으로 인한 구설수 지체되는 일, 예민하게 대처하는 것, 업무의 집중력이 떨어지는 것 등으로 볼 수 있습니다.

연애에 관련한 질문

연인의 따뜻한 배려, 공연이나 영화 등 문화 데이트를 즐기는 것, 연인에 대한 믿음이 깊어지는 것, 연애의 주도권을 잡는 것 등으로 볼 수 있습니다. 역방향이라면 지배적인 행동으로 인한 트러블, 연인의 참견으로 답답해지는 것, 자존심 싸움이 심해지는 것, 연애의 줄다리기로 스트레스 쌓이는 것, 양보 없는 싸움 등으로 볼 수 있습니다.

상담사례

실제 상담에서는 시험을 준비하는 분이 오셨는데 '이번 시험에서 좋은 성적을 받을 수 있을지' 궁금해했습니다. 결과카드에 King of Cups 카드가 역방향으로 나왔습니다. '꼼꼼하게 보지 않아서 아는 문제도 틀리게 되는 것도 있으니 실수로 인해서 기대했던 것보다 낮은 점수를 받게 되겠습니다'라고 해석하게 됩니다.

그리고 다른 케이스에는 친구가 창업하는데 자금을 빌려달라고 하는데 빌려주면 받을 수 있는지 물으셨습니다. '돈을 빌려주면 받을 수 있을까요?'라는 질문에 King of Cups 카드가 역방향으로 나왔습니다. '빌려주면 돌려받기 어려우며 돈 때문에 감정이 상하고 두 사람의 관계마저 나빠질 수 있겠습니다'고 해석하게 되었습니다.

타로카드 공부를 하시다 보면 슬럼프가 올 때가 있습니다. 그럴 때는 잠시 내려 두었다가 하시는 것도 좋습니다. 그런 시기에서도 분명 배우는 것이 있습니다. 즐겁게 꾸준히 하다보면 'King of Cups'처럼 이 분야의 전문가가 되어 있을 것입니다.

Wands

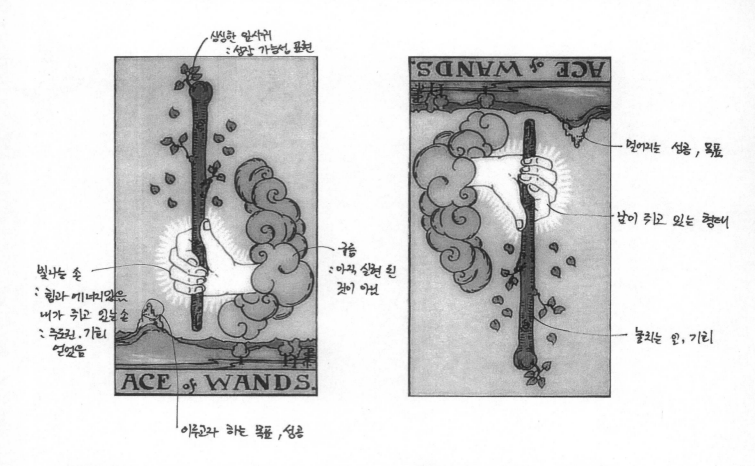

싱싱한 잎사귀
: 성장 가능성 표현

빛나는 손
: 힘과 에너지있는
내가 쥐고 있는 손
: 주도권. 기회
열었음

이루고자 하는 목표 , 성공

구름
: 아직 실현 된
것이 아닌

ACE of WANDS.

멀어지는 성공 , 목표

낮이 쥐고 있는 형태

놓치는 일, 기회

정 방향 새로운 시작, 시작할 준비가 됨, 시작할 기회를 잡음   **역 방향** 준비가 안 됨, 잘못된 시작, 계획의 취소

Ace of Wands

Ace of Wands는 Wands 에너지가 이제 자라나고 시작되는 것을 나타냅니다. 완즈는 일, 직업, 프로젝트, 행동 그리고 그러한 것들에 관련된 소식 등을 나타냅니다. 카드의 그림을 봅시다. Ace of Wands 카드 그림의 특징이 무엇일까요? 공중에 떠 있는 완즈를 손으로 잡고 있습니다. 그리고 그 잡은 손이 빛이 나고 있습니다. 이것은 행동하고 움직이는 일이 성공 가능성이 있다는 것과 충분한 힘이 있다는 것을 이야기합니다. 시도하고자 하는 일에 대한 주도권을 잡았다는 것입니다. 그리고 그 손이 구름 속에서 나왔다는 것은 실체가 없는 것을 의미하는데 이것은 아직 실현되지 않은 것을 이야기합니다.

그래서 이제 완즈를 잡고 하려는 것은 목표를 향해 달려가는 출발이며 저 멀리 보이는 성으로 가기 위한 시작이라는 것을 담고 있습니다. 완즈의 잎사귀가 풍성하면서 싱싱하게 표현된 것은 지금 시작하려는 것이 앞으로 무성하게 계속 자라나게 될 것이라는 것을 의미합니다.

'Two of Wands' 카드와 'Three of Wands' 카드는 완

즈가 땅에 박혀 있어 그 일의 자리를 잡아가는 것을 나타내지만, 'Ace of Wands'는 이제 시작되는 일을 나타냅니다. 그러므로 Ace of Wands 카드는 새로운 일의 제안을 받는 것, 시작할 기회를 잡는 것, 그 준비가 된 것 등으로도 해석이 됩니다. 이 카드가 역방향이면 주도권이 내게 없는 것으로 타인이나 상황에 끌려가는 것으로 봅니다.

금전에 관련한 질문

금전부분에서 투자의 기회, 새로운 이익, 돈을 벌 수 있는 기회를 잡는 것으로 볼 수 있습니다. 역방향이면 잘못된 투자, 투자의 시기가 아직 이른 것, 자금이 지연되는 것, 투자의 기회를 놓치는 것 등으로 볼 수 있습니다.

직업에 관련한 질문

새로운 사업, 새로운 거래처, 새로운 업무, 새로운 목표, 일에 대한 새로운 계획 등으로 볼 수 있습니다. 역

방향이라면 계획이 미뤄지는 것, 일의 실패, 방해로 인한 지연, 협상이 깨지는 것, 무리한 일의 진행 등으로 볼 수 있습니다.

연애에 관련한 질문

연인 간에 새롭게 시작되는 시도, 이벤트, 새로운 인연, 연인이 함께 하는 일 등으로 해석이 됩니다. 역방향이라면 잘못된 선택, 잘못된 대시, 자기주장만 고집하는 것, 약속이 어긋나는 것, 고백의 성급한 시도로 볼 수 있습니다.

상담사례

Ace of Wands 카드는 상담에서 어떤 일이나 사건의 시작점을 나타낼 때 자주 나오는 카드입니다. 어느 20대 남성분의 직업에 관련한 질문에서 이 카드가 이 분의 현재 상황을 나타내는 카드에서 나온 적이 있었습니다. 이분은 여태껏 다닌 회사를 그만두고 새로운 일을 하려고 하는데 그 길을 선택하는 것이 좋은지를 알고

싶어 하셨습니다. 그 일을 하기 위해서는 그 분야의 일을 새로 배우고 공부해야 하고 그만한 시간을 투자해야하기 때문에 확신을 갖고 싶어 했습니다. 현재 상황에서 Ace of Wands 카드가 나온 것은 이제 새로운 일을 하기 위해 결심을 내리고 시도하는 것 새로운 도전을 하는 모습을 의미하는 것으로 볼 수 있었습니다. 앞으로 잘할 수 있는지, 안정적으로 정착할 수 있는지를 보시고 그제야 확신을 하시고 돌아가셨습니다. 또 다른 케이스로 동생과 함께 창업을 하려고 하는데 기한 내에 시작할 수 있는지 본 경우에 결과 카드로 나왔습니다. 정방향이었으므로 그 일을 시작할 수 있고 충분히 기한 내에 착수 할 수 있는 것을 의미합니다. 물어보니 두 사람 다 전공분야가 아닌 새로운 아이템으로 창업하려고 준비 중이셨습니다.

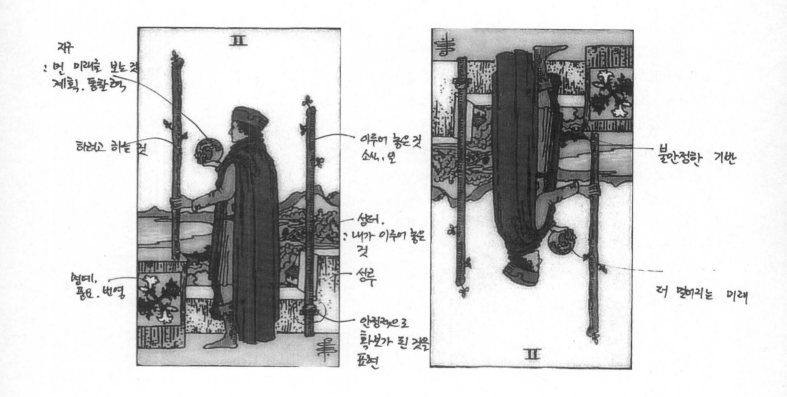

자규
: 먼 미래를 보는것
계획. 통찰력

하려고 하는 것

이루어 놓은것
소식, 온

성터.
: 내가 이루어 놓은
것

성루

영대,
풍요. 번영

안정적으로
확보가 된 것을
표현

불안정한 기반

저 멀어지는 미래

238

정 방향 먼 곳의 소식, 기다림, 소식   **역 방향** 지연되는 소식, 소식이 오지 않는 것, 불길한 소식

Two of Wands

Two of Wands 카드의 그림을 보면 성이 있고 넓은 바다가 있습니다. 그리고 그 바다를 마주한 곳에 나무가 무성한 들판도 있습니다. 남자가 서 있는 성루를 살펴보면 한쪽에는 완즈가 세워져 있고 또 하나의 완즈를 잡고 있고 있습니다. 다른 손에는 지구본을 들고 멀리 바다를 바라보면서 서 있습니다. 남자가 서 있는 성루는 이미 가지고 있는 환경과 자원을 이야기 합니다. 손에 들고 있는 지구본은 먼 미래를 나타냅니다. 성루 한 쪽에 세워져 있는 고정된 완즈는 이미 완성한 것, 안정적인 일을 의미하고 다른 손에 잡고 있는 완즈는 또 다른 일을 의미합니다.

Two of Wands 카드의 그림에서 의미하는 것은 주도하는 일과 앞으로 하려는 일에 대해 나아갈 방향 등에 대해서 통찰하고 있는 것을 나타냅니다. 앞으로의 성장 가능성과 앞으로 미래를 염두에 두고 시기를 계획하는 것을 의미합니다. 싱싱한 잎사귀가 돋아 있는 완즈는 일에 대한 성장 가능성을 이야기하며 한 손에 쥐고 먼 곳을 바라보는 것은 자기가 하는 일에 대한 소식과 앞으로의 일을 계획하고 가능성을 가늠하면서 기다리는 것을 나타냅니다. 그리고 두 개의 완즈는 두 가지 일 또는 한 가지를 완성하고 다른 새로운 일을 계획하는 것을 의미합니다. 그 뒤에 있는 완즈는 이미 완성한 것이거나 기존의 하던 것을 의미합니다. 그래서 이 카드는 새로운 일의 소식을 기다리는 것 그리고 두 개 중의 무엇을 할지 고민하는 것과 앞으로 할 일에 대한 계획을 세우는 것 등을 나타냅니다.

금전에 관련한 질문

투자의 소식, 두 곳의 투자처에 대한 고민, 약속한 돈이 들어오는 것 등으로 볼 수 있습니다. 역방향이라면 기대하던 곳에서 이익이 지연되는 것, 투자 결정의 시기를 놓치는 것, 자금의 소식이 오지 않는 것, 이익보다 지출이 큰 것 등으로 볼 수 있습니다.

직업에 관련한 질문

출장, 유학, 거래처에서 늦은 연락, 늦게 오는 소식, 새로운 프로젝트를 준비하는 것 등으로 볼 수 있습니다.

역방향이라면 기다리던 소식이 늦어지는 것, 거래처와의 약속은 자꾸 미뤄지게 되는 것, 감당할 수 없는 일을 벌이는 것, 기존의 일이 끝나기도 전에 새로운 일을 하는 것 등으로 볼 수 있습니다.

연애에 관련한 질문

연인 외에 다른 이성의 연락, 연인의 대한 연락을 기다리는 것, 헤어진 연인의 소식, 연인과 새로운 것을 계획하는 것 등으로 볼 수 있습니다. 역방향이라면 양다리 연애를 하는 사람은 드러나게 되는 것, 연인과 연락이 되지 않는 것, 선택의 실수, 약속이 깨지는 것 등으로 볼 수 있습니다.

상담사례

상담에서 이 카드는 멀리서 오는 소식이라는 점에서 무역에 관련되어 잘 나옵니다. 또는 유학을 가는 경우, 유학 간 애인의 연락을 기다리는 경우에도 이 카드가 잘 나옵니다 그리고 사업의 시작에서 결정을 내

웨이트 타로카드 독학하기

려야 할 때도 지금이 그 시기가 맞는지 고민하는 경우에도 잘 나옵니다. 40대 중반의 여자 분께서 남편 분 사업에 대해 궁금해 하셨는데 일로 인해 돈을 많이 벌 수 있는지 물었습니다. 그런데 남편 분 상황에 Two of Wands 카드가 나와서 새로운 일을 계획하고 있지 않냐고 물었습니다. 그랬더니 그렇지 않아도 그것 때문에 고민이라고 하셨습니다. 부인은 한 가지 일로 꾸준히 안정적으로 유지하고 싶어 했지만 남편 분께서는 계속 다른 일을 또 시작하려고 여기 저기 알아보고 다니는 중이라고 하면서 하셨습니다. 그분의 남편 분의 모습처럼 또 다른 하나를 진행하려고 계획하고 소식을 기다리는 상황을 나타냅니다.

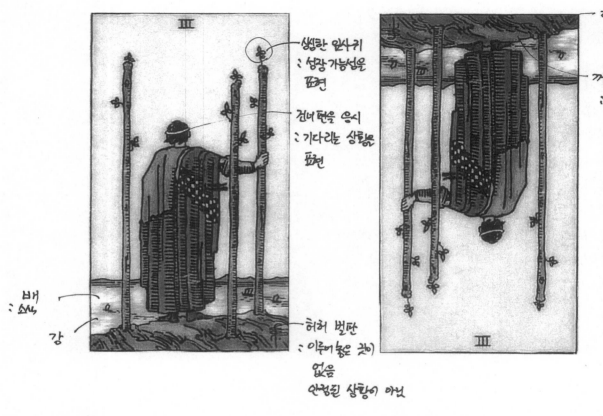

생생한 잎사귀
: 성장 가능성을 표현

건너 편을 응시
: 기다리는 상황을 표현

허허 벌판
: 이루어 놓은 것이
없음
안정된 상황이 아님

배
: 소식

강

저전, 기반이
아직 불안정 함.

꺼꾸로 서 있는 상황
: 아직 멀리 있는 것
바라보는 것이 저 멀게 왐

정 방향 소식, 기다림, 완성하지 못한, 계획을 세우는 것

역 방향 준비의 부족, 시기를 놓치는 것, 지연

Three of Wands

Three of Wands의 카드의 그림을 보면 남자가 나머지 두 개는 땅에 꽂은 채 한 개의 완즈를 잡고 먼 곳을 응시하고 있습니다. 빈 황무지에 서서 멀리 내다보며 기다리고 있는 것입니다. 멀리 강에는 배가 떠 있고 집도 없고 성도 없는 황량한 배경은 Two of Wands와는 달리 터전이 세워지지 않은 것을 나타내고 그래서 아직 완성한 것이 없는 것을 이야기합니다. 그러므로 앞으로 할 것에 대한 소식을 기다리는 것 터전을 세우고 완성을 이루기 위한 부족한 나머지를 기다리는 것을 의미합니다. 그래서 소식이라는 의미를 담고 있습니다. Two of Wands 카드는 1:1의 교섭을 의미하지만 Three of Wands 카드는 여러 사람들과의 함께 움직이고 계획하는 것을 나타냅니다. 그리고 소식을 기다리는 것도 조금 더 시기가 먼 소식을 기다리는 것을 나타냅니다. 완즈에 있는 파릇한 잎사귀와 3개의 Wands를 두고 먼 곳을 응시하는 모습은 먼 미래에 대한 구상과 앞으로 할 일에 대한 계획과 준비를 하는 것을 표현하고 있고 마찬가지로 언덕에 올라가서 멀리 내려다보는 모습은 먼 곳의 소식과 더 먼 시기의 일이라는 것을 나타냅니다. 그리고 완즈에 있는 잎사귀가 파

243

룻파룻하게 싱싱한 것은 자라나는 성장의 가능성을 보여줍니다. 그래서 이 카드는 다양한 일을 여러 개 진행하는 것 또한 함께 할 사람을 기다리는 것, 일을 진행할 시기와 소식을 기다리는 것으로 해석할 수 있습니다.

금전에 관련한 질문

투자에 대한 계획, 장기투자, 자금 원조에 대한 소식, 돈 문제에 해결의 소식을 기다리는 것 등으로 볼 수 있습니다. 역방향은 자금의 부족, 기대했던 자금은 들어오지 않는 것, 금전 거래에 대한 소식이 오지 않는 것, 수금이 늦어지는 것으로 볼 수 있습니다.

직업에 관련한 질문

거래처와의 교섭, 원거리 업무, 무역, 거래처의 연락을 기다리는 것 새로운 프로젝트를 진행하는 것 등으로 볼 수 있습니다. 역방향이라면 거래처의 연락이 오지 않는 것, 업무 협조를 받기 어려운 것, 계획이 미뤄지

는 것 등으로 볼 수 있습니다.

연애에 관련한 질문

이성을 소개받는 것, 친구들과 함께 만나는 연애, 헤어진 연인의 소식, 멀리 떨어진 이성에 대한 소식을 기다리는 것, 여러 명의 이성 등으로 볼 수 있습니다. 역방향이라면 연인과의 트러블, 약속이 자꾸 어긋나서 실망하는 것, 우유부단한 태도로 인한 삼각관계 등으로 볼 수 있습니다.

상담사례

상담에서 이 Three of Wands 카드는 소식과 관련해서 잘 나오는 카드이기도 합니다. 어떤 젊은 여성 분에게 이 카드는 유학을 간 남자친구에게 연락이 오는지에 대해 물었을 때 나온 카드였습니다. 그분의 경우는 꾸준히 연락을 주다가 며칠 동안 남자친구에게서 연락이 없어서 고민하고 있었습니다. 그녀는 남자친구가 다시 자신에게 연락을 할지 그리고 언제 그 소식을

받을 수 있는지 물었습니다. 소식을 받을 수 있는지
의 여부에 이 카드가 정방향으로 나왔는데 그것은 그
녀가 기다리는 남자분의 소식을 늦게라도 받을 수 있
다고 해석이 되었습니다. 또 다른 경우는 개인 사업을
하시는 분에게 이 카드가 나왔는데 거래처의 연락을
기다리느라 마음을 졸이고 있었습니다. 연락이 와야
지금 준비하는 일을 착수할 수 있으므로 기다리는 소
식이 올지 궁금해 하셨습니다. 그분의 상황을 나타내
는 카드에 이 카드가 나왔는데 하염없이 멀리 내다보
며 일을 가동하기 위한 소식을 기다리는 모습을 나타
내고 있었습니다.

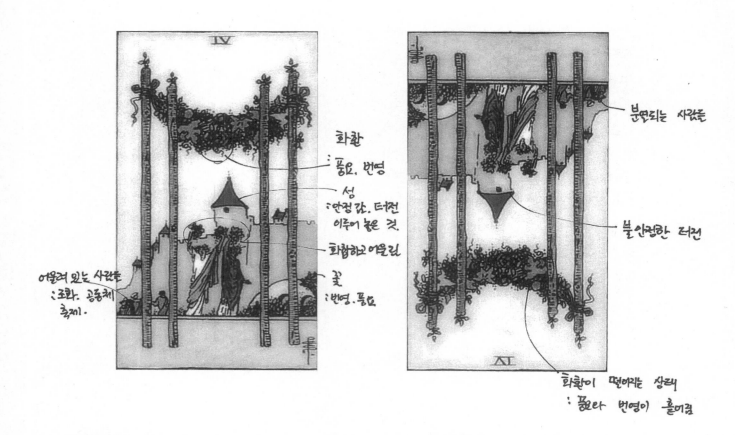

화환
: 풍요, 번영

성
: 안정감. 터전
이루어 놓은 것.

화합하고 어울림

꽃
: 번영. 풍요

어울려 있는 사람들
: 조화. 공동체
축제.

분열되는 사람들

불안정한 터전

화환이 떨어지는 상태
: 풍요와 번영이 흩어짐

246

정 방향 조직, 안정, 터전을 이루다, 번영, 일차적인 성공

역 방향 터전이 불안정, 불안정안 일, 불화

Four of Wands

이 카드의 그림을 보면 여럿이 함께 모여서 축하하는 것을 볼 수 있습니다. 4개의 기둥을 세우고 가운데에 번영과 축하를 의미하는 꽃다발과 결실을 의미하는 열매로 장식을 둘렀습니다. 이것은 목표하던 것의 결과를 얻고 완성과 안정적인 번영의 기반을 세운 것을 나타냅니다. 그리고 이 그림에서 밝은 노란색은 기쁨과 희망 등의 긍정적인 에너지를 표현합니다. 앞에 두 사람의 뒤에 여러 사람들이 모여서 축하를 하는 듯이 보이는 모습은 여러 사람들과 함께 해서 얻은 결실과 또한 주변의 협력을 이야기합니다. 그래서 여럿이 모여 공동체를 이루었다는 것을 나타내며 함께 모여 조직을 세우는 것을 의미합니다. 그리고 목표로 한 일이 안정권에 든 것을 의미합니다.

그러므로 이 카드는 최종목표의 성공보다는 1차적인 완성의 의미와 안정적인 기반의 의미를 담고 있는 카드입니다. 그래서 이 카드는 여럿이 모여 하나의 회사를 차리는 것, 개업을 하는 것 동호회를 설립하는 것 등으로 여럿이 협력하여 조직과 영역의 기반을 안정적으로 이루는 것 등을 보여주는 카드입니다.

금전에 관련한 질문

안정적인 자금상황, 공동 투자의 이익, 주변 인맥으로 인한 정보와 이익 여럿이 함께 한 일에 한 이익 등으로 볼 수 있습니다. 역방향이라면 공동수익이 불안해지는 것, 여유자금의 지출이 많아지는 것, 불안정해지는 금전 등으로 볼 수 있습니다.

직장에 관련한 질문

진행했던 프로젝트의 성공, 동료들의 협조가 원활한 것, 거래처와의 계약 성사되는 것, 직장 내에서 안정적인 업무 진행 등으로 볼 수 있습니다. 역방향이라면 불안정한 직장 상황, 거래가 무산되는 것, 동업자와의 불화, 업무 협조가 안 되는 것, 좋았던 거래처와 관계가 나빠지는 것 등으로 볼 수 있습니다.

연애에 관련한 질문

연애의 안정기, 즐거운 연애, 동거, 친구에서 연인으로 진전이 되는 것 연인과 화합이 잘되는 것 등으로 볼 수 있습니다. 역방향이라면 연애의 실망, 연인과 의견이 맞지 않는 것, 연인과 불화, 관계가 꼬이는 것 약속이 어긋나는 것 등으로 볼 수 있습니다.

상담사례

실제 상담에서 연애에 관련한 질문에서 보면 연애의 안정과 연인과의 안정적인 관계의 기반을 주로 나타내며 두 사람의 영역 즉 보금자리를 의미하기도 하므로 동거를 하거나 결혼을 계획하는 상황에도 자주 나오는 카드입니다. 한 30대 중반의 여성 분이 원거리 연애를 하고 있었는데 최근 남자친구가 전에 없이 짜증을 많이 내고 자주 다투게 되었다고 이야기를 하시면서 그가 자신에게 원하는 것이 무엇인지 모르겠다고 하셨습니다. 그래서 타로카드로 살펴보니 Four of Wands 카드가 나왔었습니다. 두 사람의 트러블은 관계의 안정을 위해 결혼이나 동거에 대한 부분이 문제가 되는 것으로 이야기를 드렸습니다. 그랬더니 최근

에 남자친구가 자신이 살고 있는 지방으로 내려와 함
께 살고 싶다고 이야기를 했었는데 자신은 농담이겠
거니 생각하고 별 대답 없이 웃어넘겼다고 했습니다.
생각해보니 그 시점부터 자주 다퉜다고 이야기하시면
서 이제야 왜 그런지 이해하겠다고 하셨습니다.

V

부딪히는 wands
: 직접적인
경쟁, 치열

서로 다른 옷
: 각기 다른 주장

거꾸로 서 있는 형태
: 불리한 상황

경쟁에서 밀리는 형태
경쟁이 치열한.
패배

번판 : 아직 터전이 세워지지 않음
안정되지 않은 기반

정 방향 경쟁, 고군분투, 격렬한 투쟁, 장애물,
직접적인 경쟁

역 방향 패배, 경쟁에서 밀리는 것, 속임수,
분쟁이 치열해지는 것

웨이트 타로카드 독학하기

Five of Wands

Five of Wands 카드는 그림 그대로 '서로 치열하게 싸운다, 경쟁한다'입니다. 다섯 명이 서로 Wands를 높이 쳐들고 자리다툼을 하고 있습니다. 경쟁하는 곳은 이루어 놓은 성도 없고 집도 없는 벌판 위입니다. 아무 것도 없는 허허벌판에서 다툼을 한다는 것은 조금 더 유리한 입지를 세우기 위한 것이며 아직 건물도 세우지 않은 곳에서 우위를 차지하기 위해서 서로 경쟁을 하고 있는 것을 나타냅니다. 서로 다른 색깔의 옷을 입은 다섯 명의 사람의 모습은 제각기 행동도 다르고 서로가 각자 다른 자신의 주장을 내세우는 것을 나타냅니다. 그래서 이 카드는 경쟁이 치열한 것을 표현하며 직접적인 다툼과 시비, 방해, 구설수가 있는 것을 나타냅니다. 일이라면 분쟁이 많은 것을 시험이나 취직이라면 비슷한 사람들끼리의 경쟁률이 치열하고 사업장이라면 경쟁 업체가 많아서 이익을 위한 치열한 경쟁으로 볼 수 있습니다. 그렇기 때문에 이 카드는 도토리 키 재기 하듯이 고만고만한 사람들끼리의 경쟁과 여러 가지 분쟁이 있는 것을 이야기합니다.

금전에 관련한 질문

돈으로 인한 분쟁, 이익배분으로 인한 소송, 이익을 찾기 위한 경쟁, 더 많은 이익을 얻기 위한 다툼 등으로 볼 수 있습니다. 역방향이라면 힘들었던 금전의 분란에서 벗어나는 것, 여기저기 정신없이 나가는 지출, 이익이 없는 금전 싸움, 이익 경쟁에서 밀려서 손해 보는 것 등으로 볼 수 있습니다.

직업에 관련한 질문

정신없이 많은 일, 경쟁이 치열한 것, 내 거래처를 뺏길 위험, 동료와의 분쟁 등으로 볼 수 있습니다. 역방향이라면 일에 난관이 많은 것, 불안정한 업무, 업무에 대한 스트레스, 직장 내 암투와 시비, 경쟁에서 밀리는 것 등으로 볼 수 있습니다.

연애에 관련한 질문

복잡한 연애, 연애에 라이벌이 생기는 것, 요구사항이 많은 연애 서로 의견이 달라서 다투는 것, 자존심 싸움 등으로 볼 수 있습니다. 역방향이라면 좋았던 연인은 싸움이 많아지는 것, 불만이 늘어나는 연애, 서로의 주장이 강해지는 것, 냉전 중이던 연인은 화해의 실마리가 보이는 것으로 볼 수 있습니다.

상담 사례

상담의 예를 들면 이 카드가 나오면 직접적인 경쟁도 치열하고 힘든 싸움을 나타냅니다. 한번은 여러 명의 이성을 사귀는 분이 타로를 보러 오셨는데 그분의 연애에 대한 질문에 이 카드가 나왔었습니다. 그동안 문어발 연애를 했던 그분에게는 숨겨왔던 복잡한 이성 관계가 들통이 나서 여러 이성들이 격렬하게 싸우는 것을 나타내고 있었습니다.

또 어떤 분은 영업 일을 하고 있었는데 새로 계약하려는 일이 잘 진행이 되는지 물었습니다. 그 때의 진행 상황 카드에 바로 이 Five of Wands 카드가 나왔었습니다. 계약체결을 할 때까지 타 경쟁업체와 계약을 따내기 위해 고군분투해야 하는 상황으로 해석이 되었습니다.

그렇지 않아도 비슷한 레벨의 경쟁 업체가 여러 군데 있다고 하셨습니다. 다른 경우에는 밀린 임금을 받을 수 있는지 물었는데 결과 카드에 Five of Wands 카드가 나왔습니다. 가만히 있으면 받기 어렵고 조정요청을 시도하고 여러 차례 다툼을 겪어야만 가능한 것으로 해석이 되었습니다. 나의 주장을 내세워야 얻어낼 수 있는 것으로 나타내고 있었습니다.

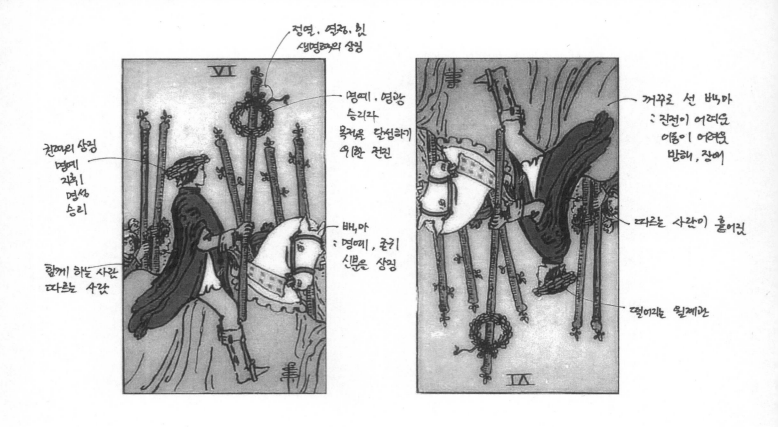

정연, 연결, 잎
생명력의 상징

명예, 영광
승리와
목적을 달성하기
위한 전진

꺼꾸로 선 백마
: 진전이 어려운
이동이 어려움
방해, 장애

VI

권력의 상징
명예
각축
명성
승리

백마
: 명예, 존귀
신분을 상징

함께 하는 사람
따르는 사람

따르는 사람이 흩어짐

떨어지는 월계관

IV

254

Six of Wands

Six of Wands 카드는 여러 사람이 모여서 함께 이동하고 있습니다. 그 중에 한 사람은 말을 타고 머리에 월계관을 쓰고 있습니다. 월계관은 승리자에게 주어지는 것으로 이 무리들의 행보에 정복과 승리가 있는 것을 암시하고 있습니다. 망토를 두르고 말을 타고 나아가는 남자는 월계관을 장식으로 건 완즈를 들고 있고 말에는 휘장이 둘러져 있습니다. 이것은 이 남자가 무리를 이끌고 있는 지도자라는 것을 나타냅니다. 그래서 이 사람이 명예와 지위가 있는 것을 알 수 있습니다. 말을 타고 앞장서서 전진을 하는 모습에서 행동력과 추진력을 표현하며 더 나은 성과를 얻기 위해 이동하는 것을 이야기 합니다. 또한 말을 타고 나아가는 리더의 옆을 여러 사람들이 완즈를 들고 같이 나아가는 모습은 이 사람과 함께하는 주변의 협조와 도움을 이야기 합니다.

그래서 이 카드는 여러 사람과의 의기투합 하는 것과 공동이 함께 모여 새로운 일을 시작하는 것 그리고 새로운 곳으로 출정하는 것을 의미하는 카드입니다.

금 전 에 관 련 한 질 문

먼 곳에서 얻는 이익, 새로운 투자처가 생기는 것, 자금의 이동, 순조로운 수익, 공동투자 등을 볼 수 있습니다. 역방향이라면 자금의 흐름이 정체되는 것, 들어올 돈은 들어오지 않는 것, 투자의 실패, 지출이 늘어나는 것 등으로 볼 수 있습니다.

직 장 에 관 련 한 질 문

팀워크가 좋아지는 것, 출장, 부서이동, 승진, 이직, 리더십의 발휘 등으로 볼 수 있습니다. 역방향이면 지연되는 일, 출장의 보류, 인원 부족으로 인한 업무 지연, 아래 사람들과 단합이 안 되는 것 등으로 볼 수 있습니다.

연 애 에 관 련 한 질 문

계획한 대시의 성공, 용기, 연인과 여행, 연애의 진전, 리더십으로 연인의 마음을 얻는 것 등으로 볼 수 있습니다. 역방향이라면 데이트 비용의 부담, 여행의 지연되는 것, 우왕좌왕하다가 호감을 잃는 것 등으로 볼 수 있습니다.

상 담 사 례

타로상담에서 해석의 예를 살펴보면 30대 중반의 남자분이 창업에 대한 질문에서 이 카드가 나왔었습니다. 친하게 지내는 후배들과 함께 조그만 가게를 오픈하려고 하는데 함께 일하면서 트러블은 없는지 물었습니다. 결과카드에 Six of Wands 카드가 정방향으로 나왔으므로 일하는 사람들과 의견이 맞고 본인도 후배들을 잘 리드하고 이끌고 나가니 잘 진행할 수 있다고 해석할 수 있습니다. 또 어떤 분은 상사로부터 새로운 프로젝트를 제안을 받았는데 수락을 하는 것이 자신에게 이로운지 괜히 힘들기만 하고 성과가 없는 것은 아닌지 걱정하셨습니다. 그리고 새로 맡게 되는 팀원들이 개성이 강해서 자신이 감당 할 수 있을지 고민이라고 하셨습니다. 그래서 만족하는 성취를 얻을 수 있는지 뽑아보니 결과에 정방향으로 나왔습니다. '새로 맡은 일을 잘 리드하실 수 있고 함께 하는 팀원들도 잘 따르니 성과가 있을 것이다'고 볼 수 있습니다. 그래서 '충분히 잘 이끌 수 있으며 과감하게 사람들을 리드하면서 진행을 하면 좋은 결과를 얻을 수 있다'고 해석할 수 있습니다.

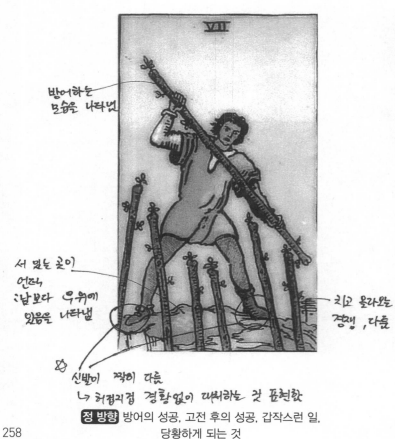

방어하는
모습을 나타냄

서 있는 곳이
언덕
: 남보다 우위에
있음을 나타냄

치고 올라오는
경쟁, 다툼

신발이 짝이 다름
└ 허겁지겁 경황없이 대처하는 것 표현함

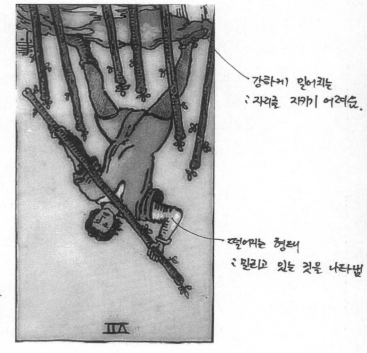

강하게 일어키는
: 자리를 지키기 어려움.

떨어지는 형태
: 밀리고 있는 것을 나타냄

정 방향 방어의 성공, 고전 후의 성공, 갑작스런 일,
당황하게 되는 것

역 방향 난처해지는 것, 걱정, 주저하다, 방어의 실패

웨이트 타로카드 독학하기

Seven of Wands

Seven of Wands 카드는 숨은 그림 찾기 같은 재미가 있습니다. 그림을 자세히 살펴봅시다. 한 남자가 언덕 위에서 서서 아래에서 여기저기 치밀고 올라오는 완즈를 막고 있습니다. 남자가 서 있는 곳이 언덕이라는 것은 이미 남들보다 유리한 위치에 있는 것을 의미합니다. 한 개의 완즈로 밑에서 올라오는 6개의 완즈를 막아내는 모습에서 자신의 자리를 고수하기 위해서 방어하는 것을 알 수 있습니다. 그래서 아래에서 올라오는 완즈는 치열한 경쟁과 방해와 여러 가지 발생하는 문제들을 의미합니다. 그리고 그 방해가 갑작스럽게 일어난 일이라는 것을 표현하고 있습니다. 왜 그럴까요? 이 남자의 양쪽 신을 살펴보세요. 양쪽에 짝이 안 맞는 신을 신고 있습니다. 서로 다른 신을 서둘러 신고 뛰어나와 방어해야할 정도로 갑작스럽게 일어난 문제와 상황이라는 것을 나타냅니다.

그래서 이 카드는 경황없이 갑작스럽게 터진 일들을 해결하느라 분주하고 정신없이 처리하는 것을 표현하는 카드입니다. 여기서 중요하게 보아야 할 것은 이 사람이 서 있는 곳이 언덕이라는 것입니다. 남보다 유리한 고지에 있는 것을 이야기하고 또한 이 사람이 손에 들고 있는 완즈를 놓치지 않고 막아내고 있는 모습에서 아래에서 치고 올라오는 완즈를 다 막아낼 수 있는 것을 의미합니다. 그래서 갑작스럽게 일어난 문제들을 방어하고 처리할 수 있는 것을 알려주는 카드입니다.

금전에 관련한 질문

갑작스럽게 나가는 지출, 여기저기 금전의 압박이 생기는 것, 이익분배에 문제를 해결하는 것, 갑작스럽게 나가는 지출 등으로 볼 수 있습니다. 역방향이라면 사방으로 분산되어 나가는 지출, 급하게 처리해야 하는 돈, 감당하기 힘든 지출, 자금 독촉, 수입보다 지출이 많은 것 등으로 볼 수 있습니다.

직업에 관련한 질문

이리저리 해결할 일이 많은 것, 혼자 간신히 처리하는 일, 생각지도 못한 문제들, 복잡한 일의 절차, 일의 진행에 방해가 많은 것 등으로 볼 수 있습니다. 역방향에서는 역부족으로 인한 실패, 생각지도 않은 방해가 생기는 것, 능력 이상의 업무로 난처해지는 것 등으로 볼 수 있습니다.

연애에 관련한 질문

경쟁자를 물리치고 차지한다, 연인의 요구가 많은 것, 애인에게 대시하는 이성이 있는 것 또는 방어해야하는 이성의 대시 등으로 볼 수 있습니다. 역방향이면 연인의 요구를 감당하기 어려운 것, 자꾸만 생기는 오해, 연인과 다툼, 갑작스런 연애의 방해와 문제들로 관계가 멀어지는 것 등으로 볼 수 있습니다.

상담사례

실제 사례에서 보면 이 카드가 나오면 시간은 급하고, 해결해야 할 일은 많고, 일의 진행에 문제가 많은 상황에 잘 나옵니다. 40대 중반의 남성분이 오셔서 거래처와의 계약에 관련해서 질문을 주셨는데 이 카드가 역방향으로 나왔었습니다. '여러 난관 때문에 우왕좌왕 하다가 해결도 못하고 실패하는 상황이 있을 수 있으니 준비사항을 검토해보세요'라고 했습니다. 그럴 일 없다고 가셨다가 나중에 다시 찾아오셨는데 차량 이동에서부터 갑작스럽게 준비해야하는 서류를 만드는 것 등 변경사항으로 고생했다라고 하시더군요. 그래서 Seven of Wands 카드가 딱 나왔다! 꼼꼼하게 살펴봐야합니다. 다른 경우에는 급하게 돈이 필요하게 되어서 대출이 가능한지 물으러 오신 중년여성 분에게 이 카드가 나왔습니다. 대출은 가능하지만 대출을 받기까지 미처 준비하지 못한 문제로 힘들게 처리한 후에 받게 된다고 해석하였습니다. 나중에 피드백을 주셨는데 정말 대출은 가능했지만 여러 절차가 추가가 되었고 가지고 온지 알았던 필요한 서류를 놓고 와서 택시 타고 급하게 다니면서 힘들게 처리를 하였다고 하셨습니다.

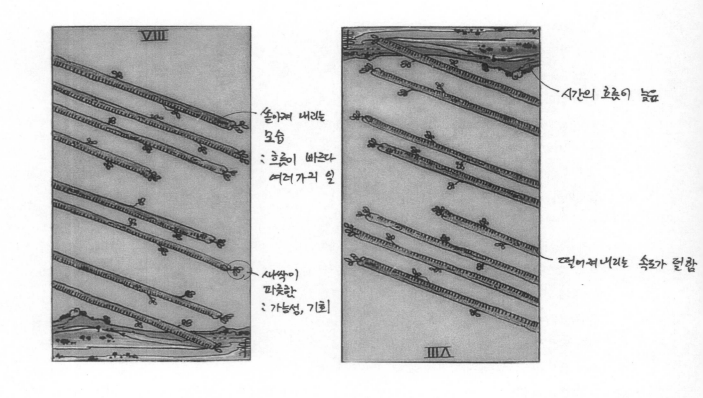

쏟아져 내리는
모습
: 흐름이 빠르다
여러 가지 일

새싹이
파릇한
: 가능성, 기회

시간의 흐름이 늦음

떨어져 내리는 속도가 덜함

정 방향 갑작스런 움직임, 빠른 변화, 빠른 진행,
여러 가지 많은 일

역 방향 지연, 중지, 부진, 게으름, 타이밍을 놓치는 것

262

Eight of Wands

Eight of Wands 카드는 그림을 보면 8개의 완즈가 공중에서 쏟아져 내리고 있습니다. 생각해봅시다. 올라가는 것이 속도가 빠를까요? 떨어지는 것이 속도가 빠를까요? 완즈를 던지면 떨어질 때가 더 속도가 있습니다. 그래서 빠르게 떨어지는 완즈의 모습처럼 빠른 진행을 이야기합니다. 그리고 이러한 완즈가 한꺼번에 쏟아지는 것은 빠른 변화와 여러 가지 일을 처리해야 하는 것을 의미합니다. 그래서 이 카드는 일의 진행이 빠른 것을 나타내고 많은 일을 처리하는 것과 그리고 급한 처리와 신속한 결정을 의미합니다. 그러나 이 카드가 역방향이면 일의 진행이 더디게 진행이 되는 것 또는 지연되거나 중지 되는 것 또는 빠르게 움직이지 않아서 타이밍을 놓치는 것을 나타냅니다. 그래서 결과에 이 카드가 나온다면 빠른 흐름을 따라서 움직이면 성과를 얻을 수 있다는 것을 나타냅니다.

금전에 관련한 질문

단기투자, 급한 결정에 따른 이익, 급한 돈거래, 돈의 흐름이 빨라지는 것, 이익을 얻을 수 있는 자금 흐름이 빠르게 지나가는 것 등을 볼 수 있습니다. 역방향이라면 재빠르게 움직이지 않아서 기회를 놓치는 것, 큰돈이 나가는 것, 들어올 돈은 미뤄지는 것 등으로 볼 수 있습니다.

직장에 관련한 질문

많은 업무, 급하게 처리하는 업무, 거래처의 급작스런 변화, 재빠르게 일을 처리했을 때 얻어지는 성과, 한꺼번에 들어오는 많은 일, 업무량이 늘어나는 것 등을 볼 수 있습니다. 역방향이라면 산만한 업무처리, 잦은 실수, 일의 진행에 많은 방해, 느린 대처로 인한 업무 손실 등으로 볼 수 있습니다.

연애에 관련한 질문

바빠지는 연애, 급속히 진전되는 연애, 갑작스런 데이트, 연인과 여행을 떠나는 것, 연인과 여러 가지 해야 할 일이 많은 것 등으로 볼 수 있습니다. 역방향이라면 약속을 어기게 되는 것, 지루한 연애, 연인의 잔소리, 결단력 부족으로 인한 불협화음 등으로 볼 수 있습니다.

상담사례

언제가 한 중년의 여자 분이 오셔서 소유하고 있는 집을 처분하려고 하는데 내놓으면 팔리는지 그리고 언제쯤 팔리는지 궁금해 하셨습니다. 타로카드로 살펴보니 Eight of Wands 카드가 나왔습니다. 빠른 시일 안에 내놓는다면 매매가 될 가능성이 있다고 이야기 할 수 있습니다. 또 다른 분의 경우에는 조그맣게 공장 운영을 하는데 이번에 진행하는 거래처와 일의 진행이 순조로울 지 물었습니다. Eight of Wands 카드가 정방향으로 나와서 '예정보다 급하게 처리하게 되니 미리 대비를 해두면 순조롭게 진행이 된다'고 이야기를 했더니 몇 년 동안 거래한 곳이라 여태 그렇게 일정이 변경 되거나 그런 적이 없었다며 그럴 리가 없다고 하고 가셨습니다. 몇 달 후에 다시 오시더니 거래처에서 업무 시스템이 바뀌면서 갑자기 마감 기한을 줄여서 일을 주는 바람에 허겁지겁 일을 처리했다고 이야기를 하셨습니다.

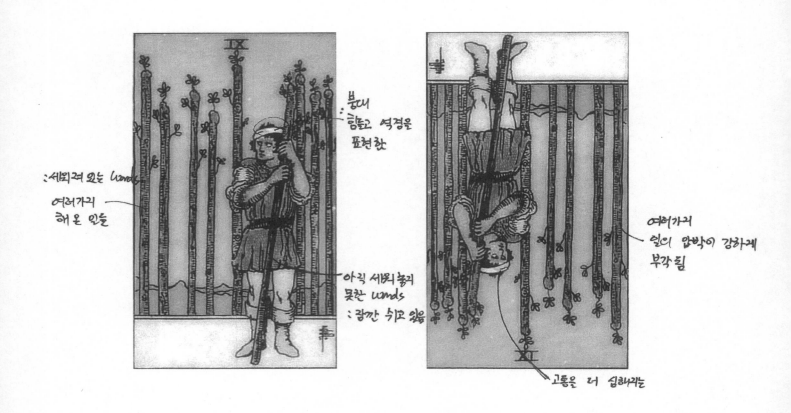

봉대
힘들고 역경을
표현함

세력져 오는 wands

여러가지
해온 일들

아직 세력 놓치
못한 wands
: 작깐 쉬고 있음

여러가지
일의 압박이 강하게
부각 됨

고통은 더 심하려는

정 방향 악전고투, 간신히 해결하는 것,
고생 끝에 지키는 것, 여러 가지 문제

역 방향 건강이 나쁨, 장애물, 역경, 지체, 포기, 패배

266

웨이트 타로카드 독학하기

Nine of Wands

Nine of Wands 카드는 누가 보아도 힘들고 지친 모습을 나타내는 것을 알 수 있는 카드입니다. 머리에는 붕대를 감고 있고 표정은 지친 기색이 역력합니다. 8개의 완즈를 세워 놓고 이제 마지막 하나를 손에 들고 잠시 쉬고 있습니다. 지치고 힘들지만 완즈를 부여잡고 기대고 있는 모습에서 마지막 완즈를 세우면 힘든 일이 끝난다는 것을 알 수 있습니다. 그것이 얼마나 힘겨운 지는 머리에 붕대를 감고 있는 남자의 모습과 완즈 하나에 지탱해서 기대어서 간신히 서 있을 정도로 지친 모습에서 알 수 있습니다. 그래서 이 카드는

'9개의 Wands'만큼 처리해야 할 일이 많은 것과 손에 잡은 남은 1개의 Wands를 아직 세우기 전의 잠깐의 휴식이라는 것을 의미합니다. 그리고 지치고 힘들지만 어느 것 하나 부러지거나 쓰러져 있는 것이 없기 때문에 다 해낼 수 있다는 것도 의미하는 카드입니다.

금전에 관련한 질문

채무를 갚아나가는 것, 곤란한 금전상황에서 벗어나는 것, 포기했던 돈의 회수 등을 볼 수 있습니다. 역방향이라면 자꾸만 늘어나는 지출, 막을 데는 많은데 돈

을 들어오지 않는 것, 감당하기 어려운 지출, 금전 독촉이 심해지는 것 등으로 볼 수 있습니다.

직장에 관련한 질문

많은 장애 끝에 해결되는 일, 고생했던 일이 마무리되어가는 것, 일에 방해가 많은 것, 간신히 해결하는 업무, 처리해야 할 업무가 많은 것 등으로 볼 수 있습니다. 역방향이라면 일이 꼬이고 힘들어지는 것, 업무의 스트레스가 심해지는 것, 번잡하고 정신없이 일에 치이는 것, 능력 이상의 업무, 일을 포기하는 것 등으로 볼 수 있습니다.

연애에 관련한 질문

연인의 짜증, 말다툼, 연인과의 트러블, 다툼이 많았다면 잠시 휴전을 하는 시기 등을 볼 수 있습니다. 역방향이라면 두 사람 사이에 방해가 많은 것, 연인과 자존심 싸움, 잘 지내던 연인은 잦은 싸움으로 갈등이 심해지는 것 등으로 볼 수 있습니다.

상담 사례

이 카드는 실전에서 힘들게 일을 진행하는 상황에 자주 나타나는 카드이기도 합니다. 직장문제로 고민하던 20대 남자 분의 질문에서 나온 적이 있었는데 다니던 직장을 그만두는 것이 좋은지 질문을 주셨는데 그 때 그분의 업무 상황을 나타내는 카드에 Nine of Wands 카드가 나왔습니다. '그동안 밀린 업무를 한꺼번에 처리해야 하는 상황이며, 그로 인한 스트레스도 심하시겠습니다'라고 이야기를 했더니 '자신의 상황이 이 카드의 그림처럼 딱 그렇다고, 그렇지 않아도 두통도 심하고 힘들다면서 어떻게 카드에 그런 것도 나오느냐?'며 재미있다고 하시더군요.

어떤 분에게 직장을 그만둘 수 있는지에 대한 질문에 그 분의 일하는 상황에 이 카드가 나왔습니다. 혼자서 해결해야 하는 업무량이 많고 야근이 많아서 그만 두고 싶어 하는 그분의 직장 상황을 여실히 보여주고 있었습니다. 일이 고되다보니 후임이 들어와도 자꾸 그

만둔다며 하소연을 하셨습니다. 이렇게 힘들게 일하
는 모습 고된 업무 등을 자주 보여주었습니다.

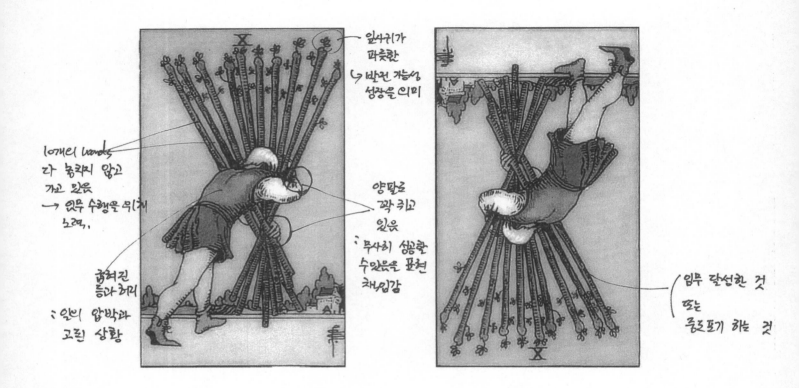

잎사귀가
파릇한
↳ 반전 가능성
성장을 의미

10개의 wands
다 놓치지 않고
가고 있음
→ 임무 수행을 위해
노력.,

양팔로
꽉 쥐고
있음
: 무사히 성공할
수있음을 표현
책임감

굽혀진
등과 허리
: 안의 압박과
고된 상황

임무 달성한 것
또는
중도포기 하는 것

정 방향 과도한 압력, 목표달성을 위해 노력하는 것,
도움을 받을 수 없는 것

역 방향 힘든 상황에서 벗어남, 더 힘들어지는 것

웨이트 타로카드 독학하기

Ten of Wands

Ten of Wands 카드의 그림을 보면 남자 혼자서 열개의 막대기를 모두 짊어지고 가고 있습니다. 고개를 숙이고 그 무거움에 허리조차 못 피고 혼자서 가는 모습은 이 사람이 누구의 도움도 없이 스스로 해결해야 하는 것을 나타냅니다. 열 개의 완즈는 일에 대한 압박감과 완수해내야 하는 책임감, 여러 가지의 역경을 의미합니다. 이 카드의 힘들어 보이는 그림을 보면서 '이렇게 힘들고 괴로운데 일을 완수할 수 있을까?' 라고 생각할 수 있습니다. 그러나 카드의 그림을 자세히 보면 힘들어도 잘 이겨낼 수 있음을 그림을 통

해서 알 수 있습니다. 두 팔 가득 안고 가는 완즈들을 어느 것 하나도 바닥에 떨어트리거나 놓치지 않고 10개의 완즈를 다 들고 가고 있기 때문입니다. 그리고 저 멀리 보이는 성으로 향해가는 모습과 파릇파릇한 잎사귀가 피어있는 완즈를 들고 가는 모습에서 고생스러워도 완수할 수 있다는 것을 그림으로 보여주고 있습니다.

그렇기 때문에 'Ten of Wands' 카드는 주변의 도움 없이 모든 일을 혼자서하는 상황 그리고 힘들지만 그

일을 모두 해결할 수 있다는 것을 의미합니다.

금 전 에 관 련 한 질 문

연체, 과태료 등의 지출이 많은 것, 책임져야 할 지출이 많은 것 등으로 볼 수 있습니다. 역방향이라면 과도한 지출로 인한 압박, 힘들었던 자금상황에서 조금씩 나아지는 것, 빌려준 돈을 받을 수 없는 것 등으로 볼 수 있습니다.

직 장 에 관 련 한 질 문

과도한 업무, 시한이 촉박한 일, 혼자서 감당해야하는 업무, 사업상 문제가 많은 것, 책임이 막중한 업무, 능력 이상의 과중한 업무 등으로 볼 수 있습니다. 역방향이라면 힘든 일에서 벗어나게 된다, 미루었던 일을 한꺼번에 해결해야 하는 것, 모든 일에 방해가 많은 것, 일의 포기 등으로 볼 수 있습니다.

연 애 에 관 련 한 질 문

그동안 오해가 많았다면 풀리게 되는 것, 연인이 감기나 병으로 아픈 것, 점차 부담스러워지는 연애, 과도한 데이트 비용으로 곤란해지는 연애 등으로 볼 수 있습니다. 역방향이라면 연인에게 심각한 문제가 생기는 것, 분쟁이 많았던 사이라면 그 관계가 좋아지는 것, 몸도 힘든데 연인의 불만으로 들볶이는 연애 등으로 볼 수 있습니다.

상 담 사 례

실제 이 카드가 해석되는 사례를 보면 시험 준비하는 사람에게 자주 나오기도 합니다. 누구의 도움 없이 혼자 공부하고 합격의 성패에 대한 압박을 이겨내는 모습으로 나타나기도 합니다. 이 카드를 뽑으면 별다른 설명이 없는데도 '딱 지금 제 상황과 같네요' 하시며 웃으십니다. 또 다른 경우에는 30대 중반의 여성이었는데 남자친구의 사채 빚까지 떠안게 된 상황이었습니다. 그래서 답답한 마음에 자신에게 이 남자는 어떤 인연인지 어떤 존재인지 알고 싶어하셨습니다. 여성 분에게 그 남자분은 어떤 존재인지 뽑아보니 이 카드 가 나왔습니다. 그 여자 분에게 상대 남자 분은 '자신 을 힘들게 하는 사람이며 남자가 힘들 때만 여자에게 연락하고 기대는 관계'로 해석이 되었습니다. 그분에 게 남자친구가 힘들 때만 와서 기대는 연인이었던 것 입니다. 그러자 그분이 늘 그 사람은 저에게 그랬다며 쓸쓸해하셨습니다. '술값 떨어지면 연락하고 카드 값 막히면 도와달라고 전화하고 진짜 그랬어요'라고 이 야기 하셨습니다. 그분에게는 연애로 인해 힘들고 지 치고 버거운 상황을 보여주고 있었습니다.

성장가능성

집중하고
관찰하고 있는
: 호기심, 열정
관념.

목표, 대상
소식, 일

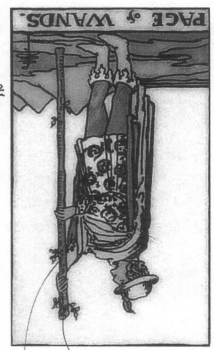

호기심. 열정이 부족한. 미숙함이 드러남

꺼꾸로 된 wands : 놓치고 있는 것을 나타냄.

정 방향 서툴다, 정보가 부족한, 미숙하지만 성실한,
서툰 시도

역 방향 시도의 실패, 서툴러서 실패, 자만

Page of Wands

카드의 그림을 보면 망토를 두른 남자가 완즈를 손에 쥐고 바라보고 있습니다. 두 손으로 꼭 잡은 완즈를 바라보는 모습에서 이루고자 하는 열정과 호기심을 있다는 것을 알 수 있습니다. 잡고 있는 완즈의 잎사귀가 아직 새싹인 것은 이제 그 일이 자라나고 있는 것을 나타냅니다.

이 Page가 잡고 있는 것은 호기심을 갖고 바라보는 목표와 대상이 됩니다. 그래서 완즈를 보면서 관찰하고 집중하고 있는 것을 보여줍니다. 'Page'는 기사가 되기 전 수련생을 의미하므로 배우고자 하는 열정은 가득하지만 그 능력이 아직 부족하고 미숙합니다. 그래서 기사가 되기 위해서 배우고 익히는 단계에 있습니다. 호기심 갖고 탐구하는 것에는 성실하고 열정이 높지만 경험과 실력은 부족하기 때문에 자신의 것으로 만들기 위해서 노력하는 것을 나타냅니다. 그렇기 때문에 이 카드는 배우고 숙련하고 새롭게 관심을 갖고 시도하는 것을 의미하는 카드입니다.

그래서 이 카드는 이제 갓 졸업을 하고 사회생활에 진

출하는 사람, 또는 기존의 하던 일과 다른 새로운 일을 배우는 상황에도 자주 나옵니다.

금 전 에 관 련 한 질 문

잘 모르는 곳에 투자한 작은 이익, 기대하지 않았던 분야의 이익 등으로 볼 수 있습니다. 역방향이라면 잘못된 투자로 인한 손해, 자만으로 인한 금전 손실, 호기심으로 인한 서투른 투자 등으로 볼 수 있습니다.

직 장 에 관 련 한 질 문

성실한 태도로 인정받는 것, 새로운 분야의 일, 업무 관련한 좋은 소식 등으로 볼 수 있습니다. 역방향이라면 준비 부족으로 인한 실수, 기대했던 일이 지연되는 것, 직장 내 좋지 않은 소문 등으로 볼 수 있습니다.

연 애 에 관 련 한 질 문

연인의 소식, 연인 간의 신뢰가 깊어지는 것, 새로운 연애, 이벤트 등으로 볼 수 있습니다. 역방향이라면 지루한 연애, 연인에 대한 관심이 적어지는 것, 상대에 대한 헛소문으로 인한 오해, 서툰 고백의 실패 등으로 볼 수 있습니다.

상 담 사 례

실제로 상담에서 한 30대 여성분이 오셔서 새로운 일을 하려고 하는데 그 일을 잘 할 수 있을지 물어오셨습니다. 결과에 대한 카드가 Page of Wands가 나왔었습니다. 걱정과는 달리 그 일에 대한 열정이 가득하니 주변의 조언을 들으면서 진행을 한다면 충분히 잘할 수 있다고 이야기했습니다. 알고 보니 그녀는 여태껏 일했던 편집 일을 그만두고 전혀 다른 분야인 요리에 호기심이 생겨서 그 분야로 배우면서 일하고 싶어 했습니다. 이분처럼 오래 했던 기존의 일을 그만두고 새로운 분야의 일을 배우는 분들에게도 이 카드가 잘 나옵니다. 이 분에게는 새로운 분야에 대한 열정과 호기심이 많지만 서투르고 실력이 부족한 경우를 나타내는 카드였습니다.

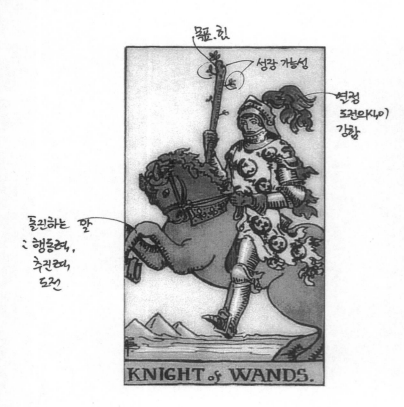

목표.힘

성장 가능성

열정
도전의지(나이)
강함

돌진하는 말
: 행동력,
추진력,
도전

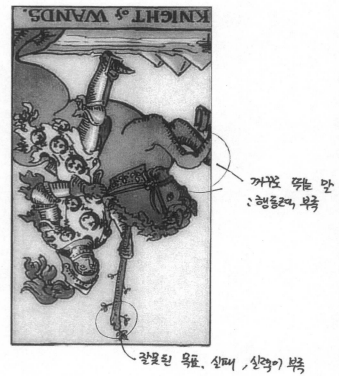

꺼꾸로 뛰는 말
: 행동력 부족

잘못된 목표, 실패 , 실력이 부족

278

정 방향 행동력, 도전, 자신감, 충분한 능력, 추진력

역 방향 실패, 행동력 부족, 실력 부족

Knight of Wands

Knight of Wands 카드는 갑옷을 입은 기사가 말을 타고 완즈를 높이 치켜세우고 있고 기사가 타고 있는 말은 두 발을 치켜세우고 이제라도 내달릴 기세로 앞발질을 하고 있습니다. 이런 모습은 강한 행동력과 자신감과 추진력이 있는 것을 나타냅니다. 행동력이 강한 의미는 일에 대한 추진력과 판단력도 나타내지만 멀리 움직일 수 있는 기동력도 나타냅니다. 그리고 'Page' 때와는 다르게 기사가 갑옷을 입고 있는 것은 그만큼의 실무 능력이 있는 것과 경험이 쌓았다는 것을 나타냅니다. 손에 무기를 들고 있는 것은 그만한 힘과 주도권을 갖고 있다는 것과 실무능력을 갖고 있다는 것을 의미합니다. 그래서 이 카드는 왕성한 추진력과 힘을 나타내고 강력하게 행동으로 옮기고 능숙하게 대처하고 처리해나가는 능력을 담고 있습니다.

금전에 관련한 질문

움직임이 있는 사람에게 이익이 되는 금전운, 목표한 곳에 투자, 많은 정보력과 도전으로 이익이 생기는 것 등으로 볼 수 있습니다. 역방향이라면 엉뚱한 곳에 나가는 지출, 투자의 시기를 놓치는 것, 금전 지원은 지

279

연되는 것 등을 볼 수 있습니다.

직업에 관련한 질문

업무의 추진력이 좋을 시기, 책임권한이 커지는 것, 인정을 받는 것, 업무의 리더십이 발휘되는 시기, 출장, 외부 업무가 늘어나는 것 등으로 볼 수 있습니다. 역방향이라면 해야 할 일과 기획은 많지만 행동력이 부족한 것, 직장에서 자존심 상하는 일, 고집으로 인한 명예 손상, 새롭게 추진하는 일에 대한 방해 등으로 볼 수 있습니다.

연애에 관련한 질문

새로운 이벤트, 연인과 함께 하는 여행, 마음에 드는 이성에게 대시하는 것, 리더십으로 연인을 휘어잡는 연애 등으로 볼 수 있습니다. 역방향에서 연인과 이벤트가 취소되는 것, 지나친 흥분으로 인한 갈등, 데이트 자금의 부족, 주장이 다른 것으로 다툼, 고집부리는 연애 등으로 볼 수 있습니다.

상담사례

실제 상담 사례 중에서 연인과 계속 만나야 할지 아니면 이제 헤어져야 할지 고민하시다가 오신 분이 있으셨는데 연애에 관한 질문에서 이 카드를 뽑았었습니다. 그 때 그분에게는 이 카드가 연애의 방해요인으로 역방향으로 나왔었습니다. 그것은 상대방이 연인을 이끄는 리더십이 부족한 것을 의미하고 있었습니다. 연애에 적극적이지도 않고 상대에게 집중하지 못하고 우유부단한 태도로 인해서 연애가 진전을 보지 못하게 되는 걸림돌이 되는 것을 나타내고 있었습니다. 그렇지 않아도 남자친구가 함께 하기로 했던 약속이 자꾸 최소가 되었던 일이 많았고 남자친구가 연애보다 일을 우선으로 하는 모습이 늘 불만이라고 이야기하셨습니다. 또 다른 경우에는 Knight of Wands 카드가 마음에 드는 곳으로 이사할 수 있는지 묻는 질문에 나왔었는데 자신이 직접 돌아다녀보고 알아보는 적극적인 행동력으로 마음에 드는 집을 구할 수 있

는 것으로 해석이 되었습니다. 이 경우에는 적극적인
행동력과 기동력을 나타내는 사례였습니다.

왕의 권위를 상징

안정적인 왕권

왕관
: 명예, 권력,
동그린 있음

희망
명예
왕관의 변명

꽉 쥐고 있음
: 안정된 인
일의 권력, 리이 있음
주권관을 확보

위기가 겉으로 드러남

여왕의 사이에 있는 : 다 관리하고 있음을 표현함

문제, 위기

떨어지는 왕관 : 명예의 손상, 권력의 타락

뒤집힌 wands
: 능력,부족, 실패

282

정 방향 일의 안정, 관리, 원숙함, 어머니와 같은 관리

역 방향 불안정, 미흡한 관리, 옹졸한

Queen of Wands

그림 속의 여왕이 왕좌에 앉아 한 손에 해바라기를 다른 손에 완즈를 들고 앉아 있습니다.

양 옆의 사자 조각상과 사자 문양들은 여왕이 가진 권력과 권위 그리고 힘의 크기를 의미합니다. 손에 잡고 있는 해바라기는 명예와 밝은 미래 그리고 영광을 나타냅니다. 그것은 이 여왕이 가지고 있다는 것을 담고 있습니다. 여왕의 발 앞에 앉아 있는 검은 고양이는 드러나지 않은 술수와 위험을 의미합니다. 여왕은 측면을 보고 있지만 발 앞에 보이는 곳에 검은 고양이가 있다는 것은 그런 부분까지도 관리하고 있다는 것을 의미합니다. King of Wands 카드가 진취적인 행동과 목표의 쟁취와 강력한 부의 성취를 의미한다면 Queen of Wands 카드는 안정을 기반으로 하는 왕권과 관리능력 그리고 풍요로운 부의 유지를 의미합니다. 그러므로 이 카드는 자신의 영역의 모든 일과, 사람, 대상 등을 어머니와 같이 치밀하게 관리하며 보살피는 능력을 나타냅니다.

금전에 관련한 질문

남을 보살피는데 쓰이는 지출, 안정적인 자금, 자금의 지원, 풍족한 금전 등으로 볼 수 있습니다. 역방향이라면 동정심으로 인한 지출이 큰 것, 유흥비 지출, 낭비, 투자의 손실, 돈의 회수가 되지 않는 것 등으로 볼 수 있습니다.

직업에 관련한 질문

상사에게 신임을 얻는 시기, 유리한 계약 성사, 꼼꼼한 업무 능력을 인정받는 것, 승진, 계약의 성공 등으로 볼 수 있습니다. 역방향이라면 성과를 내기 힘들어지는 것, 거래처 관리자의 압박, 믿었던 동료의 배신, 업무 상황이 불안정해지는 것 등으로 볼 수 있습니다.

연애에 관련한 질문

헌신적인 연애, 연인에게 위로 받는 것, 연인에 대한 애정이 깊어지는 것, 연애가 안정이 되는 것 등으로 볼 수 있습니다. 역방향이라면 연인의 질투, 연인에게 문제가 생기는 것, 연인의 무리한 요구로 인한 짜증, 연인을 믿지 못 하는 것, 의심으로 인한 트러블, 자존심 싸움 등으로 볼 수 있습니다.

상담 사례

실제 상담에서 40대 중반의 중년 여성의 상담에서 나온 경우였는데 다른 사람의 가게에서 관리를 담당하고 있었는데 이제 그 회사를 그만두고 독립적으로 일하고 싶어 했습니다. 자신이 프리랜서로 일을 해도 안정적으로 수입을 유지할 수 있는지 물으셨는데 프리랜서로 일했을 경우 수입의 안정에 대한 결과에 Queen of Wands 카드가 정방향으로 나왔습니다. 안전 지향적인 업무 스타일과 자신이 재정 관리도 잘 유지되고 있는 상황을 나타내고 있었습니다. 충분히 유지가 가능하며 일 또한 노련하게 잘 할 수 있다고 있는 것을 알 수 있습니다.

또 다른 케이스는 연애에서 상대방에게 집착하는 모습을 나타내는 경우가 있었습니다. 20대 남성분이 오셔서 질문을 주셨는데 지금 교제하는 여성이 어떤 사람인지 알고 싶어하셨습니다. 질문을 정리하고 카드를 뽑아보니 Queen of Wands 카드가 역방향으로 나왔습니다. 상대분은 당신에게 집착하고 속박하려고 할 수 있으니 그 부분이 연애의 걸림돌이 되는 것으로 이야기를 드렸습니다. 그러자 바로 그분이 하시는 말이 "사실은 지금도 여자친구가 갑자기 찾아오는 바람에 피하려고 돌아다니다가 타로점 보는 데가 눈에 띄어서 들어왔어요. 아직도 입구에서 저를 기다리고 있어요. 어떡하죠?"라고 하셨어요. 그래서 같이 해결방법을 타로카드로 찾아보았답니다.

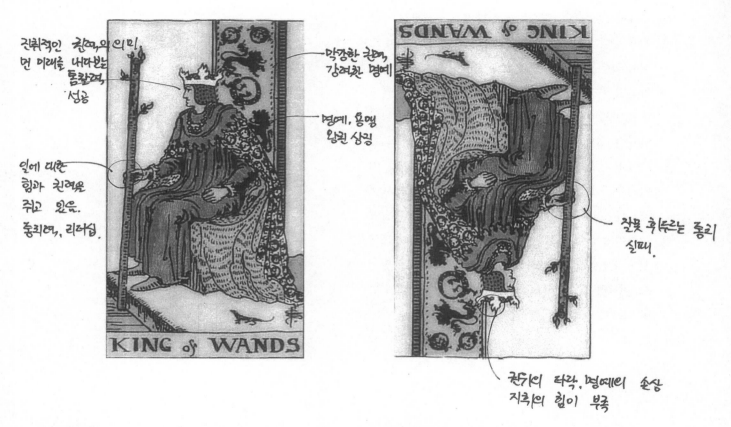

진취적인 친화의 의미, 먼 미래를 내다보는 통찰력, 성공

막강한 권력, 강력한 명예

명예, 용맹 왕권 상징

일에 대한 힘과 권력을 쥐고 있음. 통치력, 리더십.

KING of WANDS

KING of WANDS

잘못 휘두르는 통치 실패.

권위의 타락, 명예의 손상 지혜의 힘이 부족

286

정 방향 쟁취의 성과, 권리와 명예, 성공, 강력한 지도력

역 방향 명예의 실추, 독단적인 판단, 잘못된 리더십.

King of Wands

King of Wands 카드는 왕좌에 앉아서 완즈를 세우고 앞을 응시하고 있습니다. 화려한 의상과 의자에 새겨진 사자의 문양은 동물의 왕이라는 사자를 표상으로 강력한 통치권과 최고의 자리를 있다는 것을 나타냅니다. 화려한 의자와 문양과 의복들은 높은 명예와 풍요로운 부를 가지고 있는 것을 나타내고 있습니다. 왕으로써 한 나라의 막강한 권력을 쥐고 있는 것 그리고 강한 에너지의 남성성도 의미합니다. 그리고 완즈를 쥐고 있는 방향을 주시하고 있는 것은 근시안적인 판단력보다는 더 먼 미래를 내다보고 판단하는 지도자의 모습을 보여주고 있습니다. 그렇기 때문에 이 카드는 상황을 명확히 파악하는 강력한 관리능력과 진취적인 리더십과 폭넓은 통제력을 의미하고 목표에 대한 성공과 원하는 바를 성취하는 것을 나타냅니다.

금전에 관련한 질문

기대한 만큼의 수익이 들어오는 것, 투자한 곳에 성공, 자금에 여유가 생기는 것 등으로 볼 수 있습니다. 역방향이라면 부적절한 곳의 지출, 큰돈의 지출, 비싸게 구입한 물건, 불안정한 자금관리, 투자한 곳의 손실을 이야기 합니다.

직 업 에 관 련 한 질 문

직장 내에서 지위가 오르는 것, 승진, 프로젝트의 성
공, 일이 마무리 되고 성취를 얻는 것, 새로운 일과 계
획이 잘 진행되는 것 등으로 볼 수 있습니다. 역방향
이라면 독선으로 인한 명예실추, 직장 내에서 구설수,
익숙한 일에도 실수가 생기는 것, 실직 등으로 볼 수
있습니다.

연 애 에 관 련 한 질 문

연인과 함께 미래를 준비하는 연애, 결혼, 고백의 성
공, 새로운 연인이 생기는 것 등으로 볼 수 있습니다.
역방향이라면 연인에게 체면이 손상되는 것, 지배적
인 성격으로 인한 트러블, 연인에 대한 실망이 커짐,
연인의 심술, 자기체면 세우느라 불화가 더 깊어지는
것 등으로 볼 수 있습니다.

상 담 사 례

이 카드는 30대 중반의 여성분에게 나왔었는데 그분
은 이번에 승진 가능성의 여부가 달린 프로젝트를 진
행하고 있었습니다. 진행하는 프로젝트를 성공적으로
마무리를 해야 승진이 유력해지기 때문에 일을 하면
서 성과에 대한 심리적인 압박감이 심하고 주변 경쟁
을 견제해야 하는 불안감에도 시달리고 있었습니다.
그래서 그 일을 잘 진행할 수 있는지 알고 싶어했습니
다. 일의 성공적인 결과를 얻을 수 있는가를 타로카드
로 살펴보니 King of Wands 카드가 역방향으로 나왔
습니다. '뭔가 보여줘야 한다는 압박감이 있어서 팀
워크를 무시하고 독단적으로 진행하는 것이 문제가
될 수 있습니다. 너무 의욕만 앞서서 팀원들의 문제점
을 파악하지 못하고 그로 인해서 팀워크에 문제가 생
길 수 있으니 동료들의 의견을 들어주면서 리드하는
것이 좋겠습니다'라고 이야기를 했습니다. 이 분의 경
우에는 의욕이 가득 차서 혼자서 독주하는 것이 문제
가 되는 것으로 해석이 되었습니다.

5

Pentacles

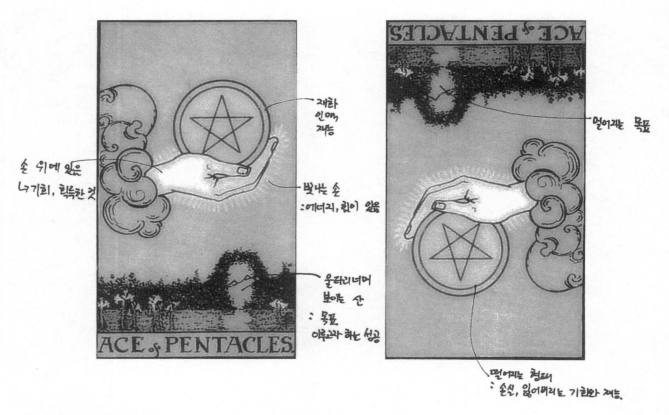

손 위에 있는
└ 기회, 획득한 것

재화
인맥
재능

빛나는 손
:에너지, 힘이 있음

울타리너머
보이는 산
: 목표
이루고자 하는 성공

ACE of PENTACLES.

멀어지는 목표

멀어지는 정리
: 손실, 잃어버리는 기회와 재능.

정 방향 투자를 받다, 이익, 인맥을 얻다,
큰돈이 들어오는 것

역 방향 손해, 인맥을 잃다, 이익이 없는, 투자의 지연

Ace of Pentacles

타로카드의 그림을 살펴보면 구름에 나온 손 위에 커다란 펜타클을 올려놓고 있고 펜타클을 올려놓은 손은 빛나고 있습니다. 정원에 꽃들이 피어있고 울타리 넘어 아치 모양의 입구가 그려져 있습니다. 그리고 멀리에는 산이 보입니다. 손 위에 놓인 펜타클은 이제 손안에 들어오는 금전의 이익과 인맥을 얻는 것과 재능을 의미합니다.

손안에 올려져 있는 것은 그런 것들은 가진 것을 이야기합니다. 그 기회를 잡은 것과 이제 그것이 시작되는 것으로 볼 수 있습니다. 손이 빛나고 있는 것은 그만한 힘을 가지고 있는 것과 성공 가능성을 강조합니다. 펜타클이 놓인 곳에서 멀리 보이는 산까지 길이 나 있는 것은 손 위에 올려진 기회와 시작하는 것이 먼 산의 목표점까지 성장하는 것을 암시합니다. 그래서 이 카드는 새로운 금전의 이득과 재능을 나타내며 새로운 인맥을 얻는 것을 의미합니다.

금전에 관련한 질문

정방향에서 금전의 수익, 새로운 투자의 기회를 잡는

것으로 해석이 됩니다. 역방향이라면 지출이 크다, 투자의 실패, 돈이 들어오려다 실패하는 것, 잘못된 곳에 투자한 것으로 적용이 됩니다.

직업에 관련한 질문

새로운 업무, 새로운 업무의 계획, 업무의 성과, 계약의 성사, 새로운 좋은 정보를 얻는 것으로 해석이 됩니다. 역방향이라면 성과보다 낮은 이익, 지출만 큰 계획, 이익이 없는 업무, 계약이 무산되는 것으로 볼 수 있습니다.

연애에 관련한 질문

새로운 이성이 생기는 것, 새롭게 호감 가는 상대가 생기는 것, 연인과 함께하는 새로운 변화 등으로 볼 수 있습니다. 역방향이라면 데이트 비용으로 인한 트러블, 연인에 대한 실망감, 바라는 것이 충족되지 못한 연애 등으로 볼 수 있습니다.

상담 사례

타로 상담 사례에서 보면 어느 여성분이 찾아오셨는데 조그맣게 가게를 하려고 하는데 부족한 자금을 대출 받으려고 하는데 받을 수 있는지 물으러 오셨습니다. '대출을 받을 수 있을까요?' 질문에 이 카드가 나왔습니다. 이분에게는 사업자금을 손에 얻고 있는 것으로 볼 수 있습니다. 따라서 대출 받을 수 있다고 해석할 수 있습니다. 또 어떤 분은 요리를 배우려고 하는데 재능이 있는지를 물으셨습니다. 타로카드로 뽑아보니 이 카드가 결과에 나왔습니다. 이제 막 시작하는 재능이며 앞으로도 발전 가능성이 무한하게 큰 것으로 볼 수 있습니다.

가끔 펜타클 속성의 카드를 단순히 돈으로만 연결시켜서 보는 경우가 있는데 그럴 경우 더 다양한 범위의 적용을 스스로 제한해버리게 됩니다. 재능으로 인한 재화의 이득, 인맥으로 인한 재화, 또는 재능의 발전 가능성과 인맥의 구축과 명예를 나타내기도 합니다.

유연하게 생각하고 호기심을 많이 가져보세요. 더 많
은 것들을 아시게 됩니다.

어린광대 복장
: 자신의 감정과
상관 없이
'쇼를 보여줘야함'
↳ 즉, 내키지
않는 행동을 함

뒤집힌 어릿광대
: 감정이 드러날
불안정 한 상태
'쇼기' 부리기 싫음

뫼비우스 띠
: 무한의 반복
순환되는 것을
의미함

흥이 나지 않는 반복

모험
- 감정의 변화

정 방향 어쩔 수 없이 하는 상황, 내키지 않은 응대,
의무적인, 접대

역 방향 강제로 하는 유흥, 내키지 않는 지출, 접대의 실패

웨이트 타로카드 독학하기

Two of Pentacles

그림 속의 광대 복장의 남자가 두 손에 펜타클을 들고 저글링을 하고 있습니다. 어릿광대는 남을 즐겁게 해주기 위해서 그리고 흥을 돋우기 위해서 묘기와 재주를 부립니다. 마찬가지로 Two of Pentacles 타로 카드 그림에서 보이는 남자도 어릿광대처럼 어쩔 수 없이 하는 상황을 나타냅니다. 묘기를 부리듯이 두 개의 펜타클을 돌리고 있습니다. 시무룩한 표정으로 이리 돌리고 저리 돌리면서 다른 곳을 바라보고 있고 남자의 뒤에 그려진 바다에는 높은 풍랑과 배가 그려져 있습니다. 이러한 것들은 하고 싶지 않은 행동을 해야 하는 심란함을 표현하고 있습니다. 멀리 보이는 출렁이는 바다는 저글링 하듯이 반복되는 것에서 벗어나 떠나고 싶은 모험을 의미합니다. 그러므로 Two of Pentacles 카드는 남들을 위해서 유흥을 위해서 재주를 보여주는 광대처럼 내키지 않지만 어쩔 수 없이 해야 하는 것들을 의미합니다.

금전에 관련한 질문

내키지 않은 지출, 쓰고 싶지 않은 접대비, 들어와도 곧 지출되는 금전 등으로 볼 수 있습니다. 역방향이라

면 과다한 유흥비 지출, 쓰고 싶지 않은 돈을 자꾸만
쓰게 되는 상황으로 볼 수 있습니다.

직장에 관련한 질문

하기 싫은 업무, 상대하기 싫은 사람의 접대, 별로 이
득이 되지 않은 일, 반복되는 지루한 일 등을 나타냅
니다. 역방향이라면 참지 못한 접대의 실패, 피할 길
없이 해야 하는 일, 능력에 비해 부담스러운 업무, 일
의 진행이 어려운 상황으로 볼 수 있습니다.

연애에 관련한 질문

짜증이 나도 참고 하는 연애, 재미없는 연애, 연인의
요구에 억지로 해주는 상황, 과도한 데이트 비용 또는
쓰기 싫은 데이트 비용으로 볼 수 있습니다. 역방향이
라면 하고 싶지 않은 데이트, 즐거움도 없고 돈만 쓰
는 연애 등으로 볼 수 있습니다.

상담사례

실제 상담에서 이 카드는 카페를 운영하는 젊은 여성
에게 나왔습니다. 처음에는 기대가 많았는데 생각보
다 매장 운영이 쉽지 않자 고민하다가 찾아오신 분
이었습니다. 언제쯤 매출이 좋아질지 궁금해 하셨
는데 그분의 현재 상황에 해당하는 카드에 Two of
Pentacles 카드가 나왔었습니다. 수입이 들어오면 인
건비와 물품 구입 등으로 대부분 지출이 되고 남는 것
은 적고 간신히 유지만 되는 상황을 나타내고 있었습
니다. 일에 대한 즐거움도 없으니 갈등이 되는 경우였
습니다. 그래서 수익이 나지 않는 원인을 살펴보고 여
러 가지 개선방법을 타로카드로 알아보셨습니다.

교회터

쌓여 있는
3개의 Pentacles
: 합의 일치
융화를 의미

수도승

수리공
: 전문가
기술자

기부자, 신도
투자자

설계도면
: 이루고자 하는
미래를 상징

뒤집혀 있는 천장
→ 불안함, 분열을 나타냄

합의가 깨짐

정 방향 투자, 기부금, 모금, 미래를 위한 투자, 조화

역 방향 과한 체면치레, 손해를 본다, 분란

Three of Pentacles

그림을 살펴보면 전문 수리공으로 보이는 사람과 교회 수도승으로 보이는 사람과 좋은 옷을 입은 사람이 손에 설계도를 들고 있습니다. 이 세 사람이 펜타클 세 개가 새겨져 있는 아치형 입구에 서서 상의를 하고 있습니다. 건물의 설계도는 미래를 위한 자금 투자와 무언가를 생산하는 것과 쌓아올리고 제작하는 것을 표현합니다. 그리고 투자자와 기술자와 수도자의 세 사람이 서로 의견을 나누는 모습은 함께 일을 진행하는 사람들과의 융화와 합의를 의미합니다. 그리고 전문가의 도움이나 중개 그리고 미래를 위한 전문

기술을 익히는 것도 표현하는 카드입니다. 그래서 시간을 들여서 재능과 기초를 쌓고 공부하는 모습도 볼 수 있습니다. 그러므로 이 카드는 기부금, 공동의 자금, 미래를 위한 지출, 즉 배우거나 재능을 쌓아 올리는 것을 나타냅니다.

금전에 관련한 질문

축의금, 기부금, 공동 투자의 수익, 투자, 공동 모금 등으로 볼 수 있습니다. 역방향이면 과하게 나가는 경조사비, 체면 때문에 과하게 쓰이는 지출, 자금운용에

문제로 볼 수 있습니다.

직업에 관련한 질문

거래처와의 계약 성사, 동료와의 협조가 좋은 것, 업무의 성과가 좋은 것, 동업자를 나타냅니다. 역방향이라면 동료 간의 분란, 계획의 차질, 자금문제로 인해 일의 진척이 어려움, 동업이 깨지는 것 등으로 볼 수 있습니다.

연애에 관련한 질문

연인 간의 선물, 이벤트, 가까운 친구가 연인으로 발전, 연인 간의 동거나 결혼, 미래 계획을 세우는 것 등으로 볼 수 있습니다. 역방향이면 연인간의 약속이 어긋남, 연인과 가족 또는 주변 사람들로 인한 문제, 제삼자의 개입으로 인한 트러블 등으로 볼 수 있습니다.

상담사례

실제 타로 상담에서 한 중년 여성이 가족에 대한 질문에서 나왔었습니다. 40세 생일이 얼마 남지 않은 시점에서 자신의 결혼 생활에 대한 의문과 혼란으로 앞으로도 결혼 생활을 잘 유지할 수 있을지 알아보기 위해서 방문하셨습니다. 그녀에게 여러모로 성공적인 결혼 생활이었지만 남편은 그녀의 감성적인 요구를 만족시켜 주지 못한다는 점에서 그녀에게 큰 문제였습니다. 그녀의 결혼 생활을 위태롭게 하는 방해요인에 Three of Pentacles 카드가 나왔었습니다. 그것은 그녀가 갑작스럽게 만난 다른 이성을 나타내는 카드였습니다. 정방향이었을 땐 가정에 충실한 모습으로 볼 수 있지만, 역방향일 경우 다른 사람에 의한 가정의 깨짐으로 볼 수 있었습니다. '자신이 정말 무엇을 원하는가?'에 대해서 세심히 접근해서 보았던 사례였습니다.

정면 응시
: 관찰, 경계

꼭 움켜쥔 모습
: 집중, 집착
놓지 않겠다는
강한 의지 나타냄
소유욕이 강함

두 발도
펜타클을 꽉 누르고 있음 - 소유욕이 강함

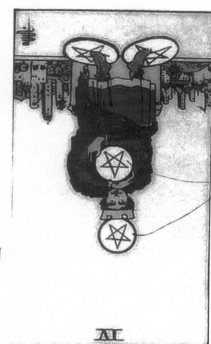

떨어지는 pentacles
: 손실, 지키지 못함
또는 지나치게 집착

정 방향 관찰, 집중, 소유, 자린고비, 인색한,
내 것을 지키는 힘

역 방향 모아둔 돈을 뺏기다, 낭비, 포지션을 지키지 못함,
과도한 집착

Four of Pentacles

카드의 그림을 보면 뒤에 성들이 즐비한 화려한 도시를 배경으로 한 남자가 머리에 펜타클을 이고 있고 두 팔로 가슴에 펜타클을 움켜쥐고 그것도 모자라 두 발로 펜타클을 밟고 있습니다. 게다가 두 손도 부족해서 두 발까지 동원해서 지키는 모습은 자신의 것을 뺏기지 않겠다는 강한 의지를 강조합니다. 타인과 나누는 것에 대해 인색하고 자신의 것을 지키는 힘을 강조해서 표현했습니다. 또한 정면을 바라보는 남자의 모습은 목표를 향한 집중적인 자세를 나타내고 있습니다. 자신의 것을 고수하기 위해 주변을 관찰하며 경계를 늦추지 않는 모습입니다. 그래서 이 카드는 구두쇠, 자기의 것만 지키는 상황에 잘 나타내는 카드입니다.

금전에 관련한 질문

쌓아올린 적금, 안정적인 금전, 확실한 이익 등을 나타냅니다. 역방향이라면 큰돈을 바라지만 얻지 못하는 것, 쌓아둔 적금이나 목돈을 깨는 것, 과도한 낭비 등으로 볼 수 있습니다.

직 업 에 관 련 한 질 문

자신의 성과를 인정받음, 자신의 일만 하는 것이 유리, 명예보다는 실리적 이득을 취하는 것을 나타냅니다. 직장을 찾을 때도 발전 가능성보다는 급여가 많은 곳을 선호합니다. 역방향이라면 업무의 성과로 인한 분란, 자금문제로 인한 일의 지연, 손해 보는 계약 등으로 볼 수 있습니다.

연 애 에 관 련 한 질 문

연인 간에 이기심으로 인한 주장이 강해짐, 현실적인 연애 등을 볼 수 있습니다. 역방향이라면 데이트 비용의 부담이 커짐, 과도한 데이트 비용, 인색함으로 인한 트러블, 과도한 소유욕으로 인해 분란 등으로 볼 수 있습니다.

상 담 사 례

실제 상담에서 어느 20대 여성이 연애를 지금 만나는 이성과 연애를 지속할 수 있는지 물으러 오셨을 때 연애의 걸림돌에 해당하는 위치에 Four of Pentacles 카드가 나왔었습니다. 자신만 생각하는 이기적인 남자친구의 행동 때문에 연애를 지속하기 어렵다고 볼 수 있습니다. 그분의 이야기를 들어보니 연애 초반에는 알뜰해보여서 남자의 모습이 좋았는데 점점 데이트 비용을 신경 쓰고 계산하는 모습과 갈수록 점점 인색한 모습에 지친다고 이야기 했습니다. 데이트 시간도 남자가 시간이 날 때 자기 위주로 만나려고 하고 함께 만나서도 데이트 비용을 반반씩 내거나 적립 쿠폰을 내미는 경우도 있어서 남자의 구두쇠 같은 모습에 점점 질려가는 상황이었습니다.

머리에 붕대
: 피치고 힘든 것 표현

멍한 표정
초점 없는 눈
: 의욕이 없음

창가에 있는
Pentacles
: 나의 것이 아님
기회는 있음
풍요

바닥만 보고
가고 있음
: 체념
희망이
없다는 듯이 포기

내리는 눈
: 곤경에
처한 환경을
더 강조함

여정 / 곤경에 처한 것을 강조

가난한 상황에서
벗어나는 경우

창가의 pentacles를
보게 될 수 있음

306

정 방향 빈곤, 포기, 내 것이 아닌 부

역 방향 빈곤에서 회복하는, 내 것을 챙길 수 있는

Five of Pentacles

그림을 보면 누더기 옷을 걸쳐 입은 남녀가 눈 내리는 거리를 걸어가고 있습니다. 발은 신발도 없이 눈 위를 걷고 있고 남자는 목발을 짚고 머리에 붕대를 감고 있습니다. 다 해진 옷을 걸치고 고개를 숙이고 걸어가는 여자의 모습에서 절망과 쓸쓸함을 느낄 수 있습니다. 반면에 고개를 들고 초점이 없는 눈의 남자의 표정은 삶의 의욕조차 없어 보입니다. 이런 배경들은 궁핍하고 빈곤한 것을 나타내며 그로 인해 힘들고 곤경에 처한 상황이라는 것을 잘 표현하고 있습니다. 그림 속의 펜타클은 남의 건물 창가에 그려져 있어서 이들이 가지지 못한 풍요를 나타내고 있습니다. 넋이 나간 듯한 표정의 남자와 고개를 숙이고 걸어가는 여자는 스테인 글라스로 그려져 있는 펜타클을 못 보고 지나치고 있습니다. 그렇기 때문에 빈곤에서 벗어나려는 기회를 알아채지 못하는 것과 또는 자신의 이익을 포기 하는 상황을 나타내기도 합니다.

금전에 관련한 질문

재정적 궁핍상태, 극심한 지출, 이익은 남지 않고 지출은 많은 상황으로 볼 수 있습니다. 역방향이라면 궁핍

한 재정 상태에서 벗어나는 것, 포기했던 돈이 들어오는 것, 가난에서 벗어날 기회를 얻는 것 등으로 볼 수 있습니다.

직 장 에 관 련 한 질 문

정방향이라면 나의 재능, 실력이 부족한 것을 나타냅니다. 실수로 인한 곤란해지는 것, 일을 해도 수금이 되지 않는 상황, 동업자로 인한 금전적 손실, 일이 없는 것을 나타냅니다. 역방향이라면 자금문제로 힘들었던 운영이 회복되는 것, 어려웠던 상황에서 벗어나는 것, 동료와의 트러블이 심해지는 것 등으로 볼 수 있습니다.

연 애 에 관 련 한 질 문

연인 간에 재정적 문제로 인한 곤란을 겪는 것, 서로에게 딱히 무엇을 해주고픈 것이 없는 상황, 연인관계에 대한 포기, 형식만 유지하는 가짜 연애 등으로 볼 수 있습니다. 역방향이라면 포기했던 연애라면 조금씩 나아가는 것, 경제적 이유로 인한 갈등이 생기는 것으로 볼 수 있습니다.

상 담 사 례

실전사례에서 어떤 분의 사업에 관련해서 질문을 주셨을 때 질문자 상황에 나왔습니다. 지금 운영하고 있는 사업이 어려워져서 힘든데 마침 알고 지내는 지인이 제안을 해 와서 이 제안대로 상대에게 인수인계를 하는 것이 좋을지 궁금해 하셨습니다. 그 때 그분의 사업 상황에 해당하는 카드로 Five of pentacles 카드가 나왔었습니다. 공장을 가지고 있었고 회사를 가동할 자금은 간신히 마련했지만 정작 자신이 쓸 돈이 없는 상황을 나타내고 있었습니다. 이 분의 경우에는 소득은 있어도 공장만 가동할 정도의 소득이었고 정작 자신이 쓸 수 있는 정도의 수익은 아닌 경우였습니다. 그리고 오랫동안 직장을 구하지 못해서 재정적인 어려움을 겪는 사람의 상황에도 이 카드가 잘 나옵니다.

상인의 복장
: 경제원리, 원칙
중요.

저울
: 공정하게 분배
☝ 기부가 아님.!!

(보수) 대가를
받고 있음

떨어지는 동전
: 손에 있지 않고 허공으로
흩어지는 모습. 공정하지 못한
부족한 보수

뒤집힌 저울
: 공정하지 못한 분배

310

정 방향 공정한 분배, 베푸는 것, 균등한 대우

역 방향 불공평한 분배, 베풀지 않는 인색함, 치우치는 분배

Six of Pentacles

카드의 그림을 보면 상인 복장을 한 남자가 한 손에는 저울을 들고 한 손에는 돈을 들고 무릎을 꿇고 있는 두 사람에게 주고 있습니다. 자신의 돈을 주므로 적선처럼 볼 수는 있지만 무조건 적선과 동냥으로 보기 어렵습니다. 왜냐하면 다른 한 손에 들려져있는 저울 때문입니다. 돈을 주는 사람은 상대가 나에게 한 만큼만 또는 상대에게 맞는 만큼을 저울로 재어보고 대가를 지불하고 있는 것입니다. 즉 합당한 사유에 맞는 그만한 대가를 공정하게 저울로 잰 만큼 분배를 하고 있는 것입니다. 저울이 없다면 가치나 대가를 잴 필요가 없으니 동정으로 인한 베푸는 것으로만 볼 수 있지만 한 손에 돈을 들고 다른 손에 저울을 들고 있는 것은 이 두 사람이 무언가를 기여한 만큼 오차 없이 측정하고 적절하게 분배하고 있는 것을 표현합니다.

금전에 관련한 질문

정방향이면 받을 돈을 받을 수 있는 것, 수입과 지출의 균형, 작은 투자에 대한 이익을 받는 것 등으로 볼 수 있습니다. 역방향이라면 수입과 지출의 불균형, 낭비, 지불해야 할 돈, 돈으로 인한 인맥의 깨짐을 볼 수 있습니다.

직장에 관련한 질문

일한 만큼의 대우를 받는 것으로 업무의 성과로 인한 승진, 성과를 얻는 것, 공정한 평가 등을 볼 수 있습니다. 역방향이라면 불공평한 대우, 급여체불로 인한 불만, 일의 분배로 인한 동료와의 트러블 등으로 볼 수 있습니다.

연애에 관련한 질문

정방향이라면 일과 연애의 공정한 조율, 받은 만큼 연인에게 베풀어주는 것, 연인의 친절, 연인에게 주는 선물, 연인의 불평을 잘 조절하는 것으로 볼 수 있습니다. 역방향이라면 받기만 하거나 주기만 하는 관계의 불균형, 자신이 한 것만 주장하는 것으로 인한 불평, 연애에 시간분배를 못한 것으로 인한 관계의 악화 등으로 볼 수 있습니다.

상담사례

실전 상담에서 회사를 옮기려고 하는 분에게 이 카드가 나왔었습니다. 이분은 디자인 계통의 회사에 다니는 분이었는데 사장님이 같은 사무실 직장동료에게 쉬운 일을 주고 근무환경을 더 챙겨주면서 자신에게는 소홀하게 대하는 점이 불만이었습니다. 그래서 자신의 능력에 맞게 대해주는 회사로 이직이 가능한지 물어왔습니다. 결과 카드에 정방향으로 Six of Pentacles 카드가 나왔었습니다. 정당한 대우를 하는 곳으로의 이동을 나타내므로 가능하다고 해석이 되었습니다. 이 분의 경우처럼 직원 간 차별대우로 인한 불화를 나타내는 것 그리고 근무태만을 나타내는 경우도 있었습니다.

정 방향 수확을 앞 둔, 계획, 고민, 노력한 만큼의 이득

역 방향 아직 시기가 이른, 노력한 것이 없음, 계획의 실패

웨이트 타로카드 독학하기

Seven of Pentacles

그림 속의 남자가 두 손을 농기구 위에 얹어 두고 발 아래 무성하게 수확물이 열린 농작물을 바라보고 있습니다. 일곱 개의 펜타클이 잘 익은 과실처럼 주렁주렁 열려있습니다. 그중의 하나는 잘 여물어서 떨어져 나왔습니다. 흉작이라면 작물의 잎사귀가 시들고 펜타클도 모양이 찌그러져 있겠지만 그렇지 않고 잘 여물어서 수확을 앞둔 시기임을 표현하고 있습니다. 농부가 씨 뿌려서 키운 농작물이 잘 영글었다면 무엇을 해야 할까요? 그렇습니다. 이제 수확을 해야 하는 때입니다. 그 수확하기에 앞서 고민에 빠진 상황을 표현하고 있는 그림임을 알 수 있습니다. 밭을 고르고 씨앗을 심고 작물을 관리하며 키우는 것처럼 그동안 자기가 해 온 노력에 대한 수익을 얻기 위해 방법을 고민하고 수확 시기를 계획하고 있는 것으로 보시면 됩니다. '지금 수확해서 팔아야 이윤이 더 많이 날지, 더 있다가 팔아야 돈을 더 받을지' 또는 '어디에 팔면 이익이 더 남는지?' 등을 고민하고 있는 것을 나타냅니다. 남자의 표정은 신중하게 고민하는 것 또는 시름에 빠진 것으로 보입니다. 이 카드는 그동안 노력한 것에 대한 이익을 얻기 직전에 고민하는 모습을 잘 나

315

타내고 있습니다.

금전에 관련한 질문

투자에 대한 이익을 얻는 것, 적금, 빌려 주었던 돈의 수금 등으로 볼 수 있습니다. 역방향이라면 투자의 시기를 놓치는 것, 잘못된 곳의 투자, 수익보다 지출할 곳이 많은 것으로 볼 수 있습니다.

직장에 관련한 질문

그동안 진행하던 일의 성사, 성과를 얻는 것, 매출의 상승, 업무실적을 얻는 것 등으로 볼 수 있습니다. 역방향이라면 일의 진행이 미루어지는 것, 아직 시기가 이른, 일에 대한 성과를 얻기 힘든 것으로 볼 수 있습니다.

연애에 관련한 질문

연애가 한 단계 진전이 되는 것, 연인에게 받는(주는) 선물, 마음에 드는 상대와 관계의 진전, 함께 미래 계획을 세우는 것 등으로 볼 수 있습니다. 역방향이라면 지나친 이벤트 비용 지출, 경솔한 행동으로 인한 관계의 불확실, 실망 등으로 볼 수 있습니다.

상담사례

타로 상담사례를 보면 이 카드는 자격증 시험을 준비 중인 어느 주부에게 나왔었습니다. 학원을 다니면서 자격증을 취득하기 위해 이론과 실습을 배우고 있는데 이번에 실시하는 자격증 시험에 응시를 하면 합격할지 물어보셨습니다. 이분의 현재 상황에 이 카드가 역방향으로 나오고 카드 결과는 부정적인 결과가 나왔었습니다. 이분의 상황에서는 아직 배움이 부족한 것으로 나왔습니다. 만족할 만한 성과를 거두기에는 더 재능을 쌓아야하는 것으로 볼 수 있습니다. 여러분이 타로를 배웠다면 이제 어디 가서 써먹을지 고민하는 것도 이 카드에 해당하는 것입니다. 좋은 결과를 얻기 위한 과정을 포기하지 마세요.

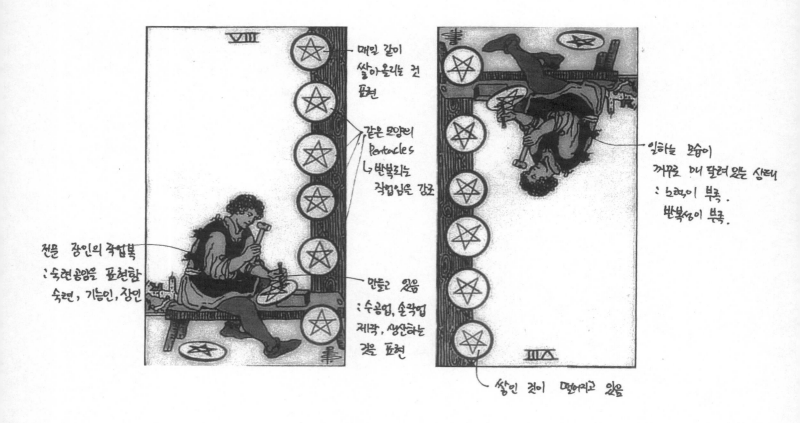

매일 같이
쌓아올리는 건
편현

같은 모양의
Pentacles
ㄴ 반복되는
작업임을 강조

전문 장인의 작업복
: 숙련 공양을 표현함
숙련, 기능인, 장인

만들고 있음
: 수공업, 손작업
제작, 생산하는
것을 표현

일하는 모습이
꺼꾸로 매 달려 있는 상태
: 노력이 부족.
반복성이 부족.

쌓인 것이 떨어지고 있음

318

정 방향 제작, 생산, 꾸준함, 성실함, 숙련, 세밀함

역 방향 나태, 게으름, 들이던 노력이 중단되는 것

Eight of Pentacles

타로카드의 그림을 보면 남자가 망치와 못을 들고 펜타클을 만들고 있습니다. 완성된 펜타클은 나무판에 일렬로 세워 걸어 두었습니다. 그 뒤편에 길을 따라 멀리 성이 보이고 번화가인 도시가 보입니다. 작업복을 입고 앉아서 하나하나 세밀한 작업을 하는 모습은 꼼꼼하고 성실하게 꾸준히 노력을 들이는 것을 나타내고 있습니다. 그 노력은 저 멀리 보이는 도시에서 받게 되는 이득을 나타냅니다. 그리고 그만한 시간을 들여서 얻는 성공을 의미합니다. 그래서 이 카드는 장인처럼 쌓아 올린 숙련과 심혈을 기울이는 창작활동에 잘 나오며 기술직이나 손으로 그런 태도로 일하는 겸손한 모습을 나타내기도 합니다. 그렇기 때문에 이 카드는 단숨에 큰 성과를 올리는 것 보다 노력 끝에 얻게 되는 성과를 나타냅니다. 부지런히 노력을 기울이는 시간과 성실함과 작은 이익을 쌓아 올려서 얻는 성과를 표현하는 카드입니다.

금 전 에 관 련 한 질 문

꾸준히 들어오는 이득, 적금, 작게 들어오는 수입 등으로 볼 수 있습니다. 역방향이라면 그동안 모은 돈이 깨지는 것, 자잘하게 자꾸 지출하는 돈, 꾸준한 수입이 끊기는 것, 적금의 해약 등으로 볼 수 있습니다.

직장에 관련한 질문

꾸준히 해 온 일에 대한 성과, 지속해오던 일의 경력을 인정받는 것, 창작활동, 생산, 제작을 하는 일에 관련한 일에 대한 이득, 세세하게 지속적으로 관리해야 하는 업무 등을 나타냅니다. 역방향이라면 지속해 온 일의 지연, 업무 태만, 반복되는 업무의 지루함, 부지런히 진행해온 일의 성과를 빼앗기는 것 등을 볼 수 있습니다.

연애에 관련한 질문

그동안 계속 관계를 가져왔던 상대와 진전, 겸손하게 다가가면 유리한 연애, 연인에게 주는 선물, 잦은 연락, 부지런한 데이트 등을 볼 수 있습니다. 역방향이라면 상대에게 불성실한 태도, 연인의 지인들에게 혹평을 듣는 것, 자만하고 우쭐대는 것으로 인한 트러블 등으로 볼 수 있습니다.

상담사례

어느 날 한 여성분이 찾아오셨는데 불안한 직장 상황 때문에 찾아오셨습니다. '요즘 회사에서 감원소식도 나오고 부서개편도 있다고 해서 불안한데 지금 다니는 회사에 앞으로도 계속 근무할 수 있을까요?' 물어보셨습니다. 타로로 살펴보니 결과카드에 Eight of Pentacles 카드가 역방향으로 나왔습니다. 매일 꾸준히 다니던 직장을 그만 두게 될 가능성이 있다고 보게 됩니다. 그동안 꾸준히 들어오는 수입인 월급과 일이 끊기는 것으로 해석이 되기 때문입니다. 그분과 함께 해당하는 원인을 보고 어떻게 하면 좋은지 해결 방안을 타로카드로 살펴보게 되었습니다. 이 카드는 또 손으로 작업하는 분들에게 직업을 나타낼 때에도 자주 나오는 카드이기도 합니다. 그림 그대로의 이미지를 그냥 사용하시면 됩니다.

매
: 눈을 가리고 있음
저격이 부러 수 있는
머사냥꾼 표현

→ 부와 권력 있는
사라진 유층. 정보
를 얻을 수 있음

가죽 장갑
: 맹금류 다루기 위한
장갑을 끼고 있음

포도넝쿨
: 풍요와 부른
표현하고
다산 과 생명을
나타낸다.

솔아지는 pontacles
: 손실. 풍요가 버리지는 것

포도가 뒤집혀 있는 모습
: 풍요가 아닌 소진하는 것

정원에
걸려있는 pentacles
: 풍요로움과 부의
축재를 나타냄

여신스러움 , 번영을 상징

사치스런 유흥이 각나회는 것.

322

정 방향 번영, 풍요, 유흥, 통찰력, 여성스러움

역 방향 낭비, 허영심, 손해

Nine of Pentacles

Nine of Pentacles 카드의 그림을 살펴보면 화려한 복장의 귀족 부인이 서 있습니다. 옷에 그려진 꽃봉오리 문양은 여성스러움을 상징하고 다산과 번영을 의미합니다. 정원에 포도넝쿨에 달린 포도와 펜타클은 이 여인이 쌓아온 충만한 부와 인맥을 표현하고 있습니다. 여인의 손 위에 있는 새는 맹금류인 매로써 당시에 귀족들이 즐겨했던 매사냥을 표현하고 있습니다. 이런 매사냥을 즐길 수 있을 정도의 재물이 여유 있고 풍부한 것을 나타내며 남들이 따라할 수 없는 사치스런 향락과 유흥을 좋아하는 것을 표현합니다. 그리고 맹금류로 사냥을 즐기는 모습에서 목표로 하는 것을 주시하고 관찰하는 예리한 통찰력도 나타내고 있습니다. 멀리 보이는 저택과 과실이 주렁주렁 열린 정원과 새와 이런 것들이 모두 명예와 유희를 즐기는 것 그리고 즐거움과 풍요로움을 이야기 합니다.

금 전 에 관 련 한 질 문

금전의 이익, 취미나 유흥으로 인한 지출, 여유 있는 자금으로 볼 수 있습니다. 역방향이라면 과도한 유흥으로 인한 지출, 돈으로 인한 사람과의 트러블, 과소비 등으로 볼 수 있습니다.

직장에 관련한 질문

일의 성과를 얻는 것, 협력자로 인한 성취, 많은 업무를 하는 것, 실적이 많은 것, 성과급 등으로 볼 수 있습니다. 역방향이라면 거래처를 놓치는 것, 사업자금이 부족한 것, 신중하지 못한 투자, 손해 보는 거래 등으로 볼 수 있습니다.

연애에 관련한 질문

연인과의 다양한 이벤트, 선물, 함께 즐기는 유흥, 지인이나 가족과 함께 하는 것 등으로 볼 수 있습니다. 역방향이라면 유흥을 위한 만남, 과도한 데이트 비용, 연인에 대한 실망, 연인의 주변 지인들로 인한 트러블 등으로 볼 수 있습니다.

상담사례

상담에서 이 카드는 금전과 연결 지어서 나오는 경우도 있지만 인맥에 연관되어 나오는 경우도 많았습니다. 40대 초반의 여성분에게도 이 카드가 나왔었는데 자신이 하는 사업이 앞으로도 계속 잘 운영이 될지 물으러 오셨습니다. 그리고 기대하고 있는 외국과의 계약 건이 있는데 그 일이 성사가 잘 될지도 궁금해 하셨습니다. 계약의 성사여부에 이 카드가 결과로 나왔습니다. 이 분이 아는 주변 인맥들로 인해서 유리한 정보를 얻고 계약이 체결이 되는 것으로 리딩이 되었습니다. '주변에 도움 되는 인맥들이 많네요?'라고 물으니 웃으시면서 '제가 말만 하면 도와주는 사람들은 많이 있습니다' 하시더군요. '일은 독단적으로 하지만 교류의 폭이 넓어서 유리한 정보를 얻게 돼서 잘 성사 될 겁니다'라고 이야기 드렸습니다. 그랬더니 자기의 주변에 그럴만한 사람이 몇 명 생각나는 사람이 있는데 그 사람들과 이야기를 해봐야겠다며 흥미로워했습니다.

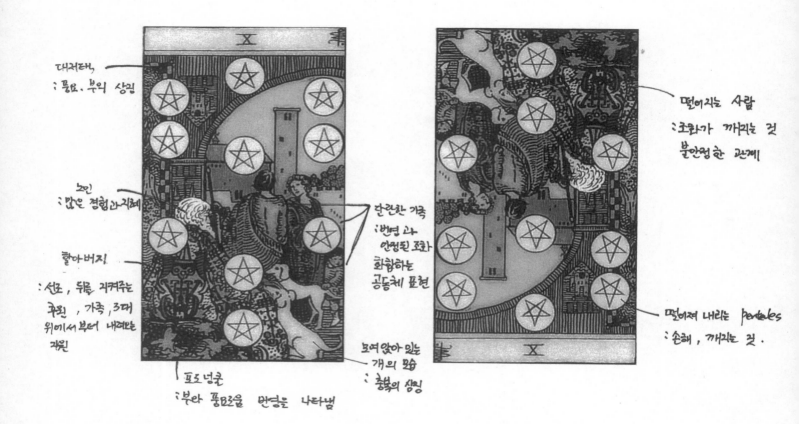

대지대,
: 풍요, 부의 상징

노인
: 많은 경험과 지혜

할아버지
: 선조, 뒤를 지켜주는 후원, 가족, 3대 위에서부터 내려오는 후원

포도 넝쿨
: 부와 풍요로움 번영을 나타냄

단란한 가족
: 번영과 안정된 조화 화합하는 공동체 표현

모여 앉아 있는 개의 모습
: 충복의 상징

떨어지는 사람
: 조화가 깨지는 것 불안정한 관계

떨어져 내리는 pentacles
: 손해, 깨지는 것.

정 방향 화합, 번영, 가족, 많은 인맥, 모임

역 방향 손실, 불화, 인맥이 깨짐, 분열

Ten of Pentacles

Ten of Pentacles 카드의 그림을 보면 큰 저택에 노인과 남자와 여자 아이가 있습니다. 개들도 있습니다. 삼대가 있는 가족의 모습입니다. 포도 열매가 그려진 화려한 옷을 걸친 노인은 그동안 많은 경험과 노력으로 인한 부를 쌓아둔 것을 표현하며, 그 앞에 대화를 나누는 모습의 부부는 이런 기반을 통해 조화와 안정을 유지하는 것을 나타냅니다. 그래서 뒤에 앉아 있는 노인을 후원자로 볼 수 있습니다.

이런 모습들은 활발한 커뮤니케이션을 나타냅니다.

다양한 세대의 어울림과 화합을 나타내고 가족, 또는 모임, 여럿이 운영하는 공동체 사업 등의 의미도 추가할 수 있습니다.

때때로 이 카드는 사람을 많이 상대하는 세일즈, 카운슬러, 가족사업, 결혼관련 업체 등의 일을 하시는 분들에게 잘 나오는 카드이기도 합니다.

금 전 에 관 련 한 질 문

후원금, 윗사람, 부모로 인한 금전의 이득, 인맥을 활용한 이득, 자금의 안정, 여러 사람에 대한 교제비의 지출 등으로 볼 수 있습니다. 역방향이면 인맥으로 인한 자금의 손해, 많은 돈이 들어오지만 나가는 돈이 큰 것, 사람으로 인한 과도한 지출, 낭비 등을 볼 수 있습니다.

직장에 관련한 질문

여럿이 함께 진행하는 일의 성과를 얻음, 동업으로 인한 이득, 동료 간의 화합이 잘 되는 것, 거래처 간의 업무 협조의 원활함 등으로 볼 수 있습니다. 역방향이라면 거래처와의 불화, 동업자와의 이익분배로 인한 트러블, 업무의 협조가 없는, 구설수, 잦은 접대로 인한 스트레스 등으로 볼 수 있습니다.

연애에 관련한 질문

주변 지인, 친구들, 가족에게 소개, 연인의 가족과 함께 어울리는 연애, 오랜 연인과 재회, 즐거운 인연의 만남 등으로 볼 수 있습니다. 역방향이면 연인의 가족으로 인한 불화, 구설수로 인한 관계의 악화, 불평과 불만이 많아지는 연애 등으로 볼 수 있습니다.

상담사례

이 카드는 한 여성을 위한 카드에서 나왔는데 그녀는 남자친구의 가족에게 인사드리러 가는데 좋은 인상을 받을 수 있는지 걱정이 많았습니다. 남자친구 부모님이 좋게 볼지 가서 실수는 안하는지 알고 싶다고 했습니다. 그 날의 결과 카드를 뽑아보니 바로 이 Ten of Pentacles 카드가 나왔습니다. 가족 간의 유대관계가 좋은 집안인 것을 알 수 있었고 인사 드리러 간 그녀도 대화를 잘하고 좋은 인상을 줄 수 있다고 보았습니다. 카드 결과에 그녀는 활짝 웃으며 안심을 했습니다. 재미있는 것은 이 카드 그대로 남자친구의 집은 할머니를 모시고 3대가 같이 사는 집이었다는 겁니다. 그분도 그림을 보면서 더욱 확신을 가지게 되었습니다.

펜타클을 바라보고 있음
: 관심 탐구하는 대상
호기심

거꾸로 서 있음
: 불안정. 안정적이지 못한
기반을 표현 함.

낮은 언덕
: 방해가 낮음.

꽃
: 번영. 풍요

비옥한 땅
: 안정감과
발전 가능성

떨어지는 펜타클 : 부족함, 손실

330 **정 방향** 소식, 서툰 시도, 새로운 시도, 새로운 분야의 도전

역 방향 어설픈 시도, 실패, 잘못된 투자

Page of Pentacles

카드의 그림을 보면 젊은 남자가 손 위에 펜타클을 올려놓고 바라보고 있습니다. 펜타클을 집중해서 바라보는 것은 관심 대상을 나타냅니다. 그 대상에 대한 호기심과 탐구하고 있는 것을 알 수 있습니다. 'Page' 는 미숙한 면, 부족한 능력, 서투른 것을 이야기합니다. 그래서 이 카드는 새로운 분야에 대한 관심 또는 익숙하지 않은 것에 대한 도전하는 것을 표현합니다. 아직은 서툴고 부족하지만 용기를 가지고 부족한 재능으로 성공을 하려고 도전을 하는 것을 나타내는 카드입니다. 관심 대상이 돈이라면 작은 돈을 불려 더 큰 이익들 얻기 위해 시도하고 연애 대상이면 발전 가능성을 두고 상대의 마음을 얻기 위해 도전하는 것 등으로 볼 수 있습니다.

금 전 에 관 련 한 질 문

서툰 투자, 정보가 부족한 채 투자하는 것, 소규모 재테크 등으로 볼 수 있습니다. 역방향이라면 낭비, 투자의 실수, 유흥비 지출, 엉뚱한 곳에 쓰는 지출 등으로 볼 수 있습니다.

직장에 관련한 질문

전공 분야가 아닌 새로운 분야의 업무, 새로운 기회, 성실하게 근무하는 것 등으로 볼 수 있습니다. 역방향이면 업무의 실수, 판단착오, 적은 급여, 아이디어가 부족한 것, 무모한 도전으로 인한 문제 등으로 볼 수 있습니다.

연애에 관련한 질문

이 카드는 새로운 이벤트, 연인에게 집중하는 상태, 연인의 소식, 관심 있는 대상에 대한 시도, 선물 등으로 볼 수 있습니다. 역방향이라면 상대방에 대한 호감이 떨어짐, 서툰 시도로 인한 패배, 오해로 인한 트러블, 고집으로 인한 깨짐 등으로 볼 수 있습니다.

상담사례

이 카드는 최근 들어 관심 가지던 분야에 투자하면 좋을지를 물으시던 40대 중반의 한 분에게 나온 카드입니다. 아는 지인이 함께 해보자고 제안이 들어왔다면서 하면 이득이 있을지 물으셨습니다. '큰 이익은 없지만 작은 이익을 생각한다면 가능하며 낯선 분야이므로 해당 분야에 놓치는 정보가 있는지 더 확인해보세요'라고 리딩하게 되었습니다. 왜냐하면 이 카드는 도전 의식과 의욕이 앞서다 보면 부족한 능력과 경험을 간과하기 쉽기 때문입니다. 그래서 이 카드가 나올 경우 혼자만의 판단으로 결정을 내리는 것보다 주변 정보를 더 참고해 보거나 조언을 들어보고 하시라고 조언을 해주는 것이 좋습니다.

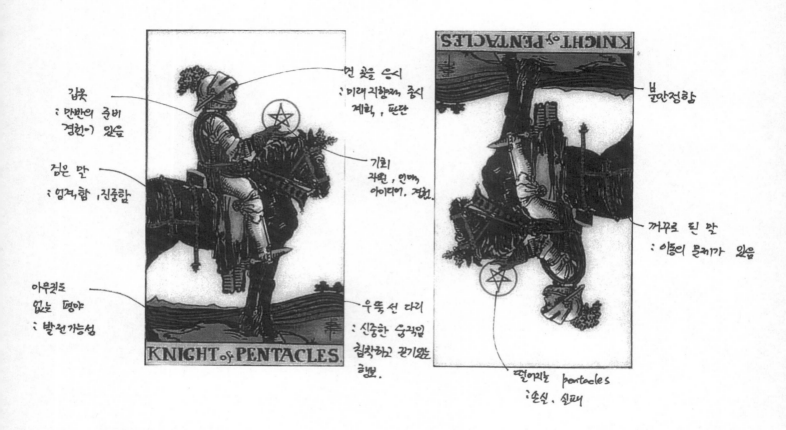

감옷
: 만반의 준비
경험이 있음

먼 곳을 응시
: 미래지향적, 응시
계획 , 판단

기회
자원 , 인매
아이디어. 경험.

검은 말
: 엄격함 ,진중함

아무것도
없는 평야
: 발전가능성

우뚝 선 다리
: 신중한 움직임
침착하고 끈기있는
행보.

KNIGHT of PENTACLES

불안정함

꺼꾸로 된 말
: 이동이 문제가 있음

KNIGHT of PENTACLES

떨어지는 pentacles
: 손실 , 실패

334

정 방향 신중한 투자, 인내, 침착함, 먼 미래를 보고 투자

역 방향 진척이 없음, 손해, 잘못된 투자

Knight of Pentacles

그림에는 갑옷을 입은 기사가 한 손에 펜타클을 들고 검은 말을 타고 서 있습니다. 그 뒤로 넓은 경작지가 펼쳐져 있습니다. 비옥해 보이는 토지 위에서 펜타클을 손에 들고 바라보는 것은 대상을 탐구하는 것과 앞으로 자신이 할 일에 대한 미래성을 염두에 두고 행동하는 것을 나타내고 검은 말은 신중한 행보를 의미합니다. 그리고 이 카드에서 유심히 바라봐야 할 것 중의 하나가 기사가 타고 있는 말의 다리입니다. 다른 속성의 'Knight'와는 달리 'Knight of Pentacles'는 말이 제자리에 서 있습니다. 이것은 신중한 태도를 나타냅니다. 속도 있게 빠르게 진행하는 것보다 침착하고 끈기 있게 섣불리 행동을 취하지 않고 오랜 경험을 활용하여 도전하는 것을 이야기 합니다. Page와는 달리 Knight는 경험이 많음을 나타냅니다. 그렇기 때문에 전공분야나, 익숙한 부분의 도전이라고 볼 수 있습니다. 그러므로 Knight of Pentacles 카드는 자신의 일로 인한 명예 그리고 재능으로 인한 풍요 인맥을 통한 진전 등을 볼 수 있습니다.

금전에 관련한 질문

오랫동안 봐왔던 곳의 투자의 이익, 원활한 돈의 회수, 돈의 관리가 신중해지는 것 등을 나타냅니다. 역방향은 자금의 부족, 투자의 손해, 들어올 돈의 지연 등으로 볼 수 있습니다.

직업에 관련한 질문

일의 성과, 새로운 업무에 대한 희망, 인정을 받음, 거래처와의 거래 성사, 안정적인 리더십 발휘, 업무의 확장 등으로 볼 수 있습니다. 역방향에서는 거래의 무산, 일의 지연, 새로운 프로젝트의 지연, 잘못된 견해로 인한 손해, 자금의 부족으로 인한 어려움 등으로 볼 수 있습니다.

연애에 관련한 질문

연인과의 여행, 선물을 주는 것 또는 받는 것, 데이트 비용 지출이 큼, 연인에 대한 신뢰가 깊어짐, 관계의 진전, 결혼상대로 발전하는 연애, 리더십으로 어필하는 연애운 등으로 볼 수 있습니다. 역방향이라면 오래 사귄 연인에게 실망, 과도한 데이트 비용으로 인한 문제, 서로 자기주장만 내세우는 연애 등으로 볼 수 있습니다.

상담사례

Knight of Pentacles 카드는 결혼에 대해 묻는 남자 분에게 나왔는데 지금 교제하는 여성과 결혼할 수 있는지 질문에 역방향으로 나온 카드였습니다. 상대 이성인 그녀는 남자에게 호감을 보이고 있는 상황이었지만 신중한 모습을 보여주고 있었고 남자 분은 돌진하는 태도를 보여주고 있었습니다. 그러므로 결과 카드의 Knight of Pentacles 역방향은 단호하게 밀어붙이는 것보다 조금 더 시간이 무르익기를 기다리는 것이 필요하다는 것을 알 수 있습니다. 시간을 더 들이고 신중하게 움직이는 것이 유리하다고 볼 수 있습니다. 이처럼 타로카드 결과 카드로 다 알아내려고 무리하지

말고 연계된 타로카드를 같이 살펴보거나 흐름을 살
펴보는 것도 중요합니다.

꽃으로 이어진 덩쿨
: 보호와 결합을 표현, 아늑한 집을 묘사

꽃
: 풍요와 번영

왕관
: 왕의 권위
권위의 상징
명예·존귀함

안정감

관심과 집중
관찰하는 대상

비옥한 땅
: 풍요와 번영을
나타냄

토끼
: 완순함
보호하는 대상

뒤집힌 왕관   떨어지는 왕관
: 안정감이 없는 불안한 상황   : 명예의 손상, 권위 상실

정 방향 보살핌, 안정, 번영, 풍요, 안정적 관리

역 방향 낭비, 허영, 불안정, 걱정

Queen of Pentacles

그림을 보면 머리에 왕관을 쓴 여인이 숲속 의자에 앉아 펜타클을 무릎에 올려놓고 바라보고 있습니다. 마치 자녀를 보듬어 안은 듯한 모습을 연상시킵니다. 그런 모습에서 포근하고 안정감을 느낄 수 있습니다. 더불어 그림의 배경을 보면 완만한 곡선의 산과 풍요로운 땅에 필요한 물이 있어서 전반적으로 평화로운 느낌을 나타내고 있습니다. 뛰어놀고 있는 토끼와 꽃이 가득한 정원은 비옥하고 자원이 풍부함을 강조하고 있습니다. 여왕이 앉아 있는 옥좌 위에는 넝쿨이 아치 형태로 감싸듯이 자라고 있습니다. 이런 표현들은 어머니와 같은 감성으로 보살피고 관리하는 것을 나타냅니다. 그리고 정원에 있는 모든 것이 부족함이 없는 번영과 안정적인 풍요를 나타냅니다. 그렇기 때문에 어머니와 같이 주변 사람들을 위해 챙겨주는 것과 안정적인 관리를 나타내는 카드입니다.

금 전 에 관 련 한 질 문

자금의 안정, 금전적인 수익, 고정 수입, 풍족한 자금 등으로 볼 수 있습니다. 역방향이면 수입보다 많은 지출, 지인들로 인한 지출, 체면치레로 인한 낭비, 자금

관리가 안되는 것 등으로 볼 수 있습니다.

직 장 에 관 련 한 질 문

안정적인 운영, 업무의 성과, 승진, 사업의 번영, 수금이 들어오는 것 등으로 볼 수 있습니다. 역방향이라면 자금 운영이 어려움, 낮은 수익, 근무태만, 수금이 들어오지 않는 것 등으로 볼 수 있습니다

연 애 에 관 련 한 질 문

안정되고 편안한 연애시기, 연인 간의 미래를 위한 고민, 보살핌을 받는 연애운, 여성이 주도권을 잡는 연애, 연인에게 위로 받는 것 등으로 볼 수 있습니다. 역방향이라면 상대방에 대한 의심으로 인한 트러블, 연인의 가족이나 친구들로 인한 구설수 불화, 관계에 대한 걱정과 불안이 심한 것, 지나친 연애 비용으로 인한 스트레스 등으로 볼 수 있습니다.

상 담 사 례

이 카드는 작은 가게를 운영하는 40대 중반의 어느 여성에게 나온 카드였습니다. 그녀는 자신의 가게에게 올해 목표하는 만큼의 수익을 올릴지 궁금해 했습니다. 그래서 전반적으로 살펴보니 가게운영으로 인한 수익은 생기지만 목표로 하는 금액을 성사시키기가 어려웠습니다. 그래서 방해요인을 살펴보니 Queen of Pentacles 카드가 역방향으로 나왔습니다. 그녀가 보살펴 주는 이들로 인한 지출이 큰 것 때문에 자신이 목표로 한 금액을 달성하기 어려웠습니다. 가장 큰 비중을 차지하는 지출은 자녀의 학원비였습니다. 그녀 자신도 알고 있었지만 막상 타로카드에서도 일치하게 나오니 씁쓸해 했습니다. 그러나 여러 가지 대안을 더 뽑아보고 나서야 안심을 하셨습니다.

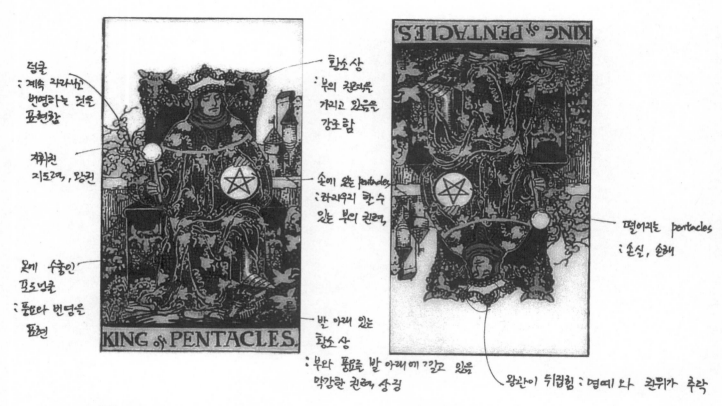

정 방향: 계속 자라나는 번영하는 것을 표현함

자뤠친: 지도력, 왕권

왼쪽 소중인 포도넝쿨: 풍요와 번영을 표현

황소 상: 부의 권력을 가지고 있음을 강조함

손에 있는 pentacles: 라라우리 한수 있는 부의 권력,

반 아래 있는 황소 상: 부와 풍요를 발 아래에 가지고 있음 막강한 권력 상징

떨어지는 pentacles: 손실, 손해

왕관이 뒤집힘 : 명예 와 권위가 추락

정 방향 명예, 성공, 재물을 통한 권력,
　　　　　 재화의 쟁취, 큰 수익

역 방향 실패, 재물의 낭비, 명예의 실추,
　　　　　 불법적 수익, 이기심

King of Pentacles

커다란 옥좌에 앉아서 한 손에 금빛 지휘봉을 들고 다른 한 손에 펜타클을 쥐고 자신만만한 듯 눈을 감고 앉아 있는 남자를 볼 수 있습니다. 한 발로 황소 상을 발로 밟고 있는 모습은 무력의 사용도 불사함을 나타내며 자신의 재력과 능력에 대한 우월감을 표현하고 있습니다. 게다가 자세히 보면 겉옷의 사이로 이 왕이 갑옷을 입고 있음을 알 수 있습니다. 포도 열매가 가득히 그려진 문양의 옷을 입고 눈을 감고 있지만 돈에 대한 강력한 권력과 강한 리더십이 있는 것을 의미하며 언제든 무력을 사용할 준비가 되었음을 의미합니다. 갖가지 꽃과 장식으로 화려하게 치장된 왕관과 저 멀리 크고 견고한 성들은 이 왕이 누리는 부의 풍요가 강대하고 큰 것을 나타냅니다. 그러므로 이 카드는 재화로 인한 권력이 강력한 것 그리고 막강한 자본과 인맥을 바탕으로 한 성공을 표현합니다.

금전에 관련한 질문

투자의 수익과 성공, 금전적인 후원을 받을 수 있음, 인맥으로 인한 수익, 충만한 금전 등으로 볼 수 있습니다. 역방향이라면 낭비, 허세로 인한 큰 지출, 돈으로 인한 사람과의 관계 악화, 지나친 돈의 집착으로 인한 명예 실추 등으로 볼 수 있습니다.

직장에 관련한 질문

업무의 성과, 승진, 윗사람 등 상사의 지원, 실적이 오름, 급여가 오름, 일의 성공, 업무 평가가 좋아짐 등으로 볼 수 있습니다. 역방향이라면 일로 인한 스트레스, 부당실적, 능력 부족, 직장 상사와의 다툼, 직장 내에서 자존심 세우는 것으로 인한 트러블 등으로 볼 수 있습니다.

연애에 관련한 질문

강한 리더십, 연인에게 신뢰감이 깊어지는 것, 고백의 성공, 당당하게 리드하는 연애, 재력이나 선물로 휘어잡는 연애 등으로 볼 수 있습니다. 역방향이면 자기주장만 내세우는 연애, 자존심 싸움, 너무 독단적인 행동으로 인한 트러블 등으로 볼 수 있습니다.

상담 사례

King of Pentacles 카드는 친구에게 빌려 준 돈을 돌려받을 수 있을지 물어보시던 30대 중반의 남성 분에게 나온 카드였습니다. 부인 몰래 친구에게 융통해 준 돈이기에 알아차리기 전에 돌려줘야하는데 받을 수 있는지 불안해 하셨습니다. 친한 친구이기에 기한이 되기 전에 먼저 말하면 속이 좁은 사람으로 보일까봐 전전긍긍 하셨는데 타로카드를 뽑아보니 이 카드가 정방향으로 나왔었습니다. 고민과는 다르게 이야기하면 받을 수 있는 것으로 해석이 됩니다. 즉 자신의 권리를 당당하게 행사하면 돈을 받을 수 있다고 볼 수 있습니다. 반대로 어떤 분에게는 이 카드가 주변 사람들과의 관계의 불화의 원인으로 나왔습니다. 역방향으로 나왔는데 그분에게는 자기와 동창모임에서 말이 많이 나고 친구들이 싫어하는지 모르겠다고 했는데 지나치게 돈의 쓰임에 인색하고 모임 친구에게 빌려 준 돈을 조금 높은 이자까지 받아서 이익을 챙겼던 행

동 때문에 모임의 친구들이 싫어하는 요인으로 나왔
습니다.

타 로 카 드 상 담 에 피 소 드 III

아직도 생각나는 그때 그 부인

한 부부가 타로점을 보겠다고 이제 4~5살 된 어린 자녀와 함께 왔었습니다. 아마도 같이 외출했다가 시간이 남아서 온 듯 싶었습니다. 아이 아빠가 먼저 보는데 직장 문제였습니다. 부인은 관심도 없는 듯 고개를 돌리고 있었습니다.

사실 남편 분은 볼 게 없다는데 부인이 직장운을 보라고 부추겨서 점을 보는 상황이었습니다. 이분들이 자리에 앉기 전에 멀리서부터 실랑이 하시는 모습을 보았거든요.

카드를 보니 백수 카드만 나오더군요. 잘될 거라는 생각만 하고 움직이지 않는 모습이었습니다. 그렇게 설명을 하니 무심한 듯 모로 앉아있던 부인이 그제야 고개를 돌리고 맞장구를 칩니다.

"아니, 제 얘기 좀 들어보세요. 답답해 죽겠다니깐요."

아마도 많이 속상하셨나 봅니다. 그럴 만도 했던 것이 남편 분이 '남 보기에도 그럴듯하고 근사한 곳 아니면 취업 안 해'라고 버티고 있던 터였고, 마음만 먹으

348

면 자신은 바로 취직이 된다면서 벌써 몇 개월을 두문불출하고 집에만 있었던 상황이었습니다. 타로카드로 살펴보니 남편 분은 스스로 움직이고 알아본다면 취업은 가능했으나 마음에 드는 곳을 자꾸 가리느라고 움직이지 않는 것이 문제로 나타났습니다. 타로카드 결과로는 지금 바로 본인이 움직이면 취직이 가능하니 빨리 움직이고 여기저기 보고 지원을 하시라고 말씀을 드렸습니다. 그러자 옆에 계시던 부인이 자신도 타로점을 보시겠다고 하셨습니다. "무엇을 보고 싶으세요?"라고 물었더니 연애운을 보고 싶다고 하십니다. 남편 분하고 사이가 많이 안 좋으셔서 그런가 싶었는데 부인이 남편 분과의 애정운을 보려는 것이 아니랍니다. 그것도 남편 분 바로 옆에 있으신 데도 다른 남자와의 애정운을 보시겠다고 합니다.

순간 분위기가 냉랭해졌습니다. 남편 분의 얼굴은 어두워졌고 못마땅해하시는 감정이 드러났습니다. 속으로 놀란 저는 당황스러웠습니다.

'타로점 봐 드렸다간 한 대 맞을 수도 있겠다'는 생각과 돈 몇 천 원 벌겠다고 남의 가정을 벌집으로 만들어 놓는 건 아닌지 걱정이 앞섰습니다.

어떻게든 보겠다고 고집부리는 부인과 옆에서 얼굴 벌개서 화가 난 남편 분을 보면서 갈등하다가 남편 분께 이야기를 건넸습니다.

"부인 분께서 다른 분과의 애정운을 봐 달라고 하시는데 봐 드릴까요? 불편하시면 제가 안 보겠습니다." 그랬더니 남편 분께서 그냥 봐주랍니다. 결국 남편 분은 아이를 안고 멀리 떨어져서 상담이 끝나기를 기다렸습니다.

그분이 뽑은 카드들은 DEATH 카드와 DEVIL, THE TOWER, SWORDS 카드들이었습니다.

하나하나씩 그분에게 심리적으로 굉장히 괴로운 상황과 앞으로의 진행되는 모습을 알려드렸더니 조용히 듣고 계시던 부인이 손도 부들부들 떨고 계시다가 눈

물을 흘리시더군요.

누구에게는 몇천 원의 호기심 풀이였지만 그 부인에게는 하소연할 자리였던 것입니다. 생판 모르는 남에게 물어볼 정도로 마음이 답답했고 외로웠고 알아주길 바랐던 것이었습니다.

몇 가지 조언카드를 보면서 그 부인이 궁금해 하시는 것과, 필요한 것 위주로 소곤소곤 이야기를 나누었습니다. 다 끝났을 때에 속 후련해하는 표정으로 멀리서 기다리던 남편분과 다시 함께 돌아가셨습니다.

그 때에는 이런 경우도 있을 수가 있구나 했었는데 문득문득 떠올리다보니 타로카드로 점을 본다는 것에 대해 다시 생각하게 하더군요. 저를 가르쳐주신 선생님도 늘 말씀하시던 것이 내담자의 입장에서 이야기를 해주라고 하셨는데 그 때는 와닿지 않았습니다. 이제야 생각해보니 타로점 잘 맞추는 게 중요한 게 아니었습니다.

항상 타로카드로 점을 볼 때는 '귀신같이 맞혀야지!' 이러고 있었는데 그게 오히려 독이 되었던 겁니다. 점의 결과를 맞히는 것 이상으로 중요한 그 본질을 간과하고 있었던 것을 그 분이 일깨워주었습니다.

타인의 이야기를 들어주는 것, 그 사람의 입장에서 이야기 해주는 것의 중요성을 가볍게 여기다 보면 나 혼자 잘난 척하는 점쟁이만 될 뿐이었습니다. 제게는 소중한 가르침을 주신 손님이었습니다. 지금은 행복하게 웃으면서 사시기를 바래봅니다.

저의 적성은요?

날씨가 살살 풀린 어느 봄날 여학생들이 우르르 손잡고 찾아왔습니다. 연애, 학업, 외모 각기 고민은 다양했지만 그중에 제일 큰 고민은? 연애를 제치고 적성이었습니다.

'자신이 무얼 제일 잘하는지?', '어느 것을 선택해서 특기를 살리면 좋은지?' 등등

"자자, 너의 적성을 알려줄게"

무엇을 좋아하는지, 무엇을 잘하는지 그걸 선택했을

때 얼마나 잘 할 수 있는지 그 특기를 살리려면 어떤 방법이 좋은지 여학생들과 머리를 맞대고 타로카드로 살펴보았습니다.

그 중에 한 친구가 말했습니다.

"저는 만들기도 좋아하구요, 글 쓰는 것도 좋아해요."

"그럼 어느 것이 제일 잘 맞는지 볼까?"

〈페어리테일 Two of Wands〉　　〈페어리테일 메지션 카드〉

만들기는 잘하는데 친구들에게 선물할 때만 부지런히 하는구나? 누가 부탁해서 만들어 줄 때는 귀찮아서 잘 안하지? 친구들끼리 박수치며 까르르르 웃음보가 터졌습니다.

"맞아, 맞아. 얘 진짜 그래요."

"하지만 글을 쓰는 건 네가 상상력과 표현력이 좋아서 재능이 많다고 나오네!"

친구들과 장난치고 웃던 이 학생이 순간 진지해졌습니다. 친구들도 거들었습니다.

"애가 편지도 잘 쓰구요. 글도 좀 잘 써요."

"그렇지 않아도 문예창작과 분야로 가고 싶어요."

한바탕 신나게 수다 보따리 늘어놓고 또 우르르 갔습니다. 타로 보는 동안 여기저기 돌아다니고 웃고 친구 것을 보는 중에도 '저는요~ 저는요?' 이러면서 자신 적성과 고민을 질문하고 수다 한마당 벌어졌습니다. 어수선했지만 어른들보단 솔직해서 즐거웠던 시간이었습니다.

웨이트 타로카드 독학하기

그가 나에게 청혼할까요?

"남자친구가 저에게 청혼을 할까요?"

3년 정도 교제를 해온 여자 분이 오셨는데 오래 사귀었지만 워낙 털털하게 친구처럼 지내서 고민이라고 서로가 일과 공부 때문에 바쁘다보니 결혼 얘기는 한 적이 없지만 이제 자꾸 생각하게 된다고 하셨습니다. 그래서 남자친구가 자신에게 청혼을 할지 궁금하다고 하시더군요. 그래서 먼저 남자 분이 여자 분을 어떻게 생각할지 살펴보았습니다.

사슴에게 손을 내민 소녀의 모습과 소녀에게 다가온 사슴의 모습이 다정한 커플의 모습을 보여주네요.

〈페어리테일의 Two of Cups〉

353

"서로에 대한 믿음도 깊고 애정도 깊으시네요. 특별히 말 안 해도 잘 통하시죠?"

"네, 그래서 너무 편해요. 그러다보니 싸우거나 그런 건 없어요.

제일 궁금했던 바라는 시기 안에 청혼을 해올지 카드를 뽑아 보았습니다.

앞으로의 여정도 당신과 함께 가시려고 하는 마음이 크네요. 언제나 함께하고 싶은 동반자로 생각하고 있으시니 기쁜 소식 있겠습니다. 라고 말씀드렸더니

"어머 정말요?"

이 카드의 여자 분처럼 두 손을 마주 잡고 좋아하셨습니다. 계속 이야기를 나누면서 카드를 뽑아보았는데 그 때마다 상황에 맞는 카드 그림에 재미있어 하셨습니다. 자신의 상황에 일치하게 나오는

타로카드의 그림을 보시더니 연신 배워보고 싶다고 하셨습니다. 지금 쯤은 벌써 배우셔서 사용하지 않을까 싶습니다.

〈페어리테일의 Queen of pentacles〉

웨이트 타로카드 독학하기

비자금 여부 및 회사 선택

그동안은 학생들이나 젊은 아가씨들이 많이 오시더니 이제는 주부님들도 늘어나는 중이었습니다.

부부가 같이 오셨는데 남편 분 직장에 관련한 일에 대해 질문을 주셨습니다. 프리랜서로 일하시는 분이라 하필 기한이 비슷해서 둘 중에 한 곳을 선택해서 일하는 것이 더 좋은데 어느 곳을 선택할지 고민이셨습니다.

A사 회사 상황

〈페어리테일 중 The Moon〉

A에서 일할 경우

〈페어리테일 중 King of cups〉

A회사는 기존의 하는 일을 유지하는 형태로만 일 진행이 되니 앞으로 꾸준히 하는 일을 주기보다 회사 상황에 따라 처리 못한 부분에 대한 일을 주겠고 이곳에서 일할 경우 일에 대한 큰 터치도 없이 편안하게 일 하실 수 있겠습니다 라고 이야기를 해주었습니다.

그랬더니 이 곳 사장님이 아는 형님이라서 편의를 많이 봐주신다고 하시네요.

'B회사의 경우 이제 막 성장세를 타고 있어서 앞으로 발전가능성도 보이고 거래를 시작하면 한 번에 그치지 않고 계속 하게 되겠네요. 그리고 다른 사람보다 오너가 당신을 신뢰하고 마음에 들어 하시네요 이곳에서 일하신다면 페이도 많고 실무 능력도 더 쌓을 수 있겠습니다.' 라고 이야기 드렸더니 이 곳 사장님은 사람을 잘 안 믿는 분인데 자신에게는 앞으로 계속 같이 하자고 전속계약을 맺고 싶어 하신다고 하시면서 자기가 생각하는 대로 카드가 나온 것 같다고 하시더군요. 그 외 급여 부분에서 더 봐드리고 부부가 온 기념으로 금전운을 보시는데 서로가 '비상금 챙기네, 안 챙기네' 토론을 하시네요.

남편 분 "없다. 난 결백하다니깐, 생사람 잡지 말라구" 부인 "아, 있어. 감이 딱 온다니깐." 그래서 제가 딱 타로로 봐드렸지요

"자, 정말 그러한가 아닌가, 타로카드로 봐 볼까요?"

B사 회사 상황

B사를 선택할 경우

〈페어리테일 중 The Chariot〉 　　　〈페어리테일 중 The God Mother〉

356

"오호, 정말 없으실까요?" 나름 부지런히, 부지런히 비밀스럽게 모아둔 쌈짓돈이 있으십니다.

"아하, 부인께서는 이미 알고 계시지만 푼돈이라 그냥 터치 안하고 계시군요. 여기서 금액이 더 커지면 위험하겠는데요."

그랬더니 남편 분 멋쩍어하시고 부인 분은 엄청 웃으시더군요. 이 두 분에 대한 일화는 더 있었지만 마지막 비상금 부분에서 셋 다 웃겨서 한참을 웃었던 상담이었습니다.

남편

부인의 반응은?

〈페어리테일 중 Three of Pentacles〉 〈페어리테일 중 Five of Swords〉

나의 연애의 문제는?

한 번은 연애운을 보러 여자 분이 오셨습니다. 얼마 전에 헤어진 남자분과 다시 재결합 가능성이 있는지 알고 싶으셔서 오셨는데 남자 쪽에서 연락이 올 지 살펴보아도 결과가 안 좋고 여자 분이 연락을 먼저 하면 좋을지 보아도 다 결과가 안 좋았습니다. 결국에는 자신의 연애에 문제가 무엇인지 물으셔서 카드를 뽑아 보니 'Seven of Cups' 카드가 나왔습니다.

원인에서 이 카드가 나왔다는 건 여자 분이 상대방에게 확인을 하지 않고 자신의 상상만으로 상대를 받아들이는 것이 문제라는 것을 이야기 합니다. 그리고 연애에 대해 현실과 떨어진 막연한 기대감도 걸림돌이 되는 상황이었습니다. 남자 분

〈Seven of Cups〉

이 차가 있다는 얘기를 한다면 '아 이 남자는 외제차를 타고 다니는구나' 하고 상대방에 확인 없이 자신이 바라는 모습으로 인지를 하는 것입니다. 결국 자신의 기대에 어긋나니 실망해서 이별을 반복하거나 상대방과 말이 다르니 오해로 인해 이별 통지를 받게 되는 일이 많았던 겁니다. 생각해보니 그런 일의 연속이었다면서 "남자를 원망할 필요가 없었네요."라며 웃으시더군요.

"앞으로 연애할 땐 똑같은 실수를 반복하지 않을 거예요!"

그리고 파이팅 하시면서 가셨습니다.

삼총사

타로를 보다보면 재미있는 일들이 많은데 그 중에 기억나는 에피소드들을 소개해 드리고 있습니다. 이때에는 레드컴퍼니의 카운슬링 돔에 나가서 타로상담을 하는 시기였는데 그 지역은 직장인들이 많은 곳이었습니다. 늦은 오후였습니다. 멀리서 지나가던 남자 세 분이 카운슬링 돔을 보시더니 잠깐 상의를 하시는지 멈칫멈칫 하셨습니다. 그러더니 타로를 보겠다고 들어오셨습니다.

그 중 한 분이 자기가 먼저 보겠다고 하시더군요. 그런데 그 분은 타로가 뭔지도 모르는 분이었습니다. 질문 없이 타로카드부터 뒤집기 시작하셨습니다. 그래서 간단하게 설명을 해 드리고 타로를 보게 되었습니다. 특이한 건 대부분은 같이 온 분들은 옆 자리에 앉아서 '맞네, 틀리네.' 그러면서 같이 즐기시는데 이 분들은 남자 세 분이 오셔서 한 명만 타로를 보고 나머지 두 분은 다른 테이블에 있는 의자를 끌어와서 텐트 밖으로 나가셔서 창문으로 열려있는 칸막이를 사이에 두고 앉아서 관전을 하시더군요. 마치 연극 무대를 관람하듯이 말입니다. 그래서 '관객이 많으니 더 잘나오

359

겠네요. 보는 눈이 벌써 몇 개에요? 좋네요.' 그러면서 상담을 시작했습니다.

처음엔 반신반의하면서 의심의 눈빛으로 보시다가 자신의 상황과 맞으니깐 옆에 구경하시는 분들이 박수 치고 낄낄대고 웃기 시작했습니다.

"야~ 완전 너랑 똑같다, 맞잖아 너 그랬어"하며 좋아라 하시더군요.

그러자 앞에 앉은 분은 자세를 고쳐 앉으시더니 점점 진지모드로 바뀝니다. 질문 하나가 끝나더니 옆 칸막이에 구경꾼 남자 다른 분이 와이프 것도 보라면서 부추기더군요. 그래서 하나 더 보게 되었는데 자신의 아내의 지금 처한 상황이 타로카드에 일치하게 그림이 나오니깐 또 웃으면서 박장대소를 하기 시작했습니다. 앞에서 점 보시는 남자 분은 머리만 긁적긁

〈Four of Cups〉

적 하시고 옆에 텐트 밖에서 보시는 분들 재미있다고 막 웃으셨습니다. 타로 보던 남자 분은 황당해하시면서 와이프에 관련한 문제를 어떻게 해결하면 좋은지 더 진지하게 물으시더군요. 그 모습을 보던 구경꾼 남자 분들은 웃겨 죽겠다고 하시더니 급기야 텐트 안으로 우르르 들어오시더군요.

아내 분의 상황 카드에 'Four of Cups'가 나왔었는데 남편 분과 대화는 겉돌고 자신이 추진하는 일에 연락을 기다리면서 더 몰두하겠는데요 라고 설명을 드렸더니 그렇지 않아도 아내가 취직한다고 그러고 있다면서 반대해도 완강하다고 하시더군요.

"아우, 아주 똥고집이에요. 내 말은 듣지도 않는다니깐요!"

결국에 구경하시던 다른 분도 '나도 한

번 보자'며 앞에 앉아서 타로를 보게 되었습니다.

때마침 두 분을 동시에 사귀시는 중이었는데 양다리 연애에 대해 적나라하게 드러나게 되었고 옆에서 구경하던 다른 남자들의 야유를 퍼부었습니다.

"거봐, 얘 이럴 줄 알았다니깐, 어쩐지 요즘 우리랑 술을 안 마셔."

연애에 대해 진지하게 물으시더니 양 쪽의 두 분을 어떻게 공략하는 것이 좋은지 다시 질문을 주셨습니다. 그래서 집중 공략법과 연애 스타일에 대해 봐드렸더니 뿌듯해 하셨습니다.

서로 돌아가면서 타로점을 보시던 세 분의 남자들은 그렇게 서로의 비밀을 공유하면서 더욱 똘똘 뭉치면서 돌아가셨습니다.

직장 내 불화

이 카드는 직장문제로 고민하던 분과 상담 중에 나온 카드였습니다. 샵 매니저로 근무하시는 분이었는데 회사는 운영도 잘되고 오너에게는 능력을 인정받으면서 성과를 내고 있었지만 직장 내 동료들과 아래 후배들에게 구설수에 시달리며 따돌림을 당하는 상황이었습니다. 그래서 다른 회사로 옮기는 것이 나은지, 아니면 일을 그만두고 좀 쉬는 것이 좋은지 고민 중이셨던 상황이었습니다. 마침 그 분이 뽑은 카드도 그러한 상황을 잘 나타내고 있었습니다.

오너가 있을 땐 잘 따르는 듯 하다가도 없을 땐 동료들의 비협조적인 태도와 뒤에서 수군거림에 참다가 이제는 일에 대한 열정도 없어졌다고 하시더군요. 여러 가지 방안 중 본인에게 제일 맞는 방법을 살펴본 후 해결책을 안고 돌아가셨지만 그분의 상황과 딱 맞는 카드여서 그 후로도 인상이 남는 카드이기도 합니다.

〈Eight of Cups〉

규선의 타로카드 인생 이야기 VI

이 이야기는 타로카드와 제가 인연이 닿아 공부하고, 또 그로 인해 변화되어 가는 제 삶에 대한 이야기입니다. 이 내용을 굳이 이 책에 담은 것은 이 책을 읽는 한 분의 독자가 그때 방황하던 저와 같이 고민하고 힘들어하고 있다면, 또 타로카드를 배워 살아가야 한다면, 이 내용을 통해 위안을 받으시길 바라는 마음에서, 부끄러운 제 사생활과 타로카드를 배우고 남들의 점을 봐주고 이제 강사로서 활동하기까지의 과정을 담아보았습니다.

Chapter 1. 타로카드, 그리고 점쟁이들

지금과 같지 않던 시절, 그러니까 내 고민에 대해 점쟁이를 찾아가 무조건 기대던 시절의 제 이야기부터 시작해야 되겠군요. 그때의 저는 정신이 나간 사람과 비슷했습니다. 요즘도 선생님이 그때의 제 모습을 두고 놀리기도 하십니다.

저는 어릴 때부터 약간은 강압적인 분위기에서 눈치를 보며 살아왔습니다. '맏딸'이라는 것과 한쪽 귀가 선천적으로 들리지 않아 어른들의 말을 못 듣고 지나치는 것 때문에 '버릇없이 어른의 말을 무시한다'라는 편견을 받으면서 자랐으니까요. 그런 분위기에서 피해의식에 젖어 살아온 면도 많았습니다. 그리고 어릴 때는 예지몽 비슷한 것을 많이 꾸는 편이었고, 특이할 이력이라면 아버님이 역학을 하셨다는 것이겠지요. 어쩌면 아버지는 역학을 통해 제 운명에 대해 어느 정도는 느끼셨던 걸까요? 동생들보다는 제게 항상 엄하셨던 아버지를 두려워하면서 자랐습니다.

불안한 제 인생에 대해 '점'에 매달리는 시기가 찾아온 것은 결혼에 실패하고 이혼한 후 새로 만난 남자와의 연애에 문제가 생길 즈음이었습니다. 지금 생각하면 무엇이 잘못된 지도 모르고 눈을 감고 매일 앞으로 걸어가는 사람처럼 살았던 결혼생활의 불안함이 흔적으로 남았었는지도 모릅니다. 새로 만난 남자는 친절한 사람이었지만, 그 친절함이 제게만 친절한 것이 아니었습니다. 그의 그런 모습은 항상 나에게 불안한 마음을 심어주었고, '그가 나를 사랑하는 건지, 아니면 마음이 변한 건지'에 대한 의심이 끝없이 저를 괴롭혔습니다.

그때, 길에 보이던 점집의 간판은 왜 그렇게 반가웠는지… 예전 같으면 눈에 보이지도 않던 간판들을 보고 제 문제의 해답을 좋게 말해주는 사람이 나타날 때까지 이 집 저 집 돌아다니며 점을 보게 되었습니다. 그리고 점점 더 깊은 마음의 병에 걸리게 되었습니다. 어느 집은 좋은 궁합, 어느 집은 나쁜 궁합, 어느 집은 굿을, 어느 집은 부적을… 대부분 저와 비슷한 입장에 놓인 분들이 겪었던 일들 그대로였습니다.

제 마음은 그 남자가 저를 바라만 봐주길 원했을 뿐인데, 제가 점에 매달리며 집착하는 사이 점점 더 상황은 악화되어 갔습니다. 그 남자의 핸드폰에서 다른 여자와 데이트하는 사진이 보인 것입니다. 저는 실패한 결혼의 경험이 제 마음에 공포로 다가왔습니다. 이번에도 실패하게 될까 두려워 더 이성을 잃어만 갔었습니다. 하지만 그렇게 절박함과 정신이 오락가락하는 사이에도 일부 점을 보는 자칭 '역학인'들은 저를 농락하기만 했었습니다. 그들은 저를 오히려 '색에 빠져 남자에 집착하는 여자'쯤으로 취급했었으니까요.

그렇게 지쳐갈 무렵 문득 이런 생각을 하게 되었습니다.

"차라리 내가 공부해서 내가 내 점을 보자!"

그리고 인터넷으로 가장 빨리 쉽게 누구나 배울 수 있는 것을 찾기 시작했습니다. 그러나 모두 어렵고 많은 시간이 필요한 학문들 뿐이었습니다. 저는 단지 제가 궁금한 것만 해결하면 되는데 그렇게 많은 시간을 할애할 수는 없었습니다. 그래서 접근하기 쉬워보였던 타로카드를 먼저 선택하게 되었습니다. 어쩌면 이론을 잘 몰라도 '그림으로 어떻게든 해석할 수 있겠다' 싶은 것이 바로 타로카드였으니까요.

처음에는 타로카드 강의를 알아봤지만 대부분 백만 원이 넘는 강의였었고, 인터넷으로 그런 강의에 대해 알아보면 대부분 제대로 된 수업에 대한 평가가 없었습니다. 그래서 제 선택은 '책'이었습니다. 시간이 나는 대로 '타로카드'라는 단어가 실린 책을 구하러 다니고 구입하고 인터넷으로 들어가 누군가 써놓은 글을 보면 읽어가며 독학을 시작했습니다.

하지만, 저는 그 과정에서부터 좌절하게 되었습니다. 너무 많은 이론과 누구 것이 옳은지 모를 말들, 점성학과 연결되어 있는 복잡한 구성들, 수많은 상징과 표현, 통변…

저는 단지 '내 이런 질문에 이 카드가 나오면 이게 답이다!'라는 것을 알고 싶었지만 어느 책도, 어느 글도 제게 그런 해답을 주진 않았었습니다.

그리고 그렇게 허송세월과 복잡한 삶의 미로에 빠져

타로카드에 대한 공부를 잊기 시작했었습니다.

Chapter 2. 인터넷 주간운세,
그리고 지금의 선생님을 만나기까지

그날도 그 남자와의 상황이 너무 힘들어 펑펑 울다 잠들었던 날로 기억합니다. 문득 잠에서 깨어 인터넷에 있는 많은 주간운세를 뒤적거리고 있었습니다. 그러나 다음카페의 어느 카페에서 별자리별 주간운세를 보고 깜짝 놀라게 되었습니다. 마치 지금의 제 처지를 알고 쓴 사람처럼 아주 정확한 표현이 거기에 써있던 것이었습니다. '이번 주에는 행운이 온다', '빨간색이 좋다', '보석은 뭐가 좋다'의 글이 아닌… '지금의 그는 당신과 어떤 상태에서 어떤 주간이 된다. 그러니 이렇게 행동해 보라'라는 식의 구체적인 표현이 담긴 글이었습니다.

그때 잠이 달아난 느낌이었다고 할까요? 저는 다른

별자리에 쓰여 있는 운세까지 모두 읽어나가기 시작했습니다. 저는 다시 예전 버릇이 되살아나 그분을 찾아가 점을 보기위해 그분의 개인 블로그까지 찾아갔었습니다. 그러나 그분은 한국에 계신 분이 아닌 LA에 계신 분이었습니다. 게다가 전화든 뭐든 상담을 안하신다고 블로그에 공지를 해놓으셔서 이메일이나 전화로도 점을 볼 수 없는 분이었습니다. 그때부터 매주 월요일이 될 때까지 밥을 기다리는 강아지처럼 그분의 블로그와 다음카페의 게시판을 번갈아 주간운세를 기다리며 확인하고 확인하는 스토커같은 팬이 되었습니다. 일주일에 한 번, 그분의 글에서 연애운이 좋아지면 현실에서 좋은 일이 없어도 기분이 좋았고, 다음 글에서 연애운이 나빠지면 그 남자가 아무리 잘해줘도 그 남자를 의심하며 불안해하는 일주일을 보내야만 했었습니다.

그러다가 2010년이 되었을 때 그분의 귀국 소식이 들렸습니다. 그분의 주간운세가 올라오는 출판사 홈페이지에 귀국에 대한 글이 올라온 것을 보고, 혹시 기회가 되면 상담을 신청하려고 기다려 봤지만 귀국 소식 이후에 별다른 변화 없이 상담을 받는다는 글도 없어서 눈치만 보고 있을 뿐이었습니다. 그러다가 겨울이 되었을 무렵, 그분이 처음으로 타로카드 강좌를 신촌에서 여신다는 소식이 있었는데 그 강좌에 딸린 조건 하나가 '강의를 듣는 사람에 한해서만 무료로 상담'이라고 쓰여 있었습니다. 그러나 이미 타로카드 공부에 대한 미련도 없었고, 의지도 없어져서 사실 제 입장에서는 강좌가 목적이 아닌 상담을 목적으로 그 강의실에 찾아가게 되었습니다.

Chapter 3. 처음 들어본 타로카드 강좌, 그리고 무서웠던 선생님의 타로점

눈이 내렸던 날로 기억합니다.

'master Red'의 타로카드 강좌, 저는 처음으로 타로카드 강좌에 참석하게 되었습니다. 물론 강좌에는 관심이 없고 언제 끝나서 상담을 받을 수 있을지, 혹시 신청자가 많아서 내가 상담 받을 수 없을까봐 걱정해 가며 그 강좌를 듣게 되었습니다. 시간이 되어 강의실에 들어선 선생님은 아주 긴 웨이브 머리를 하고 긴 검은 코트를 입고 강의실에 들어오셨습니다. 누가 봐도 '마법사'처럼 보일 듯한 모습으로 들어오셨는데, 아마 이제까지의 타로카드에 대한 편견은 그 모습에서부터 바뀌기 시작했었던 것 같습니다. 처음으로 듣게 된 선생님의 강좌는 이전까지 알고 있던 타로카드의 상식과 달랐습니다.

"타로카드의 역사는 책이나 인터넷으로 뒤져서 혼자 공부해라, 다 나와 있다. 지금부터 나에게 배울 것은 왜 그렇게 해석하게 되는지와 점을 보기 위한 문법을 구성하는 것이다."

"이론을 걱정하고 집착하지 마라, 타로카드는 '집시 같은 문맹자의 어머니'가 '문맹인 딸'에게도 가르쳤던 점술 도구이다."

짧은 몇 시간 동안 제가 혼자 타로카드를 공부할 때 진전이 없었던 부분을 확실하게 알려주고 혼자 앞으로 어떻게 공부해야할 지를 배울 수 있었습니다. 그러나 아직도 내 머릿속에는 신기했던 강의 시간보다 어떻게든 오늘 상담을 받아야 한다는 생각뿐이었습니다.

그렇게 강의 시간이 끝났을 때, 그날 제게 어떤 운명의 갈림길이 있었는지, 선생님 강의 후반에 대부분 수강생들의 점을 테스트로 봐주신 후여서 개인 상담 신청자가 저 한 명뿐이었습니다. 지금 생각해보면 그날 개인 상담 신청자가 많았으면 제가 그렇게 많은 시간을 할애 받았을까? 라는 생각도 듭니다.

그날 강의가 끝나고 선생님과 저는 강의 장소 근처에 있는 커피숍으로 장소를 옮겼습니다.

선생님은 담담하게 제게 물었습니다.

"음, 궁금한 걸 말해봐요."

더 이상 망설일 이유가 없었습니다. 제게 궁금한 것은 남자와의 문제였으니까요.

"제 남자친구와 관계인데요…"

"구체적으로 질문해 주면 좋겠는데? 관계가 잘될 건지, 아니면 사귈 수 있는지 질문의 조건은 많으니까요. 그렇죠?"

"그럼 이 남자와 제가 앞으로 계속 사귈 수 있을까요? 라고 하면 될까요?"

"네, 그럼 볼까요?"

선생님 특유의 스프레드를 그 때 처음 봤었습니다.

"당신이 보는 그 사람의 모습, 그 사람이 보는 당신의 모습, 가까운 미래의 진행상황, 두 사람의 연애를 방해하는 것들, 그 방해를 극복할 수 있는 방법은? 그래서 결과로 앞으로 어떤 미래가 남아있을까?"

여섯 장의 카드를 순서대로 뽑았을 때, 거의 최악에 가까운 시나리오가 나왔었습니다. 얼마나 충격이었는지 그때 선생님의 말씀이 하나씩 비수가 되어 날아오기 시작했습니다. 모두 기억은 못하지만 내가 두려워했던 미래와 그 남자의 행동 등이 그 여섯 장의 카드에 모두 드러났기 때문이었습니다. 다시 다른 것을 묻고 싶었지만 선생님의 스프레드 여섯 장은 그 사건에 대한 모든 조건을 모두 포함한 배열이었기 때문에 다시 물을 수 있는 여지가 없었습니다. 그러나 저는 집착이 발동했습니다.

"그래도 이 사람이 저를 사랑하고 있지 않을까요? 이 사람 마음이라도 알 수 없을까요?"

선생님은 불쌍한 사람을 보듯이 저를 쳐다보고 다시 셔플을 시작했습니다.

"그럴까요? 한번 알아보죠. 자, 그 사람이 나를 어떻게 생각할까? 라고 떠올리면서 한 장을 뽑아보세요."

저는 떨리는 손으로 카드를 선택했습니다. 그리고 선

생님이 뒤집었을 때 그 카드는 'DEVIL' 카드가 나왔습니다.

"자, 보세요. 악마가 가운데 있고 좌우에는 서로 족쇄로 얽힌 두 남녀가 있어요."

그리고 선생님은 다른 카드를 찾아서 보여주셨는데 그 카드는 'LOVE' 카드였습니다.

"그리고 다른 카드지만 이 카드를 보면 여기에는 천사가 가운데 있고 좌우에 아까와 똑같이 남녀가 있지요? 하지만 이들은 족쇄가 없습니다. 사랑하는 사람과 관계성을 물을 때 그 사이에 있는 존재는 그 인연의 고리라고 표현할 수 있습니다. 악마가 관계의 고리가 된다면 그 관계의 중심은 현실적인 욕구인 성욕과 소유욕과 집착이 되는 것이고, 천사가 된다면 서로를 사랑하는 진실한 마음으로 볼 수 있습니다. 하지만 그쪽이 뽑은 카드는 데빌이예요. 그 남자가 나를 데빌로 본다는 것은, '당신이 그에 대해 강하게 집착하고 있는 것을 두려워'하는 것, 그리고 그 남자는 당신을 '성욕의 대상으로 본다는 것' 이렇게 볼 수 있어요."

제 머릿속에는 냉정한 선생님의 말씀이 종소리로 들릴 뿐이었습니다. 이분의 입에서 좋은 결과가 나온다면 저는 행복한 연애를 할 수 있을 거란 일말의 희망을 안고 달려왔는데 이분은 지금 제가 가장 두려워하는 것만 말씀하고 계실 뿐이었습니다.

"그쪽이 지금 어떤 마음인지는 알아요. 지금 내가 하는 말을 받아들일 수 없겠죠? 한낱 점쟁이의 말 때문에 자신의 미래를 모두 맡길 수는 없을 거예요. 그렇다면 지금 여기에서 질문을 더 받아 드릴 겁니다. 대신 저는 그쪽에게 미리 결과를 말씀 드릴게요. 당신이 지금부터 어떤 질문을 해도 거부하지 않고 받겠습니다. 그러나 그 결과는 지금 나온 카드와 같은 결과일 거예요."

웨이트 타로카드 독학하기

사실 질문을 할 내용도 남지 않았지만 어떻게든 좋은 결과를 듣고 싶었기에 저는 선생님의 말씀에 계속 질문을 바꿔가면서 선생님이 다시 셔플할 때마다 질문하고 뽑기 시작했습니다.

"그 남자는 결국 제게 돌아오지 않을까요?"

"선택하세요."

그 카드를 선생님이 뒤집자 '데빌' 카드가 다시 나왔습니다.

"아까와 똑같은 뜻이겠죠?"

다시 카드를 섞으시고는 이렇게 말씀하셨었습니다.

"자, 지금부터는 저는 카드만 섞겠습니다. 선택하고 뒤집는 것도 모두 당신이 하세요. 이건 제가 속임수를 쓰지 않고 있다는 것을 미리 보여주는 겁니다. 다음 질문은?"

"그 남자는 지금 다른 여자를 만나고 있나요?"

"선택하세요."

저는 정말 처음엔 이분이 마술을 쓰는 줄 알았습니다. 왜냐하면 이 이후에 그 남자와 관련된 어떤 질문을 하고 어떤 카드를 뽑아도 '데빌' 카드만 뽑고 있었기 때문이었습니다. 무려 다섯 번의 '데빌' 카드를 뽑고 나서야 저는 질문하기를 포기하게 되었습니다.

"잘 들어보세요. 타로카드는 질문자의 가까운 영역에 있는 정보들을 통해서 나오게 됩니다. 그것이 미래이든 과거이든… 그런데 당신이 다른 질문을 할 때와는 다르게 그 남자와 관계된 질문을 하면 항상 데빌카드가 나오죠? 그것은 당신과 그 사람의 인연은 그렇게 흘러갈 것이라고 거의 정해진 미래입니다. 이제 무엇을 바꾸어도 그 방향을 바꿀 수는 없어요. 그러니 당신 자신을 위해서 현명한 선택을 하세요."

선생님과 헤어지고 돌아오는 길에 저는 참았던 눈물이 터지고 말았습니다.

그동안에 쌓여있던 과거에 대한 설움이 모두 되살아 나며, 어떻게 살아가야 하는지까지 모두 잃은 채, 혼자라는 두려움에 싸여 주변사람들의 눈길도 생각하지 못한 채 한없이 울기 시작했습니다.

사실, 그런 결과에 대해 몰랐다면, 그 남자와의 관계가 제가 속고 있기만 한 상태였다면 그 점의 결과를 받아들이지 않았을 지도 모릅니다. 그러나 앞으로 어떻게 될 것인지에 대해 저는 대부분 알고는 있었지만 점에 기대어 미래가 변하기만 바랬던 것이었겠지요.

그 남자는 자기 친구들과의 모임에도 저를 데려가 공식 커플로 소개도 했었고 제게 친절하게 대해줬지만, 어느 날부터는 점점 연락이 되지 않는 날이 많았고, 또 일 때문에 전화를 받지 못한다는 날도 많았습니다. 아는 동생이라고 말했던 여자와 다정한 모습으로 찍은 사진을 들키기도 했었고, 제가 영화보러 가자고 해도 그 영화는 자기 취향이 아니라며 거절했던 영화의 표와 영수증이 차안에서 발견되기도 했으며, 다른

여자와의 다정한 문자 내용도 수시로 제 앞에서 울리는 바람에 들킨 적도 많았습니다. 그리고 그럴 때마다 실패한 결혼생각에 다시 실패하게 될까봐 두려움에 떨며 혼자 잠 못 들고 울어가며 밤을 샜던 날이 하루 이틀이 아니었습니다. 그리고 그런 그의 마음을 돌리기 위해 그 남자의 사업진행이 실패로 돌아가 재정이 어려워지자 그 사람이 필요한 것, 생활용품, 우울할 때마다 여행 가는 돈들을 제가 지출하기 시작했고, 또 그 사람이 급한 돈에 쩔쩔 맬 때는 대출을 받아 빌려주기도 했었습니다.

그렇게 그 사람이 다른 여자에게 돌린 관심이 제게 돌아오기를 기다리며 바라보고 버텨왔지만, 그는 그런 어려운 상황에서도 제가 도와준 것들로 다른 여자와 여행을 다녀오는 것으로도 부족해 한 명이 아닌 여러 명의 여자에게 접근하는 것을 핸드폰 문자 내용으로 들켜 알게 되었을 때는 절망에 빠져 숨을 쉴 수 없는 고통에 빠지게 되었었습니다.

그런 상황에 있는 제게 선생님은 숨김없이 자신이 할 수 있는 점술의 방법으로 제 문제에 답을 해주셨던 것이기에 선생님이 그날 대답해주셨던 모든 답을 부정할 어떤 핑계도 생각할 수 없게 되었던 것입니다.

지금 생각해보면, 제 상황이 얼마나 극단적인 상황이었으면 그 데빌카드가 그렇게 계속 나왔는지에 대해 혼자 웃어보기도 합니다.

선생님과 만남 이후로 타로카드에 대한 생각이 바뀌기 시작했고 배우고 싶었지만, 선생님은 다시 미국으로 귀국하셔서 또 만날 기회가 없었습니다. 대신 혼자서 타로카드를 만지작거리면서 없는 정신에 들었던 타로강의 내용을 새겨보며 연습을 하고 있었습니다. 그리고 그 남자에 대한 마음도 그날 이후 차분히 가라앉으면서 그 남자의 모든 행동과 말을 객관적인 시선으로 바라볼 수 있게 되었습니다. 그 남자에 대한 기대심이 없어지자 불안감도 사라지게 되어 마음은 편안해졌지만 앞으로 혼자 어떻게 살아가야 할지

가 두려워지기 시작했습니다. 아마 타로카드를 본격적으로 배우고자 마음을 먹게 된 건 그런 미래에 대한 불안감을 없애기 위한 제 본능에서 나온 마음이었겠지요.

몇 개월이 지난 후에 선생님의 귀국소식이 다시 들려오고 이번엔 타로카드 강의가 바로 블로그에 올라왔습니다. 그렇게 제 타로카드를 배우는 삶이 시작되었던 것입니다.

Chapter 4. 변화의 시작, 도구로써의 타로카드

이전까지의 삶이 그 남자의 행동에 희비가 엇갈리는 삶이었다면, 상담가가 되기 전까지의 제 모습은 다시 학생 같은 기분이었습니다. 선생님의 강의가 열릴 때마다 참석하고 시킨 대로 연습하고, 다시 강의를 듣고 연습하는 것의 반복된 일상이 계속되어갔습니다. 이 때까지도 포기는 했지만 그 남자와는 아직도 만나고

있었지요.

그렇게 어느 정도 시간이 지났을 때, 선생님은 이제 남의 점을 봐주어야 한다고 말씀하셨고, 그 말씀대로 주변의 점을 봐주기 시작했습니다. 타로카드를 공부하게 되면 방에 제일 먼저 보이게 되는 것이 타로카드라서 그 공부를 한다고 주변에 말하지 않아도 모두들 타로카드 공부하는 줄 알고 있게 되니 질문을 받는 것은 오히려 쉬운 문제였습니다. 단지 흠이 있다면 같은 사람의 질문을 여러 번 받아줘야 한다는 것이죠.

선생님의 특이했던 공부진행은 이랬습니다. 먼저 타로카드가 작동되는 원리와 질문을 문법적으로 정리하는 방법을 배운 후에 각 카드의 의미를 배웠습니다. 각 카드의 의미를 배우면 질문에 맞춰서 사용하는 카드 배열을 배우고, 정신을 고요하게 유지해서 직관을 키우는 법을 제너카드로 훈련시켰습니다. 특히 카드의 의미에서는 상징과 색상에 관련된 기존의 책에 있는 내용들을 전부 배제하시고 그 카드의 그림에 표현된 상황의 묘사에 더 집중시켰습니다. 그리고 이런 말씀을 하셨습니다.

"상대방이 질문할 때 내가 생각으로 가득 차 있으면, 상대방의 정보가 들어오지 않게 된다. 그것 때문에 직관은 방해받게 되어 틀린 결과를 만들게 될 것이다. 질문자가 자신과 혈육의 관계라 하더라도, 또 질문 내용이 자신과 어떤 연관이 있더라도 한 번도 본 적이 없는 사람을 대하는 마음이 되어야만 머릿속의 생각이 비워져 상대방의 정보가 물 흐르듯이 들어와 점을 볼 수 있는 사람이 되는 것이다."

그렇게 타로카드를 공부하며 어느 정도 시간이 지났을 때 선생님이 항상 의지하시고 자주 만나시는 '유 선생님'이란 분을 또 알게 되었는데, 그분께서도 제 상황을 어느 정도 알게 되시면서 물심양면으로 항상 도와주셨고 그 인연이 지금까지도 제게는 가장 소중한 인연이라고 자부하고 있습니다. 이렇게 두 분으로 인해 어쩌면 제 인생은 처음으로 남자(연인)에게 의지하지 않는 삶으로서 첫 출발을 하게 된 계기가 되었습니다.

어느 날 그 남자에게서 전화가 왔었습니다.

자기가 새로운 사업을 위해 사람을 만나러 가는데 만날 수 있는지를 물어보는 전화였습니다. 그런데 재미있게도 뽑은 카드를 해석해보니 이 남자는 사업상의 남자가 아닌 새로운 여자와 약속을 했고 그 여자가 약속대로 나올지를 묻는 전화였습니다. 저는 그 내용대로 말했지만 그 남자는 말도 안된다며, 타로카드는 못 믿을 점이라며 전화를 끊었습니다. 그러나 며칠이 지나 만났을 때 그 남자는 또 제게 그날 다른 여자를 만난 것을 들켰지요. 참 슬프게도 이제 인연이 끝나가니 제 마음도 식어 그런 상황에서도 분노조차 일어나지 않게 되었습니다. 그리고 냉정하게 그 남자와의 인연을 정리하게 되었습니다. 그리고 그와는 반대로 타로카드에 대한 공부의 열정은 깊어져 더 이상 이별이 아플 새도 없이 '이번 주에는 무엇을 배우게 될까?'

라는 즐거운 나날이 계속되었고, 또 주변의 많은 사람들이 제게 점을 보려하면서 사람을 대하는 태도가 바뀌기 시작하고 사람들의 고민을 진지하게 듣게 되면서 세상을 보는 시선이 넓어지게 되었습니다.

제 인생은 이렇게 변화하기 시작했지만, 그 변화하는 시기는 정말 기대와는 다르게 많은 문제를 일으키기 시작했습니다.

Chapter 5. 학생에서 타로카드 상담가가 되는 길

저는 선천적으로 집착이 강하다는 것을 요즘은 잘 알고 있습니다. 타로카드와 함께 홍성파 자미두수를 배우면서 알게 된 사실이죠. 그 집착이 이번에는 타로카드를 배우는 것에 집중되어 버렸습니다. 그 바람에 제가 직장에 다니면서 버는 수입을 모두 타로카드를 배우는데 써버리게 되었습니다. 그때 선생님이신 RED님은 여러가지 강의를 여셨는데 강의마다 수강료가 저렴한 것과 비싼 것으로 나누어 있었습니다. 문제는 제 집착이 발동해서 저렴하든 비싸든 모든 강의를 전부 다 신청하고 듣고 있었던 것이었습니다. 게다가 선생님은 개인 학생 받는 것을 귀찮아해서 이메일로 계속 개인수강에 대한 질문이 들어오자 비싼 금액으로 사람들이 엄두도 못내게 써놓은 수강료를 저는 기회라며, 얼른 입금해놓고 개인 수강까지 듣는 일도 불사했었습니다. 그리고 그 바람에 집에서는 모든 가족이 걱정하기 시작했습니다. 나중에 선생님이 그 사실을 아시고는 금액을 낮춰주시거나 수강을 못하게 하시곤 했는데 그 전까지는 그렇게 미련한 일을 벌렸었습니다.

그 시기에는 제게 상담을 하는 사람들이 점점 늘어났지만 아직 상담료를 받던 시기가 아니어서 경제적인 도움이 되지는 않았었는데 그때 다니던 직장에서 이런 공부를 하는 것에 대해 트러블이 일어나기 시작했고 갈등을 버티지 못하고 그만두게 되었습니다. 그리고 그때부터 선생님은 제게 상담료를 받으면서 활동하라고 하셨지만 개인적으로 아는 사람들에게 그동안 무료로 봐주던 것이 습관이 되는 바람에 상담료를 요구하기도 어려운 상황이었죠. 누구에게도 말 못하고 점점 재정이 말라가면서 힘들어지는 때가 시작되었습니다.

그렇게 일 년이 지난 후에 선생님은 한국에 자리를 잡게 되시면서 저같은 선생님의 제자들이 활동할 수 있는 공간을 만들어 보시겠다고 움직이기 시작하셨습니다. 처음에는 각 장터마다 함께 움직이는 타로샵을 시작해보셨고 거의 수입을 만들지 못한 채로 추워지는 날씨에 포기하게 되었었습니다. 혹시나 그런 일에 도전하시려 한다면 꼭 준비를 잘하시고 하세요. 그리고 충분히 다니시면서 그 장터의 시장성도 생각하셔야 한답니다. 그때는 상담료를 3,000원에서 5,000원으로 책정했었는데, 장터가 서는 아파트의 규모에 따라 찾아오는 사람의 수도 많이 영향을 받습니다. 그리고

378

고등학생들이 오는 것도 생각해두셔야 합니다. 그때 선생님과 우리는 날씨가 추워지는 무렵에 시작한데다가 장터 자체에 사람들이 몰리지 않아서 하루에 열 명을 넘기지 못하는 일이 많았었습니다.

그때 즈음에 선생님은 타로카드를 독학할 수 있는 책을 출판하시게 됩니다. '마스터레드의 라이더웨이트 타로카드 바이블(MASTER RED'S RIDER WAITE TAROT CARD BIBLE)'이 처음 광고를 타고 팔리기 시작하면서 선생님의 활동이 점점 늘어나게 되었습니다. 그리고 그런 선생님의 활동에 관심을 가지고 도와주시던 주변의 도움으로 지금 제가 활동하고 있는 '더 레드 컴퍼니'라는 사무실을 처음 열게 됩니다. 그리고 그 안에서 저도 상담을 할 수 있는 기회를 얻었지만 한 달에 한 명 정도의 손님 외에는 찾아오지 않는 비참한 생활이 시작되었습니다. 물론 다른 분들은 자신의 손님이 있어서 어느 정도 회사가 운영되고 있었지만 이전부터 상담가로서 아무런 활동이 없었던 저로서는 제 이름을 듣고 찾아와줄 사람이 없었던 것이었습니다.

회사로 출근할 차비가 떨어져 갈 무렵, 저는 마음 안에 악몽이 다시 떠오르기 시작했습니다. 처음 결혼생활을 했을 때 IMF로 남편이 실직하면서 월급도 없이 살아야 했을 때 배고팠던 기억, 분유가 없어서 울고 있는 아이를 업고 남편이 받아오겠다던 월급을 기다릴 수 없어서 동네 슈퍼 앞에서 분유를 훔치려고 망설이던 기억들… 사무실의 구석에서 다른 분들이 강의를 하고 상담을 하며 시간을 보낼 때 사무실의 간이주방 구석에 앉아 다시 악몽에 시달리기 시작했습니다. 그리고 선생님은 그런 문제에 걱정은 해주셨지만 냉담했습니다.

"지금 네가 힘든 건 네가 꼭 겪어야만 하는 일이야… 그러니 네가 어디에 가서 취직을 하더라도 돈을 벌 수 없을 것이고, 내가 네게 돈을 준다 해도 그 돈보다 더 큰 문제가 벌어져 똑같이 힘들게 될거야, 그러니 힘내서 버티는 수밖에 없다."

사실 선생님이 돈을 빌려주신다고 해도 받을 수 없지만, 제 힘으로 어떻게든 벗어나고 싶어서 선생님에게 잠시 회사를 쉬고 취직한 후에 안정이 되면 다시 나오겠다며 식당에 취직한 적도 있었습니다. 하지만 결과는 선생님 말씀처럼 되고 말았습니다. 사람이 너무 붐벼서 홀서빙을 구한다고 한 식당에 취직했었는데 제가 출근한 날 바로 손님이 뚝 끊기면서 손님이 없어지자 식당주인이 그날 저녁에 일당을 주면서 저를 해고한 것입니다. 식당주인의 입장에서는 돈복 없는 사람이 들어와 손님을 막았다고 생각한 모양입니다. 고작 하루밖에 일하지 못하고 사무실로 돌아와 의기소침해진 제게 사무실에 함께 일하던 분이 "쇼핑몰에서 타로상담 하는 것"을 추천했고 별다른 방법이 없는 저는 그 쇼핑몰에서 타로카드 상담을 처음으로 시작하게 되었던 것이었습니다.

그런데, 그때가 처음으로 프로 상담가들이 상담하는 것을 처음으로 보게 되었습니다. 질문 받고, 카드 뽑고, 대답하고, 손님을 보내고… 그런 쳇바퀴를 도는 상담의 모습을 보고 제 개인적으로는 깜짝 놀랐습니다. 선생님께 배울 때는 상대방의 마음을 이해하며 세심하게 짚어나가는 것을 배웠는데 이곳에서는 몇 분에 몇 개의 질문과 같은 흐름이 있었고, 한 자리당 하루에 얼마의 매상을 올려야 한다는 압박이 있었습니다. 그래서 제가 상담하는 방식에 대해 사장님들에게 많은 잔소리를 듣게 되기도 했습니다. 그러나 사실 마음속으로 '난 그동안 나에게 상처만 줬던 사기꾼 같은 점쟁이는 되지 않을 거야!'라는 고집이 있어서 그곳의 사장님과 주변 테이블의 선생님을 불편하게 만든 적도 많았습니다. 그렇게 몇 군데 타로카드 상담을 전문으로 하는 매장에서 일을 하며 쉬는 날에는 더 레드 컴퍼니 사무실로 돌아와 선생님의 타로카드 강의의 보조강사라 활동하기 시작했었습니다.

만약 이 책을 통해 공부하게 되고 그것이 인연이 되어

직업이 되어가고 있다면, 자신이 어떤 상담가가 되고 싶은지 꼭 생각하시고 그 길을 지키기 위해서 무엇을 해야 하는지 미리 준비하셔야 합니다. 저는 금전이 떨어져 힘들어졌을 때 선택해서 각 타로카드 매장들을 다니며 섭렵해봤지만 제가 하고 싶은 상담인 '찾아온 사람의 질문을 진지하게 고민해주고 말이라도 마음의 상처를 치유해주는 점쟁이'가 되고 싶었지만 노점이나 매장에서는 그런 상담을 할 수 있는 분위기는 아니었습니다. 물론 혼자서 독립해서 차리신 분들은 다릅니다만, 매장의 운영자가 따로 있고 자리를 빌려서 상담하는 경우에는 하루에 지켜야 하는 매상이 있습니다. 그분들이 잘못되었다는 것이 아니라, 그런 곳에서 느긋한 상담을 한다면 그곳 사장님에게도 피해가 되고 자신도 돈을 제대로 못 버는 서로 손해 보는 관계가 되어버리기 때문입니다. 그리고 그런 매상을 올리기 위해 무리해야할 때도 있고 손님에게 욕먹는 경우와 상담료 때문에 싸우는 경우도 볼 때가 있었습니다. 그러니 자신이 그런 스타일에 적합하지 않다는 생각이 들면 조금 생활할 수 있는 여력을 만들어두고 전업을 느긋하게 하시는 것이 좋습니다.

그렇기에 느긋하게 상담하는 것을 선호하면서 이쪽으로 전업을 하시는 상황이라면 인터넷이든 인맥이든 손님을 만들면서 천천히 시작하시고 처음에는 사무실 없이 하시다가 어느 정도 안정권에 들면 그때 사무실 오픈을 생각하시는 것이 조금이라도 덜 힘드실 것입니다.

Chapter 6. 별자리별 주간운세, 그리고 강사가 되기까지

2013년부터 선생님이 그동안 집필하시던 별자리별 주간운세를 물려받기 시작했습니다. 선생님 개인적으로 건강이 급격하게 나빠지기 시작했던 시기였는데 그 때문에 주간운세를 쓰는 담당이 저로 선택되어 주간운세 쓰는 법을 처음으로 배우기 시작했었습니다. 주간운세는 왜 별자리로 나누어야 하는지, 어떤 방식으로 셔플해서 어떤 배치를 하는지를 배웠지만 쉽게 용기가 나지는 않았습니다. 그렇게 한동안 연습으로 주간운세를 적고 다시 지적받고 고쳐가며 연습을 했었습니다. 그리고 얼마 후 처음으로 주간운세를 올리던 날은 '사람들이 내 글을 어떻게 평가할까?', '사람들이 봐주긴 할까?'라는 생각으로 가슴이 두근거렸었습니다. 그리고 고맙게도 많은 분들이 호응을 해주셨고 그때 이후로 지금까지 매주 주간운세를 쓰게 되었습니다.

그런데 정작 상담가로써의 안정기는 이때부터 시작되었습니다. 선생님이 말씀하시던 최악의 2012년이 지나고 2013년이 되었을 때 드문드문 매장 일도 겸하면서 상담해왔지만 제 자리는 매장도 사무실도 안정되지는 않는 상황이었습니다. 그리고 사무실 재계약기간에 선생님은 사무실 이사를 결정했고 이사 가는 곳에서는 제 개인 상담실을 만들어 주셨습니다. 작지만 처음으로 생긴 제 상담실 안에서 마음 편하게 손님들

을 만나기 시작하게 되었는데, 이때부터 고정으로 상담을 받으러 와주시는 분들이 생겼고, 주간운세를 통해 전화상담하는 분들도 늘어나 타로카드로 상담하는 일이 안정되어 상담만으로 생활이 가능해지는 수준으로 수입이 생기기 시작했었습니다. 그리고 그 이후로는 매장에서 상담하는 일은 그만 두었습니다.

수입이 안정되자 선생님은 다시 저를 불러 이제 정식으로 강사활동을 시작해야 한다고 말씀을 하셨는데, 저는 '자신없다'며 한사코 거절을 했었습니다. 그때 선생님은 제게 이런 말씀을 하셨습니다.

"사람이 하나를 배울 때는 세 가지 과정이 있다. 첫 번째는 가르치는 것을 배워서 자기 것이 되도록 연습하는 과정, 두 번째는 배우고 연습한 것을 사용해서 전문가가 되는 과정, 세 번째는 전문가가 되었을 때 남을 가르쳐서 자기만의 기술을 정리해 안정시키는 과정, 이렇게 세 가지 과정을 거쳐야 너는 타로카드로 상담하는 사람으로서 안정이 되는 거야."

남에게 가르치기만을 위한 것이 아니라 남을 가르치면서 자신만이 터득한 것을 지식화하는 과정이라는 말씀에 더 이상 자신 없다며 미룰 핑계가 없게 되었습니다. 그래서 그때부터 그동안 배운 것, 그리고 겪은 것, 개인적으로 알게 된 것들을 정리해서 소규모로 강의를 열기 시작했는데 말씀대로 그 과정 속에서 상담 시 더 필요한 것, 제가 아직 부족한 것들이 드러나며 더욱 깊은 공부에 들어서기 시작했습니다. 그리고 어느덧 꽤 많은 신청자 분들에게 저렴하게 강의해나가면서 사람들에게 무엇이 필요한지 무엇을 더 배우고 싶어 하는지를 알게 되면서 저 자신에게는 또 한 번의 변화가 일어나가 시작했습니다.

그리고 지금 2015년이 되어 다시 선생님은 제게 이런 말씀을 하셨습니다.

"네가 만약 이 타로카드를 선택하게 된 계기와 배웠던 과정, 그리고 지금 상담가와 강사가 되었던 과정을 포함해서 네가 새롭게 터득한 부분까지 독학할 수 있는 책으로 만든다면 어떻겠니?"

"제가요?"

"그래, 네가 처음 찾아왔던 때의 네 모습을 한 사람들은 꽤 많단다. 물론 동기는 서로 다르지… 어떤 사람은 너처럼 연애로, 어떤 사람은 생계로, 다양한 이유와 운명적인 흐름에 끌려 너와 같은 길을 가게 될 사람들에게 네 경험만 조금 알려줘도 어느 정도 도움이 되지 않을까? 만약 가난해서 수업을 들을 돈도 없다면 네가 그런 사람들을 돕는다는 생각으로 썼으면 좋겠는데?"

그렇게 이 책을 쓰기 시작했고 많은 원고 수정을 통해서 만들어지게 되었습니다.

이 에세이의 내용은 제가 방황하던 사람에서 타로카드 강사까지 되었다고 자랑을 하려거나 힘들었던 과거를 드러내 위안을 받기 위해 쓴 글이 아닙니다.

제가 아는 한도 내에서 그때 저와 같은 입장의 괴로움

383

과 외로움에 의해 탈출구로 타로카드를 선택하고, 이 책을 우연히 선택한 분이 계시다면 제 경험을 비료삼아 용기를 가지고 공부하실 수 있기를 바라는 마음에서 용기 내어 적습니다.